ジェンダーの地平

植野 妙実子
林　瑞　枝
編著

中央大学出版部

まえがき

　1994年，中央大学日本比較法研究所の「女性の権利」グループで，フランスの女性政策についての訪問研究を行った際，日本の女性の状況について説明すると，フランス女性研究者から「日本の女性の状況はフランスより50年遅れている」と指摘された。現在，日本の女性の状況ははたしてフランスに追いついたといえるのであろうか。残念ながら，50年よりははるかに縮まったように思えるが，明白な違いがある。ジェンダーフリーバッシングにより女性の状況に関して最近では，日本の後戻りがあるという印象は否めない。そうしたフランス女性の今日の状況を示し，将来の日仏の展望をみわたす試みで書かれたのが本書である。

　そもそもこの企画は，日仏女性資料センター（日仏女性研究学会）の研究会の1つとして，研究を重ねてきた成果を発表することから生まれた。この研究会のメンバーの一部が中央大学日本比較法研究所「女性の権利」グループのメンバーとも重なっていたため，同研究会の代表者である私が編者の一人を引受け，中央大学出版部へ出版をお願いした。

　日仏女性資料センター（日仏女性研究学会）は，フランスの女性問題に関する総合的資料を収集・保存し，日本のフランス女性問題研究の推進及び情報の普及をはかり，女性問題を通じて日仏の相互理解を促進することを目的として，1983年に設立された。会員は，各分野の研究者のみならず，翻訳家やジャーナリストなど，フランスと縁の深い方たちで構成されている。女性情報ファイルを年に数回（現在は3回）出し，女性空間という会報も出している。とりわけ，女性情報ファイルは，フランスの新聞記事などから，まさにホットなニュースを紹介していて，フランスで女性問題がどう議論されているかのを知ることができる貴重なものである。

　本書企画の基礎となった「フランス社会とジェンダー研究会」は2004年2月

に，パリテやパックスにみられるような近年のフランスの政治，社会の状況の変化をジェンダーの視点からとらえ直すという試みをするために，編者のもう一人である林瑞枝先生を中心に発足した。6回，1年3カ月にかけてさまざまな分野における女性問題を議論してきた。女性空間20号に本書の元となる論文も掲載されている。さまざまな分野の専門家が執筆することとなったため，私の方で全体をみることとした。編集上，できるかぎり平易を心がけ，統一をはかったつもりである。至らぬ点についてはご寛恕いただきたい。

編集においては，特に藤野美都子先生，中央大学公共政策研究科の学生，清水もも子さん，石川舞さんの手を煩わせた。また，中央大学出版部の平山勝基部長，小川砂織さんにもお世話になった。中央大学出版部の後盾がなければ日の目をみなかった。厚く御礼申しあげたい。

本書がいくばくかでも，日本のジェンダーの地平を切り拓くことを切に祈っている。

2007年6月1日

植　野　妙実子

… 目　　次

まえがき

第1部　フランスの社会とジェンダー

第1章　フランスの女性政策推進機構 …………… 井上たか子 *3*
　　　資料　女性行政機構の歴史　*18*
　　　entrefile 国連の女性政策　*20*
第2章　女性の過小代表問題とパリテ ……………… 石田久仁子 *21*
　　　entrefile MLF　*36*
第3章　移民女性と社会的統合 ……………………… 林　　瑞枝 *37*
第4章　家族の多様化と複合化 ……………………… 髙橋　雅子 *53*
第5章　女性の身体の自己決定権の困難 …………… 中嶋　公子 *67*
第6章　フランスの買売春制度 ……………………… 支倉　寿子 *82*

第2部　フランスの法律とジェンダー

第1章　平等概念の変容 ……………………………… 植野妙実子 *103*
　　　entrefile EU と男女平等　*128*
第2章　男女職業平等の深化 ………………………… 神尾真知子 *129*
第3章　社会保障制度の進展 ………………………… 藤野美都子 *149*
第4章　変わりゆくフランスの家族法 ……………… 丸山　　茂 *169*
第5章　性暴力と闘う刑法 …………………………… 上野　芳久 *193*

第3部　フランス女性の現在と未来

終　章　多元化する価値観と女性の権利 ………… 林　　瑞枝 *211*

フランス　ジェンダー関係法令年表 ………………… 福井　千衣 *225*
　　　　　　　　　　　　　　　　　　　　　　藤野美都子

第1部　フランスの社会とジェンダー

第1章　フランスの女性政策推進機構

　　フランスが人権 les droits de l'Homme の国であるなら
　　女性の権利 les droits de la Femme の国にもなるようにしよう。
　　　　　　　　　　　　　　　….イヴェット・ルーディ

はじめに

　女性政策は家族政策と混同されがちであり，女性政策としての家族政策はややもすれば少子化対策に陥るきらいがある。こうした傾向は，その根底にある，女性とは産む性であり，女性の領域は家庭であるという考えのあらわれであると言えるだろう。しかし，ここで問題にする女性政策は，まさにこうした女性観から脱却し，女性にも男性と同等の「完全な市民 citoyenne à part entière」としての地位を確立するための政策である。それは，女性が受けている差別や暴力をなくし，自律した人間としての尊厳を保障するものである。こうした女性の権利には子どもをもつ自由も含まれていることは言うまでもない。

　フランスで男女平等が法的に認められたのは，ようやく1946年の第4共和制憲法の前文においてである。そこでは「法律は女性に対して，すべての領域において，男性のそれと平等な諸権利を保障する」と定められている。しかし現実には，私的領域においても公的領域においても，当時の女性の権利は限られていた。1804年ナポレオン民法典による家長の概念はまだ存続し，妻が職業に就くためには夫の許可が必要であったし，避妊および中絶を禁止する1920年法の下で，女性は自らの身体に関する自由な決定権を奪われたままであった。

　こうした状況に変化が現れるのは1960年代の後半からである。1965年には婚姻制度の改革により妻が夫の許可なく職業に就けるようになり，1967年には避

妊が，1975年には中絶が合法化される。現在では，女性の就業率は63％に達し，25－49歳では80％を超えている。一方，出生率は1.92（2004年）でヨーロッパでも上位にあり，職業と子育ての両立も進んでいることがわかる。政治参加の面でも，1999年の憲法改正，翌2000年の選挙法改正（候補者レベルでの男女同数法，いわゆるパリテ法）により，男女の平等なアクセスが促進されようとしている。

本章では，こうした変化を推進した女性政策機構の特色と問題点を明らかにしてみたい。

I　女性政策機構の推移

1　女性労働問題研究・連絡委員会

一般に，フランスの女性政策推進機構の出発点は1974年のヴァレリー・ジスカール＝デスタン大統領による女性の地位副大臣（首相付）ポストの創設であると考えられている。しかし，女性の権利・平等局 Service des droits des femmes et de l'égalité[1]のサイトによると，その歴史は1965年の女性労働問題研究・連絡委員会の設置から始まっている。労働大臣の下に置かれたこの委員会は，女性の雇用労働を促進するための手段と問題点を検討することを委任されていたが，その関心は労働問題だけにとどまらず，社会における女性の地位そのものを問題にして，教育・政治参加・女性のイメージなどにも及んでおり，女性行政における先駆的働きを果したと評価されている[2]。

1965年という年は，「栄光の30年」と呼ばれるフランス経済近代化の直中に位置し，農業などの第1次産業から第3次産業への大幅な就業移動が見られた時期である。日本でも同様の移動が見られたが，男性の急速なサラリーマン化が進むなかで，女性は家庭にとどまり，「夫は外で仕事を，妻は家庭で家事・育児を担う」という性役割分業が確立された。これに対してフランスでは，1967年を境に女性のバカロレア取得者数が男性を上回り，女性の高等教育就学率の伸びは就業人口の増大につながる。こうした違いの背景に，近代化をめざす日・仏政府の経済政策，女性政策の違いがあったことは言うまでもない。こ

の意味で，フランスの女性政策推進機構の歴史が1965年の女性労働問題研究・連絡委員会の設置に始まっているのは象徴的である。すでに記したように，1965年は，妻が夫の許可なく職業に就くことができるようになった年でもある。経済的自立を求めるフランス女性の願望と政府の経済政策が合致していたと言えるだろう。

女性労働問題研究・連絡委員会は1971年に女性労働委員会に移行し，1984年に現在の男女職業平等高等評議会[3]の設置にともない役目を終えるが，その間，女性政策に多大な影響を与えている。なかでも，女性労働委員会が1979年に提出した報告書「女性労働における差別と差異」は，当時の女性雇用担当副大臣（労働・参加大臣付）ニコル・パスキエが準備していた雇用平等法の土台になっている。この法案は，1981年の政権交代で日の目を見ずに終わったが，1983年に成立した男女職業平等法との類似点が多いことが指摘されている[4]。

2　先駆者ミッテラン

フランソワ・ミッテランはフランスの近代化と女性の地位の相関性に気付いた最初の政治家であった[5]。彼はドゴールと闘った1965年の大統領選挙においてすでに計画出産に賛成し，選挙の1カ月前の11月には「1920年法の，避妊に関する宣伝を禁止する条項を廃止する」ための議員法案propositionを提出している。社会党内には1961年にマリ＝テレーズ・エイカムを中心にコレット・オードリ，イヴェット・ルーディなどによりMDF（女性民主運動）が結成され，ミッテランとも緊密な関係を保っていた[6]。エブリーヌ・シュルロなどメンバーの何人かは家族計画運動Planning familiale[7]にも参加しており，この問題でのMDFの影響も大きかった。しかし，この選挙戦で，女性の解放は生殖の自由によると説明し，セクシュアリティの問題を政策の1つとして掲げたのは，ミッテランの政治家としての決断であろう。結果は，男性の51％がミッテランに投票したのに対して女性は39％にすぎなかった。彼は敗北の一因は女性票にあると考えて，ますます女性政策を重視するようになる。翌1966年，次の国政選挙に備えてFGDS（民主社会主義左翼連合）を結成し，影の内閣を

大統領選におけるミッテランの性別得票率
1965年　第2回投票　　男：51%　　　女：39%
1974年　第2回投票　　男：53%　　　女：46%
1981年　第2回投票　　男：56%　　　女：49%
1988年　第2回投票　　男：53%　　　女：55%

つくるが，そこには女性の地位向上大臣としてエイカムが任命されている。もしミッテランが1974年の大統領選で敗れていなかったなら，おそらく彼もまた世界に先駆けて女性の権利省を設置していたであろう。

　女性票は1960年代終わりまでは，棄権率が男性より7－10ポイントも高く，左派への投票率も男性に比べて12ポイント低かった[8]。1970年代になると，投票率も男性とほぼ同じになり，左派にも投じられるようになる。この結果，ジスカール＝デスタンと闘った1974年の大統領選では，ミッテランの獲得票の男女ギャップは1965年の12％から7％へと5ポイント縮まったが，僅差で破れる。

3　女性の地位担当副大臣

　1974年，大統領に就任したジスカール＝デスタンのイニシアティブの下，シラク内閣には4人の女性が入閣する（厚生大臣シモーヌ・ヴェイユと，就学前教育担当副大臣，監獄条件担当副大臣，1カ月半遅れて女性の地位担当副大臣）。第5共和制が始まって以来16年間，女性の入閣者が総計4人の副大臣しかいなかった「男の共和国」[9]において，これは画期的な出来事であった。しかし，女性の地位担当副大臣のポストの創設は，ジスカール＝デスタンのリベラルな資質によるものであると同時に，1975年の国連女性年を前に，女性政策の推進が課題とされていた国際的動向に呼応するものでもあった。実際，日本でも1975年に，前年12月に成立した三木内閣の下で，現在の男女共同参画局の礎である婦人問題企画推進本部・婦人問題企画推進会議・婦人問題担当室の3本柱が形成されている[10]。

　女性の地位担当副大臣に起用されたのが，週刊誌『エクスプレス』の編集長であり，女性雑誌『エル』への寄稿によっても知られていたフランソワーズ・

ジルーであったことも，世論に女性政策への積極的なイメージを与えるのに成功した。しかし，実際には事務局の場所探しから始めなければならなかった。十分な予算の裏づけもなかった。こうした状況にもかかわらず，ジルーは2年後の1976年には「女性のための100の施策」[11]を提案する。そこには「フランス国民の半分である女性」の置かれている不平等な状況が明示され，女性が「もう半分の男性と同等の教育レベルや収入に達し，社会および経済分野に進出し，同等の責任を果たせるような社会」を実現するための施策が提示されている。84番目に掲げられた「市町村議会選挙の候補者リストでの15％のクォータ制」は，今日のパリテへの道の出発点であったとも言えるだろう（当時の市町村議員の女性比率は4.4％にすぎなかった）。このように女性政策の必要性をクローズアップしたという意味で，ジルーの果した役割は大きい。彼女はまた，地方での情報伝達にも力を入れた。現在は女性の権利・平等局の管轄下にある地域圏代表の組織を創ったのもジルーである。

この内閣では，MLF（女性解放運動）や世論による中絶合法化の要求に答えて1975年1月17日法（以下，1975年ヴェイユ法とする）が成立した。他にも離婚法の改正による同意離婚の導入など，男女間の関係を大きく変化させる重要な法律が成立している。しかし，これらの管轄は，それぞれ厚生省と法務省であった。

1976年の内閣改造により女性の地位担当副大臣のポストは廃止され，ジルーは文化担当副大臣を数カ月務めた後，ジャーナリズムにもどった。女性の地位に関しては，単なる政府代表部がリヨンに設置され，ニコル・パスキエが女性の地位全国代表（首相付）に任命された。しかし，パスキエの後を継いだジャクリーヌ・ノノンは職務を全うするための手段が与えられていないことを理由に半年で辞職する。

4　女性の権利大臣

1981年1月，ミッテランは5月の大統領選に向けて，「110項目の提案」を発表したが，そのうちの11項目が自立・平等・尊厳の理念に基づく女性政策に当

てられていた。4月には女性団体ショワジール Choisir[12]主催の公開討論会「女性のための大統領とは？」に出席し（ジスカール＝デスタンは欠席），女性たちの質問に的確に答えて支持を獲得する。こうして，1974年の大統領選挙では政治に直接関わることをためらっていた女性団体も，ミッテランの支持にまわったのである。上に示したとおり，ミッテランはついに女性票の49％を獲得して勝利した。女性票の増加は1988年にはさらに顕著になっている。

　ミッテラン大統領の下，モロワ内閣には女性の権利担当大臣（首相付）が置かれ，ルーディが就任する。1982年にはエリゼ宮で3月8日の国際女性デー[13]が初めて公式に祝われ，女性政策が脚光を浴びる。1985年には独立した女性の権利大臣に昇格し，ルーディが続投する。彼女の5年間の活動は，職業におけるあらゆる差別——求人・採用から職業訓練・昇進・解雇・退職まで——を禁じる男女職業平等法（1983.7.13, 通称ルーディ法）をはじめ[14]，避妊に関する情報提供，職業名への女性形導入に関する通達など精力的なものであった。しかし，こうした女性行政の栄光は長くは続かない。

　1986年のコアビタシオンにより成立したシラク内閣では女性の権利に関する権限は社会問題・雇用大臣のフィリップ・セガンに託され，1カ月遅れてエレーヌ・ジスロが女性の地位総代表（社会問題・雇用大臣付）に任命される。これはまさに，1976年の内閣改造後に起きたことと同じであった。「女性の権利」が「女性の地位」に戻ったことも注目に値する。ルーディは後に当時を振返り，彼女が築き上げたすべてのものがほとんど組織的に破壊されるのを見たと回想している[15]。保守勢力の政権への復帰，宗教団体の支持を受けた伝統的な家族主義的潮流，従来のやり方の変更を嫌う行政機関，さらには左翼内のインテリ社交界，女性たちの組織力不足，フェミニズムという言葉が引き起こす不安……などを前に，その後も女性政策の歴史は一進一退する。

II　現在の女性政策機構

　2005年6月に成立したドミニク・ドヴィルパン内閣では，女性政策の管轄は，雇用・社会的団結・住居省に移り，社会的団結・パリテ担当大臣カトリー

ヌ・ヴォトランに委任された。第3次ラファラン内閣での独立したパリテ・職業平等大臣に比べると格下げの感は否めない（ちなみにドヴィルパン内閣の女性大臣は32人中6人で，パリテにはほど遠い）。

しかし，女性行政を担当する中央行政機構，女性の権利・平等局は管轄省の移動にかかわらず一貫している。女性の権利・平等局は総計約200名の職員を擁し[16]，中央の事務局（人権擁護・職業平等・広報・総務を担当する4課）と地方組織（地方圏知事，県知事の下に置かれた地域圏代表26名，県の担当委員75名）からなる。さらに，3つのミッションが設けられ，それぞれ，①地方組織との連絡調整，②研究・調査・統計，③欧州連合・欧州評議会・国連などの国際機関との連携を担当している。

ここで，上記①地方組織との連絡調整担当ミッションの管轄下にあるCNIDFF（全国女性の権利と家族に関する情報センター）とCIDFF（女性の権利と家族に関する情報センター）にも言及しておきたい。その歴史は古く，1972年に創設されたCIF（女性情報センター）まで遡る。CIFは，女性に自分たちの権利についての情報を与える目的で創られた市民団体で，政府の支援を受けて少しずつ全国に展開し，1974年からは女性の地位担当副大臣の下に創設された地域圏代表とともに地方での情報伝達に協力する。1978年にCIFF（女性と家族情報センター）に発展し，1981年に政府機構の名称が「女性の地位」から「女性の権利」に変わったのにともない，1982年からCIDFの呼称が併用されるようになった。これと並行して，すでに1976年から全国のCIFを統括していたパリのCIFがCNIDF（全国女性の権利に関する情報センター）になり，全国のCIDFを率いて，避妊をはじめ，雇用・職業教育についての情報提供に貢献した。CNIDFは1987年にCNIDFFに移行，CIDFもCIDFFになり，全国115カ所に展開するネットワークを形成し，女性に対する暴力の領域にも活動を拡大している。

他に，女性政策担当大臣の協力機関Partenairesとして，性情報・出産調整・家庭教育高等評議会[17]，男女職業平等高等評議会，女性への暴力に対する闘争の全国委員会[18]など6つの諮問機関が置かれており，首相付のパリテ監視

女性政策推進機構・組織図

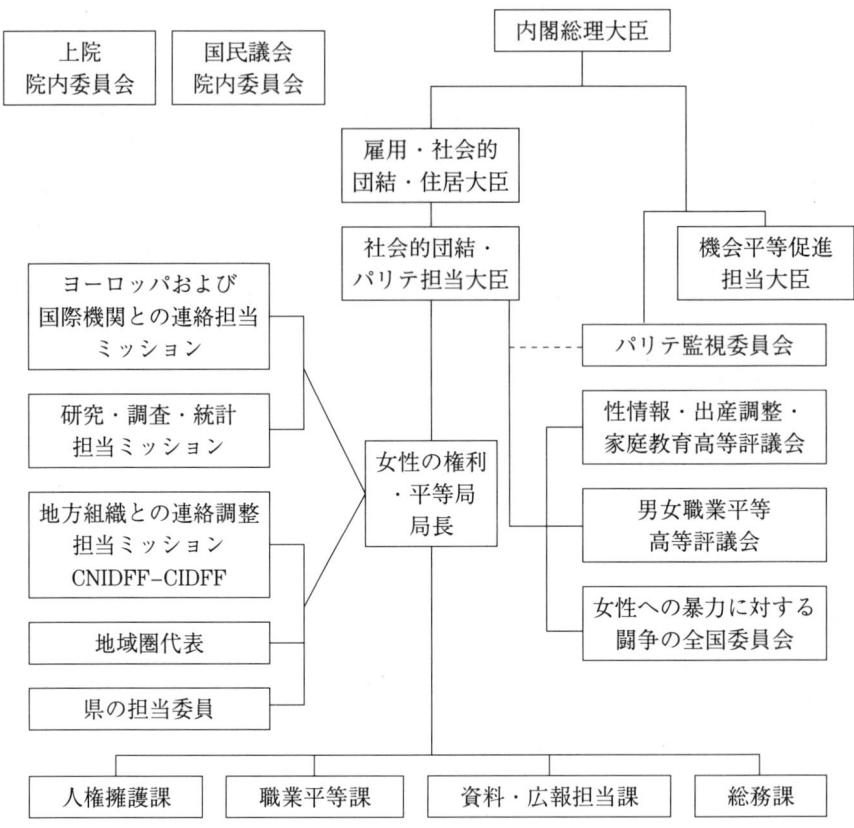

委員会[19]とともに，女性政策促進のための研究・調査，それに基づく提言・勧告，法案の検討などを行っている。

さらに，ドヴィルパン内閣には機会平等促進担当大臣（首相付）のポストが設けられ，アズーズ・ベガッグが任命された。この大臣が女性政策にどの程度関与することになるのか，現時点では不明であるが，彼には女性の権利・平等局の利用も認められており，女性の権利担当関係省連絡委員会の議長も委任されている。この委員会は，女性の権利に関する政策を審議し，その施行のための関係省の連絡・調整を確保するために，1982年に首相の下に設置されたもの

で，各関係省の大臣・副大臣がメンバーとなっている。年に少なくとも2回の開催が規定されているが，実際には1986年の保守政権への移行後，ほとんど機能していなかった。1999年から毎年，国際女性デーの3月8日に開催されていることが，国連の女性2000年会議の『政府報告書』[20]に明記されているが，実質的な成果は知られていない。毎年定期的に開催されている家族会議[21]が将来の家族政策の方向を示し，具体的な施策を打ち出しているのとは大きな違いである。

　他に，1999年から上院と国民議会にそれぞれ女性の権利・男女の機会均等のための院内委員会が設置され，法の施行状況についての調査，法整備の促進に努めている。

Ⅲ　フランスの女性政策推進機構の特色

　当初は首相付であった女性政策の担当ポストは，1985年5月から約1年間女性の権利省として独立した後，1986年からは，組閣のたびにさまざまな省（社会問題・雇用省，労働・雇用・職業教育省，経済・財政省，社会問題・厚生・都市省，世代間連帯省，労働・社会問題省，雇用・連帯省，社会問題・労働・連帯省）の下を転々としている。独立したポストは，前述の女性の権利大臣と第3次ラファラン内閣のパリテ・職業平等大臣（ニコル・アムリーヌ）だけである。リオネル・ジョスパン内閣で1997年11月から1年間，女性の権利担当関係省連絡代表（首相付）という特別なポストに付いていたジュヌヴィエーヴ・フレスは，女性の問題はあらゆる領域から対処する必要があり，このポストが1つの省に属するのではなく関係省を連絡する横断的なものであったことをプラス評価しているが[22]，予算や法案提出からいっても，専任の大臣がいるほうが望ましいことに変わりはないだろう。法案提出には政府提出 projet と議員提出 proposition の2つの方法があるが，議員提出の場合は，常任委員会（または特設委員会）での審議を経た後，政府の定めた優先順位に従って国会の議事日程に載らなければならない。政府提出の法案に比べると，国会審議に至るまでに数倍の日数が必要であり，採択される比率も低い。

このように女性政策の管轄は不安定なものであったにしても，トップには常に女性が任命されてきたことは特筆すべきだろう。特に女性問題に通じているわけでもない内閣官房長官が男女共同参画担当大臣を兼任してきた日本とは大きく異なっている。担当大臣が女性であるからといって，男性とは本質的に異なる別の政治が行われるわけではないし，男性にも適任者はいるだろう。しかし，女性がトップに立ってきたことは，女性政策を可視化したという点だけでも意義がある。さらに，女性政策の直接の担当でない場合も，男性とは異なる経験をもつ女性大臣のイニシャティブが働いた例が多い。妊娠中絶の合法化を定めた1975年法の成立に貢献したのは厚生大臣ヴェイユであったし，最近の例で言えば，女性の対等な政治参加をめざすいわゆるパリテのための憲法改正は法務大臣のエリザベート・ギグーの力に負うところが大きかった。1986年にIVG（人工妊娠中絶）の社会保障負担の廃止が問題になったとき，これを退けたのも当時の厚生・家族担当大臣ミシェル・バルザックであった。1983年の男女職業平等法が政党の違いを超えて，女性大臣のもとに準備されたこともすでに記した。これらの女性たちは女性の権利を守るために，保守か革新かにかかわらず，ときには党内の圧力とも闘ってきた。1996年にヴェイユ，ルーディ，クレッソンなど女性大臣経験者10名が党派を超えて連携した「パリテ委員会」もそのあらわれである。

　また，単に複数の省が関与してきたというだけでなく，出発点からそうであったように（Ⅰ1参照），女性政策の重心が女性の職業領域への進出の支援に置かれてきたことも特色である。もちろん，女性労働が経済の動向に合わせて，企業にとって便利な調整弁として用いられてきた側面を看過することはできない。また他方で，出生促進主義とも言える家族政策の長い強固な歴史があることも無視できない。しかし結果的に見て，フランスの出生率が比較的高いのは，家族政策の効果だけでなく，「完全な市民」であるための第1条件である経済的自立を促進してきた女性行政に負うところが大きいことは否定できないだろう。父親であることだけを生き甲斐にする男性が少ないのと同様に，多くの女性が，母親であると同時に自立した1人の社会人でありたいと願ってい

ることを認めなければならない。キャリアと子育ての両立が可能な場合のほうが，希望する数の子どもを産む傾向が強いことは，近年，明らかにされていることである[23]。

　何がこうした特色を支えてきたのであろうか。第1に考えられるのは，女性票の力である[24]。直接選挙による大統領選において女性票の動向が重視されたことはすでに記した。1950年代のベビーブームに貢献した母親たちの娘は，高等教育を受け，職業をもち，そして政治意識に目覚めたのである。また，CNIDFFやCIDFFのような民間の女性団体，さらにMLFなどによる政治への積極的な働きかけも忘れてはならない。1970年代のMLFが，政治という男性領域に参入することで体制に取り込まれかねない危険を避けるために，政治の外に身を置く姿勢を取ったことがフランス女性の政治領域への進出を遅らせた理由の1つであると説明されることがある。しかし，女性解放と政治が結びついているという考えが女性たちに浸透したのもまた，「私的なことは政治的なことである」というスローガンを掲げたMLFによってであった。1975年の中絶合法化や，強姦罪を規定した1980年の刑法典の改正を勝ち取ったのも女性が中心になった市民運動の力に負うところが大きい。最近のパリテのための運動においても，多数の女性団体が結成され，世論を動かした。このように，従来の男性中心の法制度を改革するためには，女性市民の積極的な参画が不可欠であることを強調したい。

　もう1つの理由として，ここでは詳しく述べる余裕がないが，欧州連合などの外圧がある[25]。欧州連合発足時の憲法にあたるローマ条約には男女平等の文言は入っていない。しかし，119条の「同一労働に対する男女の同一賃金」原則を土台に男女平等の実定化が進められ，1981年からは4－5年ごとに「男女機会均等推進中期行動計画」が理事会決議として策定されるようになった。こうした機会に加盟国からは担当大臣が出席しなければならない。欧州連合の女性政策と連携していくためには，国内にそれを担当するポストが必要であった[26]。また，欧州連合での経験が役立つというプラスもあった。たとえばルーディは，大臣になる前に短期間ではあるが欧州連合の女性の権利特別委員会委

員長を務め，このときの経験が大臣としての活動に「ヒントと決断を与えてくれた。フランスでは考えられないことが，多くの欧州連合加盟国では当たり前であることに気づかされた」と回想している[27]。

おわりに

2004年3月8日の国際女性デーに，当時のパリテ・職業平等担当大臣アムリーヌから提出された「男女間の平等憲章 Charte de l'égalité entre les hommes et les femmes」がピエール・ラファラン首相によって正式に公布された。この憲章は，男女間の平等こそは民主主義と社会の進歩の原動力であると位置付け，男女混成の普遍主義 universalisme mixte を目標理念に，①政治におけるパリテと意志決定過程への女性のアクセス，②職業における男女平等，③人としての尊厳の尊重，④職業や家庭などの生活時間の両立，⑤ヨーロッパおよび国際社会との連帯，という5本の柱のもとに280項目に及ぶ行動綱領を定めている。関係省（それぞれ280項目の行動綱領のうちどの項目に責任をもつかが明記されている）はもちろん，合わせて100に及ぶ団体（議員団体，CFDT・CGT・MEDEF などの労使双方の代表者機関，商工会議所・手工業会議所，市民団体）が推進当事者として署名している大部なもので，フランス政府の並々ならぬ意志が感じられる。しかし，逆に見れば，40年にわたる女性行政の果てに，まだこうした憲章を出さねばならない現状なのである。「男女間の平等憲章」は，将来に向けての希望であると同時に，女性行政が抱えている問題の多さを示しているとも言える。

アムリーヌは同年4月，大臣に昇格し，翌2005年3月には男女賃金平等法案を提出した。この法案には，2010年までに男女の賃金格差（現在約20％）を廃止し，そのために必要な，職業と家庭生活の両立，幹部職・意志決定過程への女性の登用，職業教育の改善などの方策が盛り込まれている。しかし，5月末の内閣交替で彼女のポストは消滅する。それだけではない。メディアが作成した退任大臣のリストから彼女の名前は漏れていた[28]。パリテ・職業平等大臣というポスト，ひいては女性政策がいかにメディアに軽視されているかを物語っ

てはいないだろうか。

　幸い，法案そのものはドヴィルパン内閣でも社会的結・パリテ担当大臣ヴォトランに引継がれ，12月に下院（国民議会）の第二読会で採択された。今後は，こうした法的措置がいかに適用され，実質的な平等をもたらすかが課題である。先に記したように，男女の賃金平等はすでに，1967年のローマ条約，労働法典に記されているのである。

　男女平等への道程はまだ長い。「男女間の平等憲章」に照らしてみると，とりわけ3本目の柱，人としての尊厳の尊重という面で遅れている。実際，月に6人の女性がドメスティック・バイオレンスによって殺されているのである。欧州連合拡大にともなう東欧女性の性的搾取の問題もクローズアップされている。従来，フランスの女性政策は職業領域に重心が置かれてきたが，今後はこの領域での対策が急務とされている。

注

1) 1990年11月21日アレテにより女性行政の中央機構として，女性の権利局が定められ，以来，内閣により管轄省は変わっても，一貫して女性行政を担当している。2000年7月21日アレテで現在の女性の権利・平等局に移行。予算（約1,700万ユーロ）も握っている。

2) Anne Revillard, "Le ministère du Travail à l'épreuve du travail des femmes : le Comité du Travail Féminin", http://www.melissa.ens-cachan.fr/, mise en ligne le 11 mars 2005. Martine Lurol, "Quand les institutions se chargent de la question du travail des femmes, 1977-1995", *Travail, genre et sociétés*, n.1, L'Harmattan, 1999.

3) 1983年男女職業平等法に基づいて，1984年2月22日デクレによって設置。職業における男女平等のための施策の監視，調査・研究，法律に関する提言を任務としている。

4) 御巫由美子「雇用平等法制定プロセスの国際比較」『現代日本のパブリック・フィロソフィ』，新世社，1998年。

5) Jane Jenson et Mariette Sineau, *Mitterrand et les françaises. Un rendez-vous manqué*, Presses de Sciences Po, 1994.

6) Yvette Roudy, *A cause d'elle*, Ed. Albin Michel, 1985. イヴェット・ルーディ

=福井美津子訳『フェミニズムの現在』,朝日新聞社,1986年。
7）1956年に創設された「幸福な母性」を母体として,1958年に設立された家族計画推進を目的とする運動。
8）Janine Mossuz-Lavau, *Femmes/Hommes. Pour la parité*, Presses de Sciences Po, 1998.
9）Véronique Helft-Malz et Paule-Henriette Lévy, *Les femmes et la vie politique française*, coll. Que sais-je?, PUF, 2000.
10）企画推進本部は各省庁の連絡会議で,総理を本部長に各省庁事務次官で構成され,当然男性ばかり。企画推進会議は民間人による会議で,藤田たきを会長に36人のうち3分の2を女性が占めた。婦人問題担当室は担当行政機構で,労働省の婦人少年局が担当していたが,その後,総理府に移り,男女共同参画室に発展。さらに2001年1月の中央省庁改革で,現在の内閣府・男女共同参画局に格上げされた。
11）Françoise Giroud, *Cent mesures pour les femmes*, La Documentation française, 1976. 抄訳：佐野満里子「フランソワーズ・ジルーの軌跡（2）」,『Bulletin du CEFEF』2号,2002年,慶応義塾大学「現代フランス社会と女性」研究会。
12）Choisir は MLF の団体の1つで,「343人声明」の署名者を法的に保護する目的で,弁護士ジゼル・アリミとシモーヌ・ド・ボーヴォワールにより71年に結成された。現在も活動を続けており,パリテ推進にも積極的に取り組んだ。
13）国際女性デーは1910年に国際社会主義女性同盟によって提唱され,1921年にレーニンによって3月8日に定められた。フランスでは1982年に公式に祝われて以来,女性政策に関連する政府行事が行われている。
14）ルーディが在任中に成立させたその他の主な法律は以下のとおりである。
　・公職における雇用機会均等に関する法律（1982.5.7）
　・手工業者および商人の配偶者の身分に関する法律（1982.7.10）
　・人工妊娠中絶の費用還付に関する法律（1982.12.31）
　・不払い養育費の取立てに関する法律（1984.12.22）
　・結婚制度における夫婦の平等に関する法律（1985.12.23）
15）"Yvette Roudy", propos recueillis par Anne-Françoise Khanine, *Lunes*, n.8, 1999.
16）Secrétariat d'Etat aux droits des femmes et à la formation professionnelle, *Conférence de Pékin, cinq ans après*, La documentation française, 2000.
17）1973年7月11日法。避妊に関する情報伝達と性教育の促進のための施策の

推進を任務としている。1996年から女性の権利局に所属。
18) 2001年12月21日デクレ。関係機関と協力して，暴力，売春，人身売買などの犠牲になっている女性の救済，そのために必要な調査や法案の提出を行なう。
19) 1998年10月14日デクレ。国会議員や学識経験者など33名の専門委員によって構成され，国内外の女性の状況についての資料収集，分析・研究・調査を行い，政治・経済・社会の各領域においてパリテの障害となっているものを同定し，パリテ促進のための提言・勧告，さらに法案についての意見を出すといった重要な任務を負っている（1995年創設，1998年改組）。2000年パリテ法にも影響を与えた。
20) *Conférence de Pékin, cinq ans après*, op. cit. 女性2000年会議は，1995年の第4回世界女性会議（北京会議）後の成果を検討・評価する目的で開催された。
21) 1982年に第1回会議が開かれて以来，毎年開催されていたが，1994年7月25日の家族に関する法で制度化された。
22) "Où en sont les femmes en France?", propos recueillis par Anne-Françoise Khanine, *Lunes*, n.6, 1999.
23) 1999年3月のCAE（経済分析審議会）の報告。Cf. *Le Monde*, 06/03/1999. 男女共同参画局・少子化と男女共同参画に関する専門調査会『少子化と男女共同参画に関する社会環境の国際比較報告書』，2005年9月。
24) 最近の女性票の傾向は，①FN（国民戦線）への投票率が男性より低い。②社会党支持率がわずかに高い。③緑の党など環境派への支持率が高い。
25) 柴山恵美子，中曽根佐織『EUの男女均等政策』，日本評論社，2004年。林瑞枝他「ヨーロッパ統合とジェンダー」『時の法令』n.1520〜n.1574，偶数号。
26) 1986年の保守政権への移行により女性の権利大臣がなくなった後，女性の地位総代表を務めたエレーヌ・ジスロは，フランスの体面を守るために大臣であるかのような曖昧なステータスを演じなければならなかったと回想している。"Femmes et pouvoirs (XIXe-XXe siècles)", Actes du colloque organisé par le Sénat en mars 2004. http://www.senatfr/colloques/colloque_femmes_pouvoir/colloque_femmes_pouvoir.html
27) *Lunes*, n.8, op. cit.
28) "Cinq ans après la loi : parité... mais presque", Actes du colloque organisé par l'Assemblée nationale en juin 2005. http://www.assemblee-nationale.fr/12/rap-dian/dian040-2005.asp

（井上たか子）

資料　　　　　　　　　　　女性行政機構の歴史

【Ch・ドゴール大統領（第1期1959-1966）】
第2次G・ポンピドゥ内閣（1962.11-1966.1）
　1966年に労働大臣の下に女性労働問題研究・連絡委員会を設置

【Ch・ドゴール大統領（第2期1966-1969）】
J・シャバン＝デルマス内閣（1969.6-1972.7）
　1971年に女性労働問題研究・連絡委員会から女性労働委員会に移行

【V・ジスカール＝デスタン大統領（1974-1981）】
J・シラク内閣（1974.5-1976.8）
　女性の地位担当副大臣（首相付）　　　　　F・ジルー（1974.7-1976.8）
　［厚生大臣　S・ヴェイユ］
第1次R・バール内閣（1976.8-1977.3）
　女性の地位全国代表（首相付）　　　　　　N・パスキエ（1976.9-1977.1）
第2次R・バール内閣（1977.3-1978.3）
　女性の地位全国代表（首相付）　　　　　　J・ノノン（1978.2-1978.7）
　［女性雇用担当副大臣（労働大臣付／78.1より労働・参加大臣付）　N・パスキエ］
第3次R・バール内閣（1978.4-1981.5）
　女性の地位担当大臣／1980.2より女性の地位・家族担当大臣（首相付）
　　　　　　　　　　　　　　　　　　　　M・ペルティエ（1978.9-1981.3）
　女性の地位全国代表が廃止され，
　女性のための行動担当関係省連絡委員会（首相付）が制度化される
　　　　　　　　　　　　　　　　　　　　　（1978.10-1982.3）

【F・ミッテラン大統領（第1期1981-1988）】
第1次～第3次P・モロワ内閣（1981.5-1984.7）
　女性の権利担当大臣（首相付）　　　　　　Y・ルーディ（1981.5-1985.5）
　女性のための行動担当関係省連絡委員会を廃止し，
　女性の権利担当関係省連絡委員会（首相付）に移行（1982.3-）
L・ファビウス内閣（1984.7-1986.3）
　1984年10月4日アレテにより女性の権利担当行政部局が設置される
　女性の権利大臣　　　　　　　　　　　　　Y・ルーディ（1985.5-1986.3）
J・シラク内閣（1986.3-1988.5　コアビタシオン）
　女性の権利大臣の権限は社会問題・雇用大臣に移行し，
　女性の地位総代表（社会問題・雇用大臣付）　E・ジスロ（1986.5-1988.4）

【F・ミッテラン大統領（第2期1988-1995）】
第1次M・ロカール内閣（1988.5-1988.6）
　家族・女性の権利・連帯・引揚者担当大臣（社会問題・雇用大臣付）
　　　　　　　　　　　　　　　　　　　　G・デュフォワ（1988.5-1988.6）

第2次M・ロカール内閣（1988.6－1991.5）
　女性の権利副大臣（独立ポスト）　　　　　　M・アンドレ（1988.7－1991.5）
　1990年11月21日アレテにより，女性の権利局（中央行政機構）が定められる
E・クレソン内閣（1991.5－1992.4　初めての女性首相）
　女性の権利・日常生活副大臣（労働・雇用・職業教育大臣付）
　　　　　　　　　　　　　　　　　　　　　　V・ネイエルツ（1991.5－1992.4）
P・グレゴヴォワ内閣（1992.4－1993.3）
　女性の権利・消費副大臣（経済・財政大臣付）　V・ネイエルツ（1992.4－1993.3）
E・バラデュール内閣（1993.3－1995.5　コアビタシオン）
　女性の権利局は社会問題・厚生・都市大臣S・ヴェイルに帰属（1993.4－1995.5）

【J・シラク大統領（1995－2002）】
第1次A・ジュペ内閣（1995.5－1995.11）
　世代間連帯大臣C・コダッキオーニが女性の権利局を担当（1995.6－1995.11）
第2次A・ジュペ内閣（1995.11－1997.6）
　女性の権利局は労働・社会問題大臣に帰属し，
　雇用担当大臣A＝M・クデルクに委任される（1995.12－1997.6）
L・ジョスパン内閣（1997.6－2002.5　コアビタシオン）
　女性の権利局は雇用・連帯大臣M・オブリの権限下に入り，
　G・フレスが女性の権利担当関係省連絡代表（首相付）となる（1997.11－1998.11）
　女性の権利・職業教育担当副大臣（雇用・連帯大臣付）
　　　　　　　　　　　　　　　　　　　　N・ペリーに委任（1998.11－2002.5）

　［法務大臣　E・ギグー］
　2000年7月21日アレテにより，女性の権利局は女性の権利・平等局に移行

【J・シラク大統領（2002－）】
第1次J＝P・ラファラン内閣（2002.5－2002.6）
　女性の権利・平等局は社会問題・労働・連帯大臣の管轄となる
　保健・家族・障害者大臣も女性の権利・平等局を利用できる
第2次J＝P・ラファラン内閣（2002.6－2004.3）
　N・アムリーヌがパリテ・職業平等担当大臣（首相付）になり，
　女性の権利・平等局を掌管する（2002.6－2004.3）
第3次J＝P・ラファラン内閣（2004.3－2005.5）
　N・アムリーヌがパリテ・職業平等大臣になり，女性の権利・平等局を管轄する
　（2004.4－2005.5）
D・ドヴィルパン内閣（2005.6－）
　女性の権利・平等局は雇用・社会的団結・住居大臣の管轄となり，
　社会的団結・パリテ担当大臣C・ヴォトランに委任される（2005.7－）。
　一方，機会平等促進担当大臣（首相付）も女性の権利・平等局を利用できる。また，
　首相の委任により女性の権利担当関係省連絡委員会の議長を務める（2005.6－）

（井上たか子作成）

entrefile

国連の女性政策

　女性の人権の国際的保障の歴史は，国連とともに始まる。国連の設立を規定した「国連憲章」（第2次世界大戦の末期の1945年6月に署名，同年10月に発効）は，1条3で，その目的として「性による差別なくすべての者のための人権及び基本的自由を尊重する」ことを掲げており，他にも8条，13条1b，55条c，56条などで，男女平等を保障している。

　翌年の1946年6月には経済社会理事会のなかにCWS（女性の地位委員会）が設けられ，この委員会を中心に，法的権利の保障，開発への統合など，女性の地位向上に取り組むことになる。ボーヴォワールが『第二の性』（1949年）の序文で，「大体のところ，私たちは勝負に勝ったのだ」と記した背景には，こうした動向があった。

　1979年12月には「女性差別撤廃条約」が採択される（1981年9月発効）。その正式名称「女性に対するあらゆる形態の差別の撤廃に関する条約」からも明らかなように，女性の権利についての包括的かつ法的拘束力をもつ国際条約であり，160ヵ国以上が批准している（フランスは1984年，日本は1985年に批准）。前文と5条に「男女の完全な平等の達成のためには固定的な性別役割分担の変更が必要である」ことが明記され，4条では「男女間の平等を推進するための暫定的特別措置」，いわゆるアファーマティブ・アクションが規定されているなど，画期的な条約である。さらに1982年には，この条約の履行を監視するためのCEDAW（女性差別撤廃委員会）も組織された。

　一方，国連は1975年を「国際婦人年」に定め，以来4つの世界会議（1975年：メキシコ，1980年：コペンハーゲン，1985年：ナイロビ，1995年：北京）を開催している。これらの会議は各国政府の代表やNGOが一同に会して議論を交わす場であると同時に，女性問題を解決するための「世界行動計画」を採択し，参加各国がそれに基づいた実際行動を推進するための契機になっている。2000年には，北京以後の活動状況の評価と21世紀に向けての特別総会が開催され，これに合わせて包括的な統計資料集『国連女性白書』も発行されている。

（井上たか子）

参考文献
　井上輝子・上野千鶴子・江原由美子・大沢真理・加納実紀代編『岩波　女性学事典』
　国際女性の地位協会編『女性関連法　データブック』有斐閣
　国際女性法研究会編『国際女性条約・資料集』東信堂

第2章　女性の過小代表問題とパリテ

はじめに

　2つのものが完全に同等であることを意味するパリテが，代表制民主主義における男女同数制を示す概念として公的な場に始めて姿を現したのは，1989年11月，欧州評議会が「男女同数民主主義 démocratie paritaire——欧州評議会の40年の活動——」をテーマに開催したセミナーにおいてであった。ベルリンの壁が崩壊し，東欧諸国の民主化が急務となる一方で，民主主義の長い歴史をもつ西欧諸国において男性が政治をつねに占有してきた事実は，民主主義そのものを問い直すことを迫っていた。パリテの考え方はそのような欧州における民主主義再生をめざす動きの中から生まれ理論づけが試みられていった。パリテが現実の政策の場で適用されるのは，欧州で最も深刻な女性の過小代表問題を抱えていた国の1つ，フランスにおいてである。

　1992年，パリテの出生証明書とも言える『政権へ，女性市民たちよ！自由・平等・パリテ』がパリで出版された。それをきっかけにして，男女による政治権力の分かち合いというパリテの理想が，従来の保革対立を越えて多くの女性たちの共感をよび，ネットワーク型の新しい運動へと発展し，20世紀最後の年，国，地方のほとんどの選挙で男女同数候補者制を規定したパリテ法として実を結ぶことになる。だがその一方でパリテは，女性運動の退行だと考えるフェミニストたちの批判にさらされた。

　なぜ女性は長い間共和国から排除されてきたのか。女性の過小代表問題とは何なのか。それへの解決法として北欧諸国で用いられているクォータ制とパリテとの違いは何か。女性は女性として政治に参加するのか。その時女性とは何なのか。それとも女性は性をもたない個人として政治に参加するのか。パリテ

はフェミニズム運動を前進させるのか，民主主義を深化させるのか，ジェンダーの序列にどう作用するのか。以下ではパリテが提起するこうした問題を考察する。

I　男たちの共和国

　人は自由で権利において平等であることを宣言して近代民主主義をスタートさせたフランスで，政治的市民とは誰だったのか。誰が投票をし，誰が国民を代表する資格をもつとされたのか。『第3身分とは何か』を発表しフランス革命に理論的指針を与えたアベ・シェイエスは，成人男性高額納税者だけが政治権をもち，その他の成人男性，子ども，外国人，すべての女性は「少なくとも現状においては公共の事柄に積極的に関与すべきではない」[1]と考えていた。

　その後の民主化要求の高まりで，平等理念に矛盾するこのエリート主義的見解は後退し，1793年憲法──政治的混乱で発布は永久に延期された──はすべての成人男性に選挙権を広げたが，女性参政権への言及はなかった。さらに同年10月には女性の政治結社が禁止され，共和国からの女性の排除は決定的となる。革命の早い時期から「人と市民の権利宣言（1789年人権宣言）」が男性の権利でしかないことに気づいていたオランプ・ド・グージュは，1791年に「女性と女性市民の権利宣言」を発表し，人とは現実には男と女からなるのだから，人の権利は男と女の平等な権利でなければならず，市民の権利は男市民と女市民の平等な権利でなければならないと主張した。しかし革命が急進化する中，反革命の容疑で逮捕され，1793年11月に処刑された。

　1848年，第2共和制の誕生とともに奴隷制が廃止され，他国に先駆け男子普通選挙が実現した。自由・平等という共和国の2つの理念に，男同士の友情を示す友愛 fraternité を加えた共和国の標語「自由・平等・友愛」ができたのもこの時である。19世紀前半にはサンシモン主義が労働者とフェミニストの共闘を可能にしていたが，これを機に両者は分断され，友愛の絆で結ばれた男性市民だけが共和国の営みに参加する条件が整えられたのである。

　このような共和国の公的秩序を支えたのが家父長制である。フランス革命は

身分制から人々を解放し，理論的には中間層を介することなく，個人と国家とを直接向き合わせたが，唯一の例外が個人と国家を仲介する社会の基本単位としての家族だった。1804年ナポレオン民法典は男／公的領域，女／私的領域の住み分けを画定し，家長に絶大な権限を与えて，妻の夫への服従，家長による家族支配を制度化した。革命期にいくつかの民事的な権利が男女に平等に広げられたのは事実だが，それは男女平等の観点からというよりは，むしろ旧体制を徹底的に打倒するためだった[2]。例えば結婚が2人の意志に基づく契約になり，2人の同意でこの契約の解消が可能になったのも，女性が完全な個人として認められたからというよりは，婚姻関係を世俗化し，教会権力を弱体化させるためだった。その後王制復古とともに離婚は禁止され，条件付きで再び認められたのは第三共和制下の1884年のことである。

　私的領域における女性の服従を正当化していたのは女性の本性といわれるものである。女性は脆弱で，感情をコントロールできず，決断力に欠けるので公的活動には向かない。女性にあてがわれたのは家族という私的領域であり，母であることが女性の自然で主要な役割とされた。だがこの家族を支配するのは強靭で，理性的で，知力の勝る男性でなければならない。このように自然化された性差が人々の考え方を呪縛し，民法が定める女性の法的無能力とともに負の連鎖をなし，女性の政治参加の要求から正当性を奪い，政治社会の男たちの連帯を一層強めるように機能したのである。

　女性の参政権が実現するのは1944年，自由フランスを勝利に導いたドゴール将軍が率いるアルジェ（アルジェリアの首都，ただし当時はアルジェリアはフランス植民地）の臨時政府が出したオルドナンスによる。憲法制定議会選挙を前に勢力を伸ばしていた共産党対策として，保守的と思われていた女性票を利用したといわれている。「1789年から1945年まで，立法者は女性が要求する政治的平等を非常識で……冗談のように見なしていたが，ついに利用できる……と考えた。権利とはまったく別のものと考えられてきたのだ。」[3] 女性がはじめて参政権を行使した1945年の憲法制定国民議会選挙では6.05％の女性議員が選出されたが，その後は2％前後を低迷し，5－6％台に戻るのは1980年代であ

る。1990年代になってもそれ以上には増えず，国民を代表していたのは，シェイエスの時代から相変わらず男性だった[4]。

II　友愛からパリテへ

　1992年6月，『政権へ，女性市民たちよ！自由・平等・パリテ』が出版された。著者は社会党員でフェミニストのアンヌ・ルガル，フランソワーズ・ガスパール，クロード・シュレバン＝シュレベールの3人の女性である。パリテは共和国の標語の3番目の友愛の代わりに置かれ，それまでの男性市民だけを結ぶ連帯を男女市民の連帯へと修正する役割を担わされている。著者たちはパリテ（男女同数議席）を三権分立や普通選挙と同様に代表制民主主義を機能させるための条件であるとし，「国会及びすべての地方議会は男女同数からなる」ことを法律に書き込むように求めた。女性の過小代表が深刻な問題であるのは，それがその他すべての領域からの女性の排除を象徴しているからである。「民主主義は人類の普遍的な希求である。普遍性はすべての女性，すべての男性を包括する。したがって男女が同数で代表されたところにしか，代表制民主主義は存在しない。国，地方の議会で女性の過小代表があまりにも長く続いてきたために，思考やそれを反映する法に欠損が生じていることは今日明らかになった。新たな民主的契約が必要なのだ。」[5]

　民主的契約であれば，問題になるのは権利である。だからパリテとクォータ制ははっきり区別される。後者は，社会的マイノリティ集団と見なされた女性たちが社会に統合され平等に近づくために暫定的にとられる差別的優遇措置である。それに対し3人の著者が主張するパリテは男女平等原則に則った権利である。パリテの根拠として挙げられた「人間の解剖学的二元性」は，歴史的文化的につくられた性差とは違い，抽象的なレベルに属している。共和主義的代表制の考え方によれば，性別を含めたすべての個人的特徴を捨象した普遍的な個人が国民を代表する。だがこの普遍的個人は現実には歴史家ミッシュル・ペローの言葉を借りれば「多くの場合，男性部位を隠すビキニ・ショーツのようなもので，女性を政治社会の統治から排除するために役立ってきた」[6]。著者

たちは，すべての個人は男も女も同じ人類に属しているとする普遍主義の立場から，この代表制論を継承しつつ，パリテの中に普遍的個人とは男性と女性であることを認めさせる手段を見出したのである。

翌年11月10日付けルモンド紙一面に女性289人，男性288人が署名する「男女同数民主主義のための577人のマニフェスト」が意見広告として掲載された。マニフェストは男女同数議席を民主主義の新たな原則にしようと呼びかけ，すべての議会における男女同数議席制の法制化を求めていた。577は下院の議席数である。女性がイニシアティブをとりそれに男性が応えたという意味で，この出来事はフランス・フェミニズム運動にとって画期的だ。それ以後パリテ法の実現を求める運動が全国各地で展開されていく。

運動が広まった背景には，国際社会の動向もある。1975年以降国連を中心に進められてきた女性差別をなくすためのグローバルな取り組みに加え，欧州も重要な役割を演じた。『自由・平等・パリテ』が出版された1992年は，欧州連合の前身，欧州共同体が「第3次男女機会均等行動計画」を策定し，政策決定機関への女性の進出を最優先課題と定め，それまでなかった男女別統計資料が欧州共同体レベルで作成されていた。数字はフランスの女性の政治参画の遅れをはっきりと示していた。フェミニストだけでなく一般女性がパリテに関心を寄せたのも当然だった。それに1970年代のMLF（女性解放運動）のような男に挑戦状をつきつけるフェミニズムではなく，パリテという新しい言葉とそれが掲げる男女が分かち合う政治権力の理想が多くの人々にインパクトを与えたのかもしれない。社会党系のフェミニストの中で生まれたパリテは，多様な解釈を包みこむようにして，保革，フェミ／アンチフェミの対立を越えて賛同者のネットワークを広げていった。

III 代表制への問い

共和国の普遍主義的伝統の中で女性が参政権運動を進めることは難しかった。歴史家ピエール・ロザンバロンはフランスにおける女性の参政権取得の遅れの理由の1つにこの伝統を挙げる[7]。女性は女性であるがために政治社会か

ら排除されていたのだから，女性たちは差別された女性集団として参政権の要求を掲げざるをえない。だが他方，議員は個人として国民を代表するとされる共和国の代表制の考え方からすれば，女性としての政治参加の要求は共和国の単一不可分性を脅かす分離主義の嫌疑をかけられる。アングロサクソン系の国々の女性たちが男女の違いや補完性を根拠に19世紀後半以降参政権運動を成功させていったのに対し，フランスの女性たちには差異主義と平等主義を時に応じて使い分けなければならない難しい戦略が求められていた。個人としての参政権の主張は，女性が集団として排除された現実を覆い隠そうとする力に回収される危険がある。実際，男性たちが女性の参政権に反対するために用いた論拠は，女性はすでに別の個人——言い換えれば家長である男の個人——によって代表されているのだから，個人として参政する必要はないというものだった。

『自由・平等・パリテ』におけるパリテはこのような伝統的な女性を排除する普遍主義を男女の普遍主義に修正する役割を担っていた。政治代表の男女同数制には象徴的なインパクトが期待されていた。女性は個人として国民を代表するのであり，女性らしさを政治に反映させるためではない。このようなパリテの考え方は共和国の代表制の延長上にある。しかしそれとは異なり，パリテの中に男女分離主義的代表制の可能性を見つけて，パリテを支持する女性たちもいた。女性は女性によってしか代表されえないと考える差異主義派のフェミニストたちである。男女同数制は，その場合，擁護すべき個別の利益や主張をもつさまざまな社会集団をそれぞれのウエイトに応じて議会に反映させようとする比例代表制の考え方に近い。女性は国民の半数を占めているのだから，女性党とまでは言わないにしても女性集団として半数の議席を占める権利があるという考え方である。1996年6月エクスプレス誌（6月6日号）に掲載された，閣僚経験をもつ10人の女性政治家が従来の政治的イデオロギー的対立を越えて署名した「パリテのための10人のマニフェスト」には，そこまで明確な差異主義とは言えないまでも，男女の補完性や女性の視点を政治に反映させる必要性をパリテの要求の根拠にしている。これを1864年の「60人のマニフェスト」と比較してみるのも興味深い。両者には共和主義的代表制の問い直しとい

う共通点があることが分かる[8]。60人の労働者が署名したこの宣言は，労働者が代表されていない当時の均質な政治集団を批判し，必然的に多様な社会をどう代表するかという問いを投げかけた。それは19世紀末の比例代表制の議論へ引き継がれていく。「パリテのための10人のマニフェスト」もまた，20世紀末のフランスの政治の閉塞性の原因を女性的な視点が排除され男性的価値が支配する政治社会の均質性にあるとし，そのための解決策として女性の政治参画の促進を訴えた。そして女性が選挙に出やすいように，比例代表制の導入や，おそらく政治的現実主義からだろうが，パリテに近づくための段階的措置としてのクォータ制の実施を求め，さらに1982年のクォータ制違憲判決を乗り越えるための憲法改正にも言及していた。

　哲学者シルビアンヌ・アガサンスキーも女性差別を隠蔽する共和国の普遍主義の批判を中心にパリテ擁護論を発表していたが，1998年に上梓した『男女の政治学』[9]ではさらに生殖的に補完関係にある男女カップルの普遍性という概念に依拠したパリテ論を展開した。彼女によれば，パリテはその政治的表現であるという。このような男女カップルを基にしたパリテの理論化は，1990年代のパリテ推進運動を観察しつづけた歴史家ジョーン・スコットが指摘するように，同じ時期に同じように政治アジェンダとなっていた同性カップルの権利保障をめぐる議論の影響を受けていたことは確かだろう[10]。パリテ賛同者すべてが異性愛規範の垣間見られるこのパリテ論を受け入れたわけではなかった。しかしアガサンスキーのパリテは，同性カップルが市民権を得れば，異性愛を基盤にした既存の秩序を転覆されるのではないかと恐れていた保守層を安堵させることができた。パリテのための憲法改正案の審議では，彼女がパリテ政策を進めるジョスパン首相の妻であることも影響しただろうが，彼女が提唱するパリテが政府の公式見解となり，最終的に保守層までも取り込んでパリテの法制化が実現する。

Ⅳ　パリテは前進か後退か

　パリテに新たに加えられた差異主義的要素は保守層を安心させたが，逆に極

左のフェミニストや革命以来の共和主義を信奉するフェミニストを危惧させた。パリテが女性運動を退行させるように見えたのでる。

極左のフェミニストたちはパリテを既成の秩序における女性集団だけに限られた優遇措置だと見なし、その他の抑圧された社会的カテゴリーから女性を分断し、社会変革のための共闘を妨げるだけでなく、結局のところエリート女性だけに資する措置で、女性の間の格差を広げると批判した。

共和主義者たちは政治社会に性差を導き入れようとするこの差異主義的なパリテに疑問を抱いた。私たちはいつの間にか自然の中に引き戻されているのではないか、と彼女たちは問う。近代は啓蒙の力で男性を自然から引き離し、女性を自然状態に止め置くことによって男性支配の秩序を築いた。母性を女性の天職とすることで女性の公領域からの排除を正当化してきた。それに女性の社会進出もこの母性をモデルにしている限りはジェンダー秩序を転覆させる危険はないので、認められてきた。参政権を得た今、女性は少なくとも原理的には完全な市民として男性と同じ条件で政治に参加できるというのに、あえて女性として政治に参加するというのであれば、それは再び自らを自然の中に閉じこめることにならないのか。それこそフェミニズムの退行ではないのか。以上の視点から、哲学者エリザベート・バダンテールは、「パリテのための10人のマニフェスト」が発表されると早速、ルモンド紙に反論を寄せた[11]。男女を区別するパリテは「差別が最終的な政治代表の基準」になり、「生物学的なものが政治に指図すること」であり、「同性の連帯が人類の共通の利害に勝ること」になる。ひとたびそれをゆるせば、共同体主義がはびこり、共和国の単一不可分性は崩壊の危機に瀕する、というのが彼女の主張だった。彼女をはじめとするパリテ反対派もフランスにおける女性の政治参画の遅れは認めていた。だが政党に女性優遇策を自主的にとるように働きかけるといった消極的な対案しか示すことができなかったために、むしろ抵抗勢力のような印象を与え、世論の支持は得られなかった。

V　パリテ法

　1993年以来下野していた社会党は、パリテにかける世論の期待を敏感に捉え、女性の政治参画推進策を党の政権復帰戦略に組み込み、1997年の総選挙で30％近い女性候補者を擁立し選挙に臨んだ。彼女たちの予想以上の善戦もあって社会党が勝利し、パリテ支持の緑の党、共産党、市民運動党が参加する左翼連合政権が成立すると、ジョスパン首相は施政方針演説で憲法に「パリテ目標」を盛り込むことを約束した。

　1999年6月の憲法改正はポジティブアクションとしての男女同数候補制を実施できるようにするためのもので、国民主権に関わる3条に「法律が議員職および選挙で選ばれる公職への男女の均等なアクセスを推進する」の1項が追加された。選挙におけるクォータ制を違憲とした1892年の憲法院の判断が「国民主権は人民に属し、人民のいかなる区分もいかなる個人もその行使を独占してはならない」と定めたこの3条の名において下されたからだ。憲法院はクォータ制が被選挙資格者をカテゴリーに区分すると判断したのである。歴史家ジュヌビエーブ・フレスは「王制下では男だけが王として主権者を体現できた。共和制下では主権者は抽象的になり、体現されはしないが、男たちが主権を占有した。今、男と女が主権者を新たに体現するときが来た」[12]と述べて主権に関わる3条にパリテ原則と読める文言が追加されたことを評価する。さらに政党の役割を定めた4条に「政党と政府は法律が定める条件の下で3条最終項に表明された原則の実現に寄与する」の1項も追加され、実効性が担保された。

　翌年、議員職および選挙で選ばれる公職への男女の均等なアクセスの推進を目ざす2000年6月6日法が成立し、法律施行後の最初の選挙から男女同数候補者制が実施されることが決まった。パリテ法が適用されるのはすべての名簿式選挙、すなわち市町村議会（人口3,500人以下の村議会を除く）、地域圏議会、欧州議会、上院（元老院）比例区の選挙、および下院選挙である。欧州議会と上院比例区には名簿への男女交互登載が、2回投票制の地域圏議会および市町村議会には6人毎の男女同数候補が政党に義務づけられた。小選挙区2回投票

制の下院では男女同数候補制は義務ではなく奨励されているだけだが，候補者の男女比が48対52のように2％以上に広がるとその差の50％政党助成金が減額（2％差なら，2％×50％＝1％）されるペナルティが設けられた。パリテ法の適用が見送られた選挙は，比例区を除く上院選挙区，小選挙区2回投票制の県議会，および複数の基礎自治体の代表で構成される自治体間協力機構である。

　パリテ派が当初要求していた男女同数議会原則は男女同数候補者制に変化したとはいえ，段階的移行期間を設けず法律施行後の最初の選挙から男女同数候補者制の実施を決定した点は重要だ。男性党員の既得権を失わせるこの法律に党内の抵抗は大きかったはずだが，左翼連合政権は勇気ある決断をした。段階的移行期間を排することによりクォータ制との違いが明確にされたパリテは前者がもつマイノリティのロジックから女性を解放した。法律施行後の最初の選挙となった2001年の市町村議会選挙では，パリテが適用された人口3,500人以上の自治体で女性議員は改選前の21.8％から47.5％に増え，2004年3月の地方圏議会選挙でも女性議員が改選前の27.5％から47.6％に，さらに同年6月の欧州議会選挙でも，すでに40.2％だった女性議員が43.6％になり，パリテ法の効果が確認された（表1）。

　しかしパリテ法にはいくつもの問題点がある。第1は執行機関がパリテ法の適用外に置かれたことだ。したがって議会は男女同数に近づいたが，自治体の

表1　女性議員率

議　　会	パリテ法以前		パリテ法施行後		変化(％)
	選挙実施年	女性議員率(％)	選挙実施年	女性議員率(％)	
地域圏議会	1998	27.5	2004	47.6	20.1
欧州議会	1999	40.2	2004	43.6	3.4
市町村議会(全体)	1995	21.7	2001	33.0	11.3
人口3500人以上		25.7		47.5	21.8
人口3500人未満＊		21.0		30.0	9.0
上　　院	1998	5.6	2004	16.9	11.3
下　　院	1997	10.9	2002	12.3	1.4

　＊パリテ法適用外。
　出所：observatoire de la parité.

首長の10人に9人が男性で，地域圏議長では26人中25人が男性，複数の基礎自治体をとりまとめる自治体間協力機構議長も男性がほぼ独占している（表2）。第2の問題は名簿のトップ登載を政党の裁量に任せたことである。市町村議選と地域圏議選では最高得票名簿のトップ登載者が実際には議会で首長に選ばれる限りでこれは第1の問題とも関連してくるが，名簿自体は男女同数でも，男性がトップに登載された名簿の数が多ければそれだけ男性議員が多くなるという別の問題も生じさせる。実際，上院比例区選挙では，定員3人以上という小規模選挙区であることからも，党公認名簿の3位登載になった男性候補者が，そのままでは当選できないと判断し，党を出て自らが別の名簿のトップで選挙を戦い当選したケースも見られた[13]。また2003年に地域圏議会，欧州議会の選挙法が改正され，大選挙区がいくつかに区割りされ，自動的に候補者名簿の数が増えた。地域圏議会はそれまでの6人毎のパリテから男女交互の厳密なパリテへと変わりその限りでは前進だが，ほとんどの名簿のトップは男性だったため，実際の議席配分は男性が若干の優位を占めている。

だが最大の問題は下院選挙にパリテが義務づけられていないうえに，パリテを尊重しなかった場合のペナルティが不十分だったことである。2002年の下院選挙では，とくに大政党で女性候補者がパリテからほど遠く[14]，女性議員はわずかに増えただけだった（表1）。そもそも小選挙区制の場合には男女同数候

表2　パリテ法適用外の議会女性議員率および執行機関女性占有率

議会・執行機関	改選前 選出年	総数	女性数	女性率(%)	改選後 選出年	総数	女性数	女性率(%)	変化(%)
地域圏執行機関	1998	265	40	15.1	2004	338	126	37.3	22.2
地域圏議長＊	1998	26	3	11.5	2004	26	1	3.8	−7.7
中央政府	1997	28	10	35.7	2004	42	8	19.0	−16.7
県執行機関	2001	812	64	7.9	2004	1052	132	12.5	4.7
県議会	2001	3977	364	9.2	2004	3966	411	10.4	1.2
県議会議長	2001	99	1	1.0	2004	99	3	3.8	2.0
自治体間協力機構	2001	2001	108	5.4	2004	2463	136	5.5	0.1
市町村長＊	1995	36555	2751	7.5	2001	36547	3981	10.9	3.4

＊最高得票名簿のトップ登載者が議会で首長に選出される。
出所：Obervatoire de la parité.

補制を義務づけたとしても，比例代表制のようにそれが選挙結果に直接結びつくわけではない。したがってパリテを義務づけることも必要だが，女性候補者を予め勝ち目のない選挙区に集中させないための工夫，候補者と別の性の補欠者[15]とのカップリングの義務化，一部比例代表制の導入などのさらなる措置が必要で，今後のパリテ法の改正が望まれる。

パリテ法がなぜ県議会を適用外にしたのかも問わなければならない。小選挙区制でパリテの適用が難しかったからだけではない。県会議員の地位は自治体首長や助役とともに国会進出の足場になるからである。その上国会議員になったあとも，再選を視野に地元との密接な関係を維持・強化するために，多くが県会議員を兼職するから，県議会選挙へのパリテ導入は国会議員の地位を直接脅かす。男性はこの権力の牙城をたとえ半分でも女性に譲りたくはなかったのである。

自治体の首長のほとんどを相変わらず男性が占め，下院でも女性議員は8人増えただけの現状を前にして，パリテのための憲法改正を「憲法の差異主義」であると批判する人類学者フランソワーズ・エリチエは，パリテ法についても「真の権力が始まるところで女性の進出は拒まれた」[16]として否定的な評価をする。

おわりに

男女による政治権力の分かち合いというパリテの理想は実現不可能なユートピアなのだろうか。パリテ法は男性が憲法に規定された原則を巧みに避けて真の権力を掌握しつづけるためのカムフラージュにすぎないのだろうか。だがすべての選挙が一巡しただけの時点で，直接数字として現れた結果のみに注目して即断することは避けたい。それにパリテ法は少なくとも地方議会の様相を一変させた。今では地域圏議会，人口3,500人以上の市町村議会のすべてがパリテになった。パリテが義務づけられていない小さな自治体でも女性議員は30%に達している。参考までに2007年3月現在の日本の現状を紹介すると，女性議員が1人もいない町村議会が全体の半数以上を占め，市議会でさえ女性議員は

10％余りでしかない。パリテ法が採択された当時，翌年の市町村議会選挙に十分な数の女性候補者を見つけられるかが心配されていたが，法の力が女性候補者を掘り起こした。そのうちの多くは政治に関心をもちながらパリテ法がなければ立候補を決意しなかった女性たちである。さらにパリテ法は女性議員を増やしただけでなく，議員の年齢，出身階層，職業の多様化を促し，政治社会をより市民社会に開かれたものにした[17]。今後それが地域の民主主義に何をもたらすかに注目したい。パリテ法の波及効果で自治体の副首長として執行機関に参画する女性が増えたことも指摘しておく（表2）。長期的には副首長を経験した女性の中から首長や国会議員を目指す女性もおそらく現れるだろう。

　パリテの差異主義的側面は，反対派から，ジェンダー秩序を政治社会に持ち込むにすぎないとされ，批判された。しかしこの批判は大勢の女性が構成員になることによって政治社会そのものが変容することへの視点を欠いている。女性の政治参画の先進国ノルウェーを例にとれば，当初女性の参画に期待されていたのは男性を補完する役割だったという。だが実際に大勢の女性が議会に進出すると，女性だからといって女性にふさわしいとされる任務があてがわれることはまれで，むしろ個々の女性の個人としての能力を基準にそれぞれに合った領域への配属が決定されるという[18]。女性が大挙をなして政治の場に進出したフランスでも同様のことが起きている。ある自治体の女性首長は，女性が1人のときは女性として注目されるが「パリテになった今では，違いをつくるのは性ではなく個人の能力になった」と証言する[19]。そのことがすぐに公領域・私領域の再定義につながると考えるのは楽観的すぎるだろうが，政治が自動的に男性と同一視される時代は終わりに近づいているように見える。

　下院選挙での候補者選びからも分かるように政党レベルではパリテへの抵抗は大きいが，それとは対照的に世論のパリテ支持は増大している。2004年の世論調査では，政治活動に参加する女性が増えるべきだと答えた人は，2年前の66％から70％に達した[20]。憲法改正とパリテ法の制定により，人々は今では男女の政治的平等を原則として受け入れている。日本では，改選前の女性参画率を基準にして，女性議員が数％増えたり女性市長が数人誕生しただけで「史上

最多」と表現されるために，女性の過小代表の現実が隠蔽されがちだ。フランスでは下院の女性議員が改選前に比べ8人増えても，県議会で女性議員が1.2%増えても，平等にはとうてい及ばないとみなされるだけで，誰も「史上最多」とは書き立てない。

　女性の過小代表問題は男性支配がつくったものである。それを修正するために，男女同数原則を宣言し，法律に書き込むことを求めたパリテの運動はパリテ法に結実した。この運動を担った女性たちを支えていたのは法がもつ変革の力への確信だった。パリテ法の限界が明らかになった今，法律をよりよいものにしていくための新たな運動が求められている。

〈追記〉

　議員職および選挙で選ばれる公職への男女の均等なアクセスの推進を目指す2007年1月31日法（Loi n° 2007-128）により，パリテは以下の4点において強化された。1）市町村：市町村議会選挙候補者名簿の男女交互の厳密なパリテ，および首長とともに執行機関を構成する副首長団のパリテの義務化。2）県議会選挙：候補者と別の性の補欠者制度の導入。候補者と補欠者はともに選挙を闘い，当選した場合，任期中に死亡または辞職すれば，自動的に補欠者が議席を引き継ぐ。3）地域圏：議長とともに執行機関を構成する副議長団と常任委員会のパリテの義務化。4）国民議会選挙：各政党の候補者がパリテでない場合，政党助成金減額率がそれまでの男女差率の2分の1から4分の3に増加。2008年から施行される。

注

1) Françoise GASPARD, Claude SERVAN-SCHREIBER, Anne LEGALL, *Au pouvoir, citoyennes! Liberté, égalité, parité*, Paris, Seuil, 1992, p.53.
2) Ibid., p.87.
3) Ibid., p.114.
4) 女性議員が少ない理由としては，普遍主義に加えて，小選挙区制，少数の政治エリートに政治職の占有を許す兼職制度，第5共和制が大統領に強大な権力を与え，政治＝男性のイメージが強化されたことなどが挙げられる。
5) Op. cit., F. Gaspard et autres, p.130.
6) Le Monde du 25 février 1999.
7) Cf. Pierre ROSANNVALLON, *Le sacre du citoyen : Histoire du suffrage universel*, Paris, Gallimard, 1992, pp.393 et s.

8) *Projets Féministes*, Nos4-5 février 1996, p.95.
9) Sylviane AGACINSKI, *Politique des sexes*, Paris, Seuil, 1998.
10) Joan W. SCOTT, *Parité! : L'universel et la différence des sexes*, traduit de l'anglais par Claude Rivière, Paris, Albin Michel, 2005.
11) Elisabeth BADINTER, 《Non aux quotas des femmes》, le Monde du 12 juin 1996.
12) Roselyne BACHELOT, Geneviève FRAISSE, *Deux femmes au royaumes des hommes*, Paris, Hachette, 1999, p.189.
13) 2003年の選挙法の改正で上院比例区は定員3人から4人以上になった。
14) 社会党が36％，保守の大統領与党は19.9％。
15) 下院および上院の選挙区の選挙では候補者はつねに自らを補欠する人をともない立候補する。フランスでは閣僚と国会議員の兼職は禁止されているので，入閣に際し議員職を辞職し，補欠者が議員になる。
16) Françoise HERITIER, Masculin/féminin tome II, Paris, Odile Jacob, 2002, p.271.
17) Rapport sur les élections municipales et cantonales mars 2002, Observatoire de la parité.
18) Cf. Projets Féministes, Nos4-5, février 1996, pp.144-145.
19) Le Monde du 7 mars 2005.
20) Le journal du dimanche, 7 mars 2004.

（石田久仁子）

entrefile　　　　MLF（女性解放運動）

　1960年代末に先進諸国で始まる第2波フェミニズムあるいはMLFは，既成の秩序を問い直しラジカルな社会変革を求めた当時の政治的文脈の中で生まれ，個としての女性の解放，女性の社会的主体の確立を目指した。
　フランスのMLFも，5月革命の祝祭性や異議申し立て精神を反映し，あらゆる権力を否定し，組織化や多数決での意志決定も行わず，活動を各参加グループの自発性・創造性だけに委ねる新しい運動形態をとった。ブルジョア，プロレタリア，インテリ，売春婦，労働者，レズビアン，主婦等のすべての女性―家父長的抑圧という共通の経験で結ばれた―との連帯を重視，その他の男性が主導権を握る極左の運動からの分離独立路線を選んだ。1970年8月あるグループが「人間2人に1人は女だ」の言葉を添えた花束を手に凱旋門広場の無名兵士の墓を訪れ，さらに無名の彼らの妻に敬意を表した。MLFを社会に知らしめた事件である。「私的なことは政治的である」のスローガンを掲げ，私的生活における男性支配からの女性の解放を闘いの柱にし，避妊，妊娠中絶の自由化による身体の自己決定権と女性に対する性的暴力反対をテーマに社会に強烈なインパクトを与える運動（非合法に妊娠中絶したことを告白した女性著名人「343人のマニフェスト」のヌーベルオプセルバトゥール誌への掲載，強姦で妊娠し中絶した17歳のマリー・クレールや中絶施術医師らが訴えられたボビニ裁判での支援活動，すべての家事と「性的奉仕」を拒否する「女性のストライキ」計画等）を展開。妊娠中絶自由化運動は1975年，条件付きでそれを認めるベイル法に結実，翌年には同意による離婚が成立。ドメスティック・バイオレンスの被害女性のための最初のシェルターがつくられたのもその頃だ。
　しかし革命的理想を追うMLFは1970年代後半の長引く不況で保守化した社会に適応できず運動を離れる女性も出た。主導権争いもあり運動は停滞。MLFのユートピア的要求は現実主義的なものへと形を変えて1981年の左翼連合政権の女性政策に引き継がれた。

　　　　　　　　　　　　　　　　　　　　　　　　（石田久仁子）

第3章　移民女性と社会的統合

はじめに

　サッカーに興味をおもちのかたは，ワールドカップのフランス代表選手陣のほとんどがカラードだったことに気づかれたろう。それにたいしてドイツ代表チームのメンバーは2006年にもほとんどみな白人だった。8年前にフランスが同様の選手団で優勝を果したとき，フランス（人）は自分たちのチームを誇りに思い拍手をおしまなかった。多民族社会化したフランスにとっての望ましい姿をそこに象徴的に感じとったからである。

　時代によって状況は異なるものの，フランスという国は「移民」とともに生きてきた。自国チームの勝利に素直な賞賛を送るとともに心中苦い思いをかみしめた人は少なくなかったろう。フランスの移民の歴史には人口，労働力，植民地という国家・社会にとっての重大テーマが通低している。

　他者である移民をかかえていかに，どのようなかたちで対応ないし共存していくのか。フランスは19世紀中葉からこう問いつづけてきた。移民は「現代フランス社会の内在的問題」[1]とみるべきであり，「移民はフランス社会にとっての旧くかつ構造的な構成要素の1つ」[2]であるという見解に異論をとなえるフランス人はいないだろう。今日，統合政策がすすめられているが，高等統合諮問会議は「統合」を「過程」と定義してきた。統合とは，フランス共和国の大原則に適応するという力学の中において受入れから国籍取得へと向かう行程なのである。

　「人」と出会う移民問題は国内だけでも微妙で多岐かつ複雑だが，出身国の政治状況あるいは移民本人の心情など国際的な側面ももちろん看過することはできない。問題の重要性への関心からこれまでに膨大な研究，報告，論考，著

作が発表されている。しかし，移民の女性に焦点をしぼった調査研究をそれらの文献リスト上に見つけることは難しい[3]。女性は男性より遅れてフランスにやってきたという経緯があり，それが一因ではあろう。フランスへの受入れは，男性の移民——来仏の契機を考えると外国人労働者というほうが適切である——が先行し，男女の人口比がほぼ半々になるのは1990年代後半のことにすぎないからである。

長い歴史はまた移民に出身国の変化をもたらした。ヨーロッパのポーランド，イタリア，スペイン，ポルトガルからマグレブ（アルジェリア，モロッコ，チュニジア）へ，さらにブラックアフリカ出身者へとながれの比重が移行する。ただし，これらヨーロッパ諸国は現在では欧州連合の構成国となり，その国民はすでに欧州市民権をもつにいたっている[4]。

したがって本章では主にマグレブとブラックアフリカ出身の女性が対象となる。

移民女性の問題とはなにか。2005年6月に女性の権利・男女の機会平等担当大臣マリージョ・ズィメルマヌは，移民支援団体連盟FASTI女性委員会の責任者を呼んで意見を聞き「移民について，人は，女性特有の問題を扱おうとしない。触れるとしても彼女たちの本国での地位はどうか，受入れる側の制度が機能しているかといった視角でしか語らない」[5]とコメントしている。同年11月には1年間の活動報告書を下院に提出した[6]。報告書はその第1部の表題を「移民女性のために行動をおこす」として，移民女性の諸権利が限られていること，許しがたい暴力の被害者であることを，フランス共和国政府として取り組むべき課題の筆頭にあげている。

I　移民家族の人口統計

1　家族入国の推移

統計から移民の人口動態を家族にかぎってまず簡単にふれておきたい。外国人や移民に関する統計データは，入国・滞在を把握する内務省等関係省庁，IN-SEE（国立経済統計研究所），INED（国立人口統計研究所），OMI（国際移民

事務所），OFPRA（難民・無国籍者保護フランス事務所）と，主要なものでも各種あるが，それらの統計を総合的に分析する機構として2004年にOSII（移民統計オプセルヴァトワール）が創設された。

　INEDは，移民について，1995年にはじめて1911年以来の国勢調査の男女別統計分析を行っている[7]。それによっても移民が長い歴史をもつことがわかったが，移民の3分の1（1999年には36％）はフランス国籍を取得しており，1974年7月の外国人労働者受入れ政策停止後，男性移民が定住するにしたがって，夫の元に来る女性が増えている。外国人人口における女性増が本格化していくのはそのころからである。1990年から1999年のあいだの移民人口増加は女性による（平均7.2％増）ものであった[8]。移民の受入れ手続きを担うOMIの統計では，1975年には5万人を超える家族がフランスに入国している。1980年代前半にも年4万人台から3万人台の入国者数であった。外国人労働者受入れ政策を停止したとはいえ，その後も労働市場の需要があれば個別な労働力の受入れは認められており，家族の入国数は新規労働者のそれを2－3倍上回ったことになる[9]。

　家族合流規定に基づく入国は1990年代前半にも3万人の水準を保ち，後半にやや下がるものの2000年度に入って2万人を超えて2002年には27,267人，家族移民全体の入国は80,262人にのぼる。これは2003年度100,149人（前年度比12.7％増），2004年度102,619人（同2.5％増）だが，増加傾向は鈍っている[10]。欧州連合以外の第三国からの入国数中の家族の割合は2002年度79％，労働者が7％，家族の比重の高いことがわかる。この傾向は変わっていない[11]。

2　家族移民

　法的には家族移民 migration familiale とは，家族を事由に最初の滞在許可を得た外国人すべてを意味する。家族移民には大別して，a 家族合流（再結合）規定にしたがって入国を認められた配偶者と子，b フランス人との家族関係（配偶者，未成年の子，扶養親族），c フランス国籍の子の親，d フランスとの個人的・家族的紐帯がつよいことを考慮して滞在許可された者，さらに難民の

家族がある。欧州連合，EEE（欧州経済圏）の出身者はふくまれない。移民法は滞在資格を詳細に規定し，その上頻繁な改正を行ってきているため，資格と統計の関連はきわめて複雑で残念ながら詳しい説明はできない。

OMI の統計では，2004年度，a 家族合流規定にしたがって入国した家族は25,420人。2002年27,267人をピークに2003年は26,768人，2004年には減少したことになる。配偶者だけの場合が53.5%，配偶者と子が25.5%である。b は49,888人で80%が配偶者，約20%が「フランス人の子の親」である。b のフランス人とは主に移民の子のフランス国籍者が親の母国で伝統的結婚した配偶者を連れ帰ったケースと想定されている。c は10,358人，d は13,989人（主として正規化）である。この d の増加率はあいかわらず1番高い[12]。

出身地域をみると，a では，2000−2004年全体でアフリカが70%，うち2003年度アフリカの60%はマグレブで，2004年には84%を占めている。bc では，74%がアフリカ出身で，うちアルジェリアとモロッコが60%以上である。d ではアフリカ62%，うちアルジェリアとモロッコで48%である[13]。

性別は，a では，2002年には女性が81.9%の割合を占めるが，b では男性54.8%，女性45.2%，cd では男性47.8%，女性52.2%であり，a の男女比が特徴的である[14]。

以上の公的な統計には当然のことながら滞在許可証をもたない者は入らない。1996年にその存在が社会的に注目をあびるようになった「証明書なき者 sans-papiers」である。十数年在留しているブラック・アフリカ出身者が，滞在身分の正規化を要求してパリのサンベルナール教会にいわば籠城したのを発端に運動はほぼ全国的に広がった。それを伝える映像メディアにあらわれたのは，鮮やかな色彩のアフリカ衣装をまとった女性たちが元気溌剌抗議をする姿だった[15]。彼女たちには失う証明書はなかった。一部の者はその後一定の要件で滞在を許可され[16]，2006年にも，2年以上フランスに住んでいる，2005年9月から子どもが就学している，という要件をみたす親6,924人に「最後の」（ニコラ・サルコジ内務大臣）正規化が実施されている[17]。

II　家族合流の法規制

　フランスは，家族がともに正常な生活を営むことを，憲法的価値を有する権利であるとしている。1974年に外国人労働者受入れ政策を停止したときには家族の受入れも中断されたが，翌1975年には再開された。

　ただし，家族を呼び寄せるためには所定の要件をみたしていなければならない。

　とはいえ，当時，家族合流についてはとくに規定はなされていなかった。最初の一般的規定は，1976年4月29日のデクレである。時期からみて定住化を予測しての措置だったと考えてよいだろう。デクレによると，家族を呼び寄せる者が次の①②③④⑤の要件をみたすならば，配偶者と未成年の子は入国・滞在を拒否されない。①フランスに正規に1年間居住，②家族を扶養するに足る安定した収入，③家族が暮らすにふさわしい住居，④家族が公序に違反していない，⑤公衆衛生を害する疾病がない，である。このデクレは二国間協定によって別途規定されているアルジェリア，一部ブラック・アフリカそしてむろん特別待遇の欧州連合は対象外であった。1984年7月17日法は家族の滞在許可証（1年または10年）を夫と同格にし，事前申請を義務化した。その後文言上の変更はあるが，基本的な条件は維持された。

　イスラム系移民の家族にとって変化が起きるのは，移民規制に関する1993年8月24日法（パスクワ法）からである。不法入国した外国人にたいし入国後の滞在身分の正規化は認めないと明示したこの法改正は（この規定が「証明書なき者」を増加させる誘引となった），ポリガミーの夫婦について，10年の正規滞在が保障される居住者証は発行されないと明記したのである。妻の1人がすでにフランスに住んでいれば，その他の妻と子を家族としてフランスに呼び寄せることはできない。それまでに複数の妻に交付されていた滞在許可は取り消される。第1配偶者以外の子を呼び寄せた者は，本人の滞在許可が失効する。ただし，本国にいる他の妻が死亡または親権を喪失した場合には，その子を呼び寄せることは可能とされた。この禁止は移民本国でのポリガミーの是非を問

題にしているわけではない。憲法院は，フランスで生活するかぎりにおいて，一夫一妻という公序のほうが，「正常な家族生活を営む権利」に優先するとの判断を示している（1993年8月12・13日判決）。

　フランスにおけるポリガミーの禁止はさらに10年の長期滞在だけでなく1年の短期滞在許可にも拡大される。

　外国人のフランス入国・滞在および庇護権に関する1998年5月11日法は，期限1年の滞在許可の資格に「私的・家族的紐帯」の枠を設けたが，その中にポリガミー禁止の文言を取り入れたのである。フランス国籍者と婚姻している正規入国の外国人，フランスに住む未成年のフランス人である子の親権をもつ外国人父または母，フランス人との私的・家族的紐帯が滞在拒否によって私生活・家族生活の尊重の権利侵害になるほどである外国人等にたいしては，滞在許可はポリガミーでないことを条件に認められる。これらの要件の根幹は，移民および統合に関する2006年7月24日法でも維持され，私的・家族的紐帯の評価については「強度，長期，安定」という判定基準が加わっている。「婚姻の自由」にも国境があるということか。

　家族合流に関しては，2003年11月26日の移民規制法改正でも，修正がなされている。主な点は，収入は少なくとも成長最低賃金の額であるべきこと，住居の実態把握の権限は市町村長にあり必要なら書面による同意の上で訪問手続がとれること，家族合流手続を踏まずに配偶者や子を呼び寄せた外国人の滞在許可は取消しができること，である。

　2006年7月24日法は前年に郊外地区で連発した暴動事件をきっかけに制定された経緯があるが，家族合流についても多少の修正がなされた。1つは，家族合流の申請にはそれまでの1年を1年半の安定的正規滞在が必要であると延長したことである。これにたいしては，適法に滞在する外国人は国民と同じく「正常な家族生活を営む権利」があり，待機期間の延長は権利の侵害であるとの訴えが憲法院に付託されたが，判決は年数延長は安定度評価の基準を修正したにとどまる，であった。また，住居については「フランスにおける通常の」住居から「同一地域に生活している家族と同程度の」住居，と市場の実況に近

づけた。なお，社会保障給付は配偶者1人にのみ支給されるとの規定が補足されている。

　この2006年7月24日法は，新たに「フランスの法律が定める基本的諸原則に順応しない」申請者には呼寄せを拒否する，と明記している。基本的諸原則について，立法者は「フランスにおける家族生活を規定する諸原則」と解している。

　ポリガミーは在仏マグレブ出身者には少ないといわれるが，ブラック・アフリカ出身者の間では現実の問題である。

III　母の世代と娘の世代

　つぎに移民女性がかかえる問題を，母と娘の角度から多少検討してみたい。

1　孤立と依存

　母の世代は「見えない」「声が聞こえない」「暴力にさらされている」「基本的人権を欠いている」等々とフランスの関係者から観察されている。伝統的保守的な家庭内に閉じこもって孤立し，子どもの学校をはじめ外部の社会と接触することがない，と危惧されている。社会化の過程という統合の観点からみればそのとおりであろう。だが，北アフリカやサハラ砂漠以南の国々から，それも多くは地方の農村からフランスに来た女性にとって，フランスは未知で異質の世界である。

〔言語〕もとよりフランス語がおぼつかない女性も珍しくない。移民女性対象にフランス語教育の社会活動は行われていても，日々の外部とのコミュニケーションは夫なり子どもたちなりを通訳として，間接的に行うしかないことになる。一方，2006年7月24日法にもみられることだが，移民にたいするフランス語能力の要求はだんだん強くなっている。新規の正規滞在許可者には「受入れ統合契約」[18]の署名が求められるようになり，署名を求められた女性の53.5%中52%が署名している（署名率88%，男性は93%）。だが，フランス語によるコミュニケーションが全く不可の女性が18%（男性は8%）である。マグレブ

の場合にコミュニケーション能力の男女差が大きい[19]。この統合契約には教育プログラムが組み込まれており，公民教育の受講は義務だが，任意プログラム「フランスの日常生活」のオリエンテーション・ビデオはフランス語で実施されているという活動家の批判もある。

〔住居〕ほとんどの場合「郊外」の集合住宅である。「郊外」とは本来は地理学用語だが，この用語はまた時代ごとにそこの住人の社会的位置づけをもあらわしてきた。工場労働者が多く住んだパリ市周辺域が「赤いベルト」と呼ばれたのは半世紀前のことにすぎない。1980年代に入ると「経済的，社会的に重大な問題をかかえる地区」という意味をもつようになり，特別な公共政策の対象地区とされた[20]。その郊外の人口増加は現在主として自然増によっているが,その人口は1970年代から1980年代にかけての移民家族合流の跡をとどめている[21]。

〔在仏資格〕IIの家族合流でもふれたように，妻の滞在資格は法制上は夫や子どもの滞在許可に付随しており，大多数は夫と子あってのフランス在住である。夫は仮に妻に暴力をふるっても滞在許可証を楯にして妻の自由を縛っておくことができ，妻は離婚されればその時点で正規の滞在資格を失うことになる。滞在許可は労働許可でもあり，仕事につくことも適法には不可能な状況に陥る結果をまねく。2006年7月24日法では，共同生活がフランス滞在許可後3年以内に破綻すると派生的滞在許可は取り消されるか，更新ができないとより厳しくなった。自律を脅かされる滞在身分証に妻たちはいきおい過敏にならざるをえない。DVの防止及び処罰の強化に関する2006年4月4日法が刑法に証明書関係の親族間盗罪の不適用を導入したのにはこうした背景がある（新条項の説明は第2部第5章上野論文197頁）。身分証明書問題は支援団体にもちこまれる相談中の最大課題である。

上記FASTIの責任者は，移民女性の自律，自己管理を優先課題としながら「同じ共同体の男性たちとのあいだにギャップをつくらないように」十分に気をつけていると報告している。男性を非難して追いこめば男性は，とくにマグレブ男性はかえって「居直り」女性の自律は不可能になる危険があるという[22]。

〔民事身分〕滞在身分はフランス法によるが，属人主義により民事上の身分

（氏，婚姻，親子関係，親権，離婚，相続）に関しては，移民は，公序に反する場合を除いて，自国の法律が適用される。したがって，フランスで家族法が改正されてカップル関係，親子関係の平等化が著しく深化していても，受入れ国フランスのこの法改正は移民女性には無縁である。イスラム国出身の女性を律するのは基本的にはイスラム法である[23]。それは身分法・家族法もコーランの定めに依拠しているということを意味する。コーランは父系主義をとる。女性の権利擁護団体の活動もあって，移民女性の中にも居住地のフランス法の適用を望む者は多いと伝えられる。

　ただ，近年，移民女性の出身国でも国家制定法としての身分法・家族法が制定されつつある。たとえば，モロッコは2004年に男女平等に基づく新たな家族法を採択した。アラブのイスラム国ではチュニジアに続く画期的なものという。女性はもはや父，兄弟，夫の後見のもとにはなく独立かつ自由である。それでも，ポリガミーは廃止されなかった。実際に一夫多妻はほとんど不可能な規定になっているというが，モロッコ人権組織OMDHの設立者の1人ヌズハ・ゲスーによると「改正はいずれもコーランと預言者の伝統に照らして正当化される」。チュニジアでも，「イスラム法シャリーアの法解釈学的操作に基づいて」ポリガミーを罰則つきで禁止したのだった。モロッコの識者たちには，従属を平等に変革はしたが残る関門は全員が男性の法廷で適用されるかどうかだ，と危ぶむ声があるという[24]。夫婦の平等度には身分法を制定したイスラム国でも国によってちがいがある。

2　自覚と自立

　娘たちは「見えない」世代ではない。就学し社会へも進出している。娘たちはその大半が現在「フランス人」であり，市民権をもち，それが何かを知っている。だが見え方は微妙である。

（1）文化的価値観のはざま

　ヴェール（イスラムスカーフ voile）事件は象徴的である。2004年に特別の法律まで生んだムスリム少女のヴェール事件は，まだフランス社会の人々の記

憶に新しいだろう。共和国フランスの基本的価値「非宗教性 laïcité」に結果的に挑むかたちになったからである。教権との闘いがしばしば激越であったフランスの政教分離の考え方は，他国にくらべて公的空間から厳しく宗教性を斥ける。市民を育む公教育の非宗教性についてはとくに厳格である。事件が起きた1990年前後は移民労働者の子どもたちが教育システムに入ってくる時期であったにもかかわらず，フランス側に文化・信仰の伝統を護りたいという移民家族の思いへの配慮が十分でなかった，との反省もある[25]。

事件当時に準拠できた1937年のデクレ・ロワには，公立の教育機関・施設における政治的・宗教的帰属を宣明することは一切禁止するとあった。1989年コンセイユ・デタの意見は，宣教的でないかぎり標章を着けること自体は非宗教性原則と相容れないものではなく，生徒には教育施設の中で自己の信仰を表明する権利があり，宗教的帰属の説明や表示は公役務である教科の実施と出席義務に支障を与えるものであってはならないが，校内でどのような宗教的標章が許されるのかは校則できめればよく，学校間の不一致には国民教育大臣が指針を示すことができる，であった。

コンセイユ・デタの意見を容れて1989年12月，1993年と国民教育省通達が重ねられ，1994年秋には認められる控えめな宗教的表象と禁止される誇示的表象とを区別した。混迷状況であったが，政治，教会，運動の力のコンセンサスで，賛否をこえて，最終的に，法案は下院，上院ともに第一読会で圧倒的多数をもって可決され，公教育の原則を無償かつ非宗教であると定める教育法典に新たな1カ条（第1編教育の一般原則第4章公教育の非宗教性L.141条5の1）が挿入された（2004年3月15日法）。すなわち「公立の小・中学校，高等学校内においては生徒が宗教的帰属を誇示的にあらわす標章または服装は禁止される」。「非宗教性は再び共和国的統合の柱となった」との評価がある[26]。何が誇示的かについての通達は，多元主義に立ち禁止がすべての宗教に適用されることを確認した。大きな十字架，ユダヤ教のキッパなどはそれに該当する。したがって，禁止対象は女性だけとはかぎらない。

しかし，娘たちにとって伝統との外的・内的葛藤は避けがたい。ヴェールは

そうした葛藤の表出の1つである。西欧フェミニストは往々にしてヴェールを女性抑圧と同義に読むが，それほど単純なものではない。ヴェールが当人にとって何を意味するかについての調査，研究等は，その表象性がきわめて多義的であることを教えている。親に強制されその意味では抑圧的な場合もあれば，社会の蔑視的な目差への抵抗の意思表示，あるいは単なる習慣などの場合もあって，心理的内実は一律ではない。いずれにしても「ヴェールを被って自分の信仰を『誇りをもって』表明するなどとは，少女たちの母親や祖母の世代は夢にも考えなかったろう」[27]という評が娘たちの現在をいいあてているだろう。

　ヴェールはいやでも「見える」が，「見えない」女子割礼は悲劇的な人権侵害以外のなにものでもない。母はフランスという異郷でも，あるいは異郷にあるがために盲目的にひたすら故国の伝統に忠実であろうとし，娘たちは訴える手立てをもたない。FASTI の責任者は，8歳後に行われることが多い女子割礼の根絶には教育や啓発よりも16歳まで学校検診を義務付けて婦人科の検査も導入することである，と進言している[28]（女子割礼についても第2部第5章上野論文を参照）。

（2）自立の行方

〔職業と教育〕フランスで生きていくからには，娘たちはホスト社会への適応，中でも経済的自立を考えなければならない。フランス社会の職業分類を把握するために一般に用いられるのが1954年に始まる社会職業統計である[29]。この統計は職業が社会階層と結びついている実態をよく示しており，両者は固定的な関係を保っている。この関係には教育の重要性が否定できない。エリート校にすすむだけが自立・統合でないことも確かとはいえ，社会の上層部に達するためには，移民の子は男女とも公教育を梃子としてこの階層の階梯を職業を通じて下から昇っていかなければならない。だが，自国の文化資産にすら恵まれなかった親の子が[30]，この昇進競争を勝ち抜いていくのはたとえフランスで教育を受けていても容易ではない。

　「あたしはクラスではとてもいい子だった。でもなぜか落第してしまった。ほかの子たちのように宿題をやらなかったせいかもしれない。よく引越しを し

たし，父も母もフランス語が読めなかった。読み書きができなかった。助けてもらう人がいなかった」[31]。

　学業不振，侮蔑，非礼，家族内暴力（両親との不和，権威主義，殴打，暴言）をみつめる娘がいる。移民の子は進路指導で職業コースをすすめられる場合も多い。女の子に高等教育はいらないと考える親はごく普通である。中には逸脱する娘もでてくる。しかし「それ自体は問題であるが，この姿勢は諦めや自分自身への暴力に代わる反発力のサイン」であり「中学生が示す暴力は，有機的に家族関係と学校制度に連携している」との分析がある[32]。

　〔異議申立て〕移民女性について，冒頭にあげた報告書は，意思決定機関にも，労働組合，団体，政党にもその姿がなく，「不可視」の存在の地位向上は難題だとも指摘している。移民女性たちは移民人口の50.3％（2004年1月）を占めているにもかかわらず，である。移民二世といわれる若者が立ち上がり，反人種差別の「平等の歩み」や参政権行使など移民自身の運動を自主的に展開したのは，1980年代のはじめのことであった。この運動からやや遅れて娘たちの団体も結成され始めた[33]。1985年に小人数が集まって誕生したナナ・ブールNanas-Beursはパリ地域のマグレブ女性の団体だが，週4回の相談窓口を開き，住居，暴力，自殺（本国の2倍），身分証明書など問題の解決に地道に取り組んでいる。会長によれば「娘たちは兄弟たちより成績がいいといわれるが，それはフランス社会を安心させるための欺瞞であって，若い，女性，外国出身という三重苦の娘たちがかかえる適応の困難を直視するさまたげになる」[34]。彼女らの声‐反抗 Voix d'Elles-Rebelles は経済的社会的に不遇な女性の支援に力をいれている。マグレブだけではなくブラック・アフリカ，トルコ，アジア出身の若い女性の支援も重視して，標語には「人は市民に生まれない，市民になるのだ」をかかげている。

　女性の権利，公的空間と市民権，私的領域における女性の自律の実現，ジェンダー差別との闘いは移民団体の共通課題であり，暴力はかならず糾弾の的となっている。これらはフランスが統合政策の主柱と位置づけている課題にほかならない。ナナ・ブールは移民女性のみの団体，彼女らの声‐反抗は移民とフ

ランス人の女性が結成した団体，その他男女混成の団体があって，組織，規模，助成金，安定度等その実態はさまざまだが，いざというときには相互に連携することができる。団体の多くは移民の権利擁護と同時に人種差別にたいする闘いを目的とし，外国とくに出身国との国際関係にも敏感である。パレスチナ問題は混成団体ではきわめて関心が高い。外国人のみの結社が認められたのは1981年だが，幅広い継続的活動はFASTIなど，今日でもフランス人（むろん移民二世もいる）中心の組織が支えているようである。

おわりに

移民女性のジェンダー問題はどうとらえられるのか。最後に社会学のナシラ・ゲニフ＝スイラマスによる克明な分析のほんの一端を単純化して紹介してみよう[35]。

スイラマスは，移民の社会的統合とはフランスにとってはフランス文化の価値観の移民による受容であり，移民の娘たちにとっては自文化の家父長的伝統からの解放であるという。移民共同体の中ではジェンダー／性別はこう考えられている。すなわち，西欧民主制におけるジェンダーは性的差異に盲目な抽象的平等主義に基づくが，家父長制の伝統は性別の非対称を正当とし，性別は自然に基づいている。前者は産む性という女性からの解放闘争を，後者は母性に基づく不変の女性の自然性を是とし，「一方は人工的生殖と欲望，快楽の私有化という人類学的革命による階層性の解消を，他方は両性の生物学的自然と女性の腹とセクシュアリティへの男性の権力の不変的秩序に基づく補完性を」主張する，と。したがって，女性性と男性性の解釈と定義の対立，慣習的忠誠と解放による統合という規範的目標の相違が，女性の運命にとって葛藤を生むこととなる。

自然による補完的女性性は移民体験によって解体したはずであるのに，母親たちは「生殖と教育する性」という母体に刻まれた本質的性別役割に囚われつつ権限をあたえられ，伝統から解放されたいと願わざるをえない娘たちと競合関係に立ち，世代間の断絶をきたしている。伝統の支配的規範は，競合の縁で

もぎりぎり性の自然性を存続させる。永遠の女性性を支える「自然性は母に対抗する娘たちの文明によってしか根絶はされえないであろう」。解放は女性だけの肩にかかっている。移民レジームでの差異的機能は統合レジーム下にも消滅することなく移行するのである。こうして男たち，父，兄弟，親族はフランスでも共同体の自然性にしたがって補完性に慣習的な場をあてがう。彼らにとって，移民女性は神聖な「処女性，内婚による生殖の守護，家父長制保守の教育」の集合であることに変りはない。このような男性は共同体の意思に準じて，法的にフランス人であっても妻を母国の出身国に求め，配偶者（家族移民のb）としてフランスに連れ帰ることになる。

　政策上，フランス国籍は統合過程の終着点と位置づけられていたのではなかったろうか。フランスは日本とちがって重国籍を認め，それは父系による国家への永久忠誠を定めるイスラム諸国とのあいだでも同様である。出身者の文化的，宗教的，社会の歴史の承認であると説明される。「フランスは自らを多様性と名づける」（フェルナン・ブローデル）[36]国でもある。移民に刻まれた植民地時代の記憶は世代をこえるともいわれるが，記憶のありようは移民の母と移民出自の娘でちがって当然である。アイデンティティは創られ獲得されるものである。「移民の子」に代えてたとえばINSEEの「移民の子孫」，スイラマスの「移民祖先の」フランス人といった表現が使われるようになっている。世代継続の将来を意識してのことであろう。

注

1) Gérard NOIRIEL, *Le creuset français—Histoire de l'immigration XIX e-XXe siècles*, Paris, Editions du Seuil, 1988, p.10.

2) Jacqueline COSTA-LASCOUX,《l'intégration "à la française" : une philosophie à l'épreuve des réalités》REMI (Revue Européenne des Migrations internationales), 2006 vol.22, n.2, p.108.

3) 邦文の論考として伊藤るり「国際移動とジェンダーの再編―フランスのマグレブ出身移民とその家族をめぐって―」思想886号（1998年），60-88頁。小林淳子・辻山ゆき子「フランスの移民女性をめぐる課題」女性空間20（2003

年）をあげておきたい。
4) この点についてはたとえば林瑞枝「人の自由移動と国家を越える市民権——ヨーロッパ統合のなかで」梶田孝道・小倉充夫編『国際社会3 国民国家はどう変わるか』東京大学出版会，2002年。
5) Comptes rendus des réunions de la délégation aux droits des femmes, Compte rendu n.21. http : //www.assemblée nationale.fr/12/cr-delf/04-05/c0405021.asp
6) Rapport d'activité, Octobre 2004-Novembre 2005, n.2714 A. N. 12e législature.
7) Le monde du 8 juin 1996.
8) Le monde du 10 novembre 2000.
9) Ministère des affaires sociales et de la solidarité nationale, 1981-1986 une nouvelle politique de l'immigration, 1986, p.27.
10) Haut Conseil d'Intégration ; OSII (Observatoire Statistique de l'immigratiton et de l'intégration), Rapport statistique 2002-2004, pp.34-36.
11) André Lebon, *Immigration et présence étrangère en France,* La documentation Française, Paris, 2004, p.10.
12) OSII, op. cit., p.36, p.38, p.41.
13) Ibid., pp.37-42.
14) André Lebon, op. cit., p.20.
15) この運動の経緯，分析に稲場奈々子「サンパピエと市民権」三浦信孝編『普遍性か差異か——共和主義の臨界，フランス』藤原書店，2001年がある。
16) 林瑞枝「フランスの入国・滞在管理法令の現在」時の法令1557号（平成9年），60頁。
17) Le monde du 9 septembre 2006.
18)「受入れ統合契約」（1年間，更新がありうる）は「信頼と相互の義務との関係」を目的に社会的団結計画2005年1月18日法で新設されるが，試行は2003年から10万人を目指して開始されていた。管轄は OMI（現在は ANAEM（国家外国人・移民受入れ事務所））。2004年末までの署名者は45,640人である。Rapporrt statistique 2002-2004, op. cit., p.71.
19) Ibid., pp.74-78.
20) Jean-Claude BOYER, *Les banlieues en France—Territoires et société*, Armand Colin, Paris, 2000, p.7.
21) Ibid., p.80. 外国人母の出生率は滞在国の水準に近づいていくが，国勢調査では1989-1990年平均は2.81, 1998-1999年は2.80（INSEE, フランス人1.71,

1.72)である。母の国籍別ではアルジェリアが3.22から3.19へ，モロッコが3.51から3.32，チュニジアが3.93から3.29へと減少し，ブラック・アフリカでも4.72から4.07となっている。かつてのヨーロッパ移民イタリア，スペインはフランスより低い。http://www.insee.fr

22) Nacira GUÉNIF-SOUILAMAS, Les féministes et le garçon arabe,. op. cit., Compte rendu n.21より引用。

23) イスラム家族法とコーランの関係については林瑞枝「ポリガミーの国境線」女性空間18（2001年）で簡単に解説した。

24) Le Monde diplomatique, avril 2004 pp.20-21.

25) Jacqueline COSTA-LASCOUX, op. cit., p.120.

26) Ibid., p.116.

27) Atschiull, E, *Le voile contre l'école*, Paris, Seuil, 1995, p.51.

28) Compte rendu, op. cit., n.21.

29) マグレブ，ブラック・アフリカ出身の女性は1990年，単純労働者中20-27％，家事手伝で17-20％，全体の女性労働力率割合では中間職が23％強，家事手伝が22.5％を占める。労働市場の女性化は第3次産業とともにすすんでいる。Conseil économique et social, La vie professionnelle des travailleurs étrangers en France, Paris, Journal Offiel, 1993, pp.63-65.

30) 移民には本国で初等教育を受けておらず母国語の読み書きができない者が30-50％にのぼるというCREDOC（消費調査研究所）のデータ（1991年）もある。Ibid., 1993, p.64.

31) Nacira GUÉNIF-SOUILAMAS, Des《Beurettes》aux descendants d'immigrants Nord-Africains, Paris, Bernard Grasset, 2000, p.225.

32) Ibid., pp.235-236.

33) 研究論文にCorinne MÉLIS《Nanas-Beurs, Voix d'Elles-Rebelles et Voix de Femmes : des associations carrefour des droits des femmes et d'une redéfinition de la cyitoyenneté》REMI, Vol.19, n.1, 2003. がある。

34) Journal d'Humanité, Rublique société du 22 mai 1999.

35) Nacira GUÉNIF-SOUILAMAS,《En un combat douteux. Concurrence pour la conformation sexuée des Français d'ascendance migrante et coloniale》, REMI, 2005, Vol.21, n.2 pp.100-102.

36) Jacqueline COSTA-LASCOUX, op. cit., p.113.

（林　瑞枝）

第4章　家族の多様化と複合化

はじめに

　先進国一般で「家族」が変化したと言われて久しい。特に近年は世代や社会階層を超えてその変化が広がっている。フランスでこのような変化はいつから始まり，どのような経過をたどって現在に至っているのだろうか。Ⅰでは第2次世界大戦後の家族の変遷を追い，Ⅱで，現在の家族の形態について具体的な例を挙げながら見ていきたい。

Ⅰ　家族の変遷

1　第2次世界大戦後から1970年代まで——価値観の転換期

　伝統的な家族像に変化をもたらした大きな原動力は男女平等の思想である。フランスでは第2次世界大戦終結時の1944年に女性が参政権を獲得し，翌年の市町村選挙で初めて行使した。この出来事を「家族」の次元で見れば，それまでは夫だけが投票していた家父長制から男女同権の民主的な家族への記念すべき第1歩を踏み出したと言える。しかし，1946年第四共和制憲法の前文で，あらゆる分野での男女の権利の平等が謳われても，1804年ナポレオン民法典が制定されて以来，妻の身分を縛り続けてきた様々な規定を廃止するには，その後も長い道のりが必要であった。例えば，1965年以前には夫の同意なしで妻は銀行口座を開けなかったし，妻が就職する時に夫の許可を証明する必要がなくなったのは1966年になってからである。「父権」が，父母が共同で行使する「親権」となり，家長の概念が廃止されるには1970年を待たねばならなかった。

　1968年に起きたいわゆる「5月革命」を契機に，社会の意識も大きく変わっていく。この動乱は若者の側からの政治的には旧来的な強権への反発であり，

家庭内では親の権威への反抗であった。自由解放を求めて「異議申し立て」をしたこの「1968年世代」がカップルを形成し，親になる1970年代に家族の変化の波は大きくうねり始めた。高学歴化が進み，女性の就労率が上がり，男女ともに初婚年齢が高くなり，少子化が進んだ。日本と近似した現象だが，基本的に異なる点がいくつかある。それは，当時の日本では友達夫婦と形容されながらも夫は企業戦士，妻は専業主婦と住み分ける明確な性別役割分業の夫婦が一般的な姿だったが，フランスでは共働きが一般化し，事実婚が増加し始めたことなどが挙げられる。

共稼ぎが多いのは，家計管理が夫の手に握られていた妻たちの経済的自立志向が高まってきたためであり，また，社会構造の違いによる理由もある。つまり，フランスの賃金体系は社会職業階層統計に示されるように序列化され，かつ，大多数を占める低・中所得世帯の平均所得は日本に比べて低いので，1つの世帯には2つの所得が必要なのである。また資格社会でもあるので，高学歴・高資格の女性の就労への意欲は強く，高収入のため家事育児に人手を頼むゆとりも生まれる。このようにフランスでは富裕層から低所得層まで共働き家庭が増加し，しかも育児政策が充実しているので子育て中でも働き続ける女性が多い。事実婚が増え続けるのは，税制面で法律婚より得な場合が多いことや（1996年の税制改正で平等化），婚姻手続きも離婚手続きも複雑で，合意離婚といえども裁判審理を経なければならないことなどから若い世代が法律婚を敬遠し始めたことなどが考えられるが，1970年代における事実婚の増加理由としては，"体制"や"ブルジョワ的道徳"へ反発する時代環境，1970年の共同親権，1972年の嫡出子と自然子［非嫡出子］の平等化そして女性の経済的自立が主な要因であろう。

離婚率が急上昇するのもこの時期である。1972年に合意離婚が法制化されたことをきっかけに，1960年代半ばまで10％だった離婚率は1977年には20％，1985年には30％と右肩上がりに伸びた。これも女性に経済力が付き始めたことが後押ししていよう。1976年にはすでに離婚申し立ての67％が妻からであり，1984年には73％と高まっていく。

2　1980年代——多様化の進展

　1980年代は，1970年代に顕著になった変化の波紋が広がり続け，家族の多様化が加速度的に進んだ時期である。Ⅱで取り上げるように，カップルや家族が様々な形をとり始め，婚姻夫婦と子どもたちという，いわゆる核家族 famille nucléaire に代表される単一の家族モデルが通用しなくなってくる。

　離婚の増加に伴い，ひとり親家庭 famille monoparentale が急増して変化の動きの中でも特にクローズアップされる。子どもがいる家庭の総数に占める「ひとり親家庭」の割合は1968年から1982年までの14年間に9.4％から10.2％と0.8ポイントしか上がらなかったが，1990年の国勢調査では13.2％と，8年間で一挙に3ポイントも上昇し117.5万世帯を数えた。

　ひとり親家庭の次の段階として複合家族 famille recomposée が台頭し始めた。複合家族とは，法律婚であれ，事実婚であれ，カップルの1人もしくは両人が，以前のパートナーとの間の子どもを連れて同居する家族関係のことで，1990年には64.6万世帯に上り，143万人の子どもが複合家族の中で暮らすようになった[1]。

　また，1980年代は，「1968年世代」の子どもたちが思春期を迎えそして学生となり，やがて社会人になるべき時期にあたるが，この間に親子の関係も新しい様相を呈してくる。1960年代には成年に達した子の多くが親の家を出て自立する傾向にあったが，高学歴化によって巣立ちも遅くなり，1980年代には，いつまでも親の懐にとどまるところから「カンガルー世代」，「繭家族」の登場と言われた。若年層の就職難が始まり，出生率は下がり続け，離婚率は上昇を続け，家族の地殻変動が大規模に進行した時期である。

3　1990年代以降——変化から一般化へ

　事実婚カップルは240万組，夫婦6組中1組の割合となり，婚外子も出生児総数の40％以上を占め[2]，普通の家族の形態になった。もはや，人口統計学的観点からも国民的な規範の観点からも家族の変化の時期は終わり，新しい行動様式が一般化したのである[3]。こうした動向に沿った家族政策が功を奏したこ

ともあり，下がり続けていた出生率は1993－1994年の1.65を折り返し点に上昇へ転じ，2005年には1.94にまで回復した[4]。今やフランスは欧州連合諸国中アイルランドに次いで出生率第2位の座を確保している（2006年は第1位。）。

離婚率は38％前後で落ち着き，上昇の勢いを緩めたが，ひとり親家庭は増え続けて149.5万世帯，子どものいる世帯の16.7％を占め，10年間で3.5％の伸びを見せた。複合家族も10年間に10％増加し，1999年には160万人以上の子どもたちが義理の親と一緒に，義理のあるいは異父・異母の兄弟姉妹たちと暮らしていた。

新しい動向として，同性婚 mariage homosexuel さらには同性親 homoparentalité の問題が1990年代末から急浮上してきた。同性カップルに対して法律婚を認めている国はオランダを始め，ベルギー，スペイン，カナダの4カ国。欧州連合諸国の多くが婚姻に準ずるパートナー登録制度を設けている。フランスは欧州連合統合の外圧も手伝って，連帯民事契約に関する1999年11月15日法（以下1999年 PACS 法とする）が制定され，同性カップルが初めて法的に認知された。この制度は普遍主義の原則に則って異性カップルにも適用され，性的指向も統計上の指標にできないので，同性カップルの登録数は推計するしかないが，全体の40％とされる[5]。その後2004年の法改正で性別統計が可能になったが，適用が遅れている。PACS の登録総数は2005年までに17万組に上り[6]，同法施行の3年目に司法省が出した予測より速いテンポで増加している。

同性カップルの法的・社会的認知が進む中で，同性カップルと子どもたちとの親子関係の法的認知への要求が高まっている。実際に家族として暮らしているにもかかわらず，法的には家族として認知されていない問題が表面化してきた。

また，2000年の春にフランスで初めて ENVEF（女性に対する暴力の全国調査）が行われたことから，ドメスティック・バイオレンスに対する認識が高まり，婚姻，PACS，事実婚を問わず，前夫からの暴力も DV と認識されるようになった。2004年の改正離婚法にも反映され，夫を居所から立ち退かせて妻が住み続けることも可能になった。フランスでは4日に1人の女性が DV で死亡している。

2001年から本格的に実施された週35時間労働制により夫の帰宅時間が早まり，翌年には子どもの出生時に11日間とれる父親休暇が創設されて3分の2の父親が利用するなど，男性の家事参加の機会は増えたはずだが，実際は，男性の家事時間は1日につき数分増えただけにすぎない。家事・育児にかける時間は共働き世帯で1時間50分，専業主婦世帯で3時間15分も女性の方が多い。炊事，洗濯，子どもの世話は女性，大工仕事，庭の手入れ，ペットの世話が男性と，性別分業の傾向も根強い[7]。とはいえ，フランスではフルタイムで働く女性が多く，女性就業者の77.2％に上り，大都市では，夫と妻のそれぞれの平均所得額の差も少ない[8]。

　2003年8月の酷暑で施設や独居の高齢者が多数死亡したことから社会的な動揺が起き，家族の役割が問われるようになった。フランスで「家族」は社会的には親と扶養される子の2世代の同居家族を指す。子どもが独立して自分たちの家族を形成した後に高齢の親と再び同居するケースは少ない。家族政策も次世代育成政策であり，高齢者問題とは担当省庁も別であるが，2004年の家族政策の指針に初めて高齢者介護の問題が取り上げられた。

II　多様化するカップルと家族の形態

　Iでは，家族の変化を追ってみたが，ここでは，多様な家族の形態を紙幅が許す限り具体的に，1から9までで見ていこう。これら多様な形態は，一個人のライフコースの視点でたどれば，複合的に経験される。

1　事実婚と婚外子

　婚外子出生率は1970年に7％，1980年には11％と緩慢な上昇だったが，1980年代から急上昇し始め，1990年には30％，2003年には45％にも上った。フランスの婚外子出生率は北欧諸国よりは低いが，ギリシャ（4％）や隣国のイタリア，スペイン（各10％）から見ればかなり高く，第1子に限れば56％と過半数の子が非婚の両親から生まれている[9]。女性26歳，男性28歳以下の年齢層では事実婚は多数派であり，全体的には初婚カップルの90％以上が法律婚をする前

に同棲を経験している[10]。

　しかし，事実婚は若者だけに見られる現象ではない。1970－1980年代には試験婚 mariage à l'essai と呼ばれる婚約期間の同棲が多かったが，1990年代以降は婚外子出生率の急上昇からも分かるように，子どもの誕生を機に法律婚へ移行するとは限らず，長期間事実婚を通すカップルも増えている。また，離婚後に再婚する場合でも非婚を選択するケースが多く，同居カップル総数の増加に対し，法律婚の数は減少傾向にある[11]。

　事実婚カップルの身分は独身だが，健康保険，家族手当，国鉄の割引などで法律婚カップルと同じ権利が認められている。そこで，同棲を証明する書類が必要になるわけだが，大抵の市町村がユニオン・リーブル証明書 attestation d'union libre を無料で出してくれる。申請には，身分証明書と居住を証明する賃借契約書や電気料領収書，時には2人が血縁関係にないことを証明する証人も必要である。

　フランスで事実婚はユニオン・リーブル（自由な結びつき）とも呼ばれている。自由な結びつきは裏返せば自由な解消でもある。婚姻制度に基づく離婚は補障給付 prestation compensatoire を請求できるが，ユニオン・リーブルにはこのような保護規定はない。遺族年金の受給者にもなれないし，法定相続人ではないので1500ユーロの控除があるのみで60％の相続税がかけられる。

　事実婚や婚外子に対する社会的差別はすでになく，2001年に嫡出子と自然［非嫡出］子の相続上の差別が完全になくなったことを受けて，2005年7月には嫡出と自然［非嫡出］の区別そのものを廃止し，民法典から「嫡出」および「自然」の文言を削除することがオルドナンスで定められた。この改正は2006年7月1日から発効した。今後は子どもを嫡出化するために法律婚をする必要はなくなり，ユニオン・リーブルの数はさらに増えてその平均的期間も延びることが見込まれる。

2　ひとり親家庭 familles monoparentales

　18歳未満の未成年の13％がひとりの親としか暮らしておらず，12歳から17歳

の思春期の子どもに限ればその割合は16％に上る。離婚や別居に際して子どもを引き取るのがほとんど母親であることから，ひとり親の86％は女性である。1962年，ひとり親家庭の半分は死別によるものであったが，最近は離婚の結果というケースが半分を占める。また，4分の1は事実婚の解消によるもの，15％はカップル生活が初めからなかったもの，11％のみが死別による。ひとり親の女性はカップル家庭の女性より平均的に学歴が低く，特に35歳以下ではこの傾向が目立つ。したがって，所得は低く，失業率が高く，住宅事情も悪く，8％のひとり親は親や友人などの別世帯と同居している。貧困率も，子どもがいる世帯全体では9.3％であるのに対し，ひとり親家庭では17％にも上る[12]。しかし，ひとり親家庭の半数は5年に満たない間の状況であり，3人に1人の女性が一生の間にひとり親になる可能性を持つとされる[13]。

3 複合家族 familles recomposées

離婚率が40％にも上り，事実婚の離別も多い今日，ひとり親の時期を経て子連れで再婚あるいは同棲するカップルも増えている。今日，子どものいる世帯の1割が複合家族であり，そこで暮らす160万人以上の子どもたちの立場は，①義父・義母に子どもがいない場合，②義父・義母に子どもがいる場合，③再婚同士の両親から生まれて，異父・異母の兄弟姉妹がいる場合のいずれかで，この3つのケースにほぼ均等に分散している[14]。②では義理の兄弟姉妹が，③では異父・異母の兄弟姉妹が日常生活を共にしているが，①では義理もしくは異父・異母の兄弟姉妹がいないと思われがちだ。しかし，一緒に暮らしていないだけであって，義父・義母の子どもたちが週末やバカンスなどに定期的に泊まりに来るケースもある。1人の親が子どもを引き取ったからと言って，もう1人の親の親権がなくなるわけではないので，定期的に子どもと過ごす権利が認められているからである。こうして時々やって来る兄弟たちは別の複合家庭に暮らしており，彼らの義理の親にも子どもたちがいて，別居していればやはり定期的にその家庭にやって来てと，週末やバカンス毎に，離婚した両親を持つ子どもたちの何割かが一斉に移動しているのだ。このように，複合的な家族

関係は自分の家庭内にとどまらない。親たちも，義理の子どもとの関係をめぐって，パートナーの前夫・前妻とのコンタクトは避けられない。親権は実の親にあるので，日常的に世話をしている子どものことでも，養育・教育の重要な決定は義理の親にはできないからだ。また，子どもたちも兄弟姉妹関係が広がるだけではなく，義理の兄弟の親や異父・異母を通じて，祖父母，叔父・叔母，さらにはいとこ関係も広がっていく。こうして，子どもも大人も複雑な家族関係をかなり努力しながら築いているのだ。

4　別居カップル

カップルが別々に暮らすスタイルも増えつつある。16％のカップルがある期間の別居を経過してから同居に踏み切っている。1997年の INED（国立人口問題研究所）の調査で，法律婚夫婦の1％，事実婚夫婦の8％が別々の住居を維持していると答えている。3分の2は転勤などのやむをえない事情によるが，その他は同居への躊躇やお互いの自由の尊重を理由にしている。しかし，5年後には74％が同居しており，12％は離別し，別居を継続しているカップルは12％に減少する。

5　ひとり世帯 monoménage

ひとり世帯は年々増加の傾向にあり，1990年には全世帯の27％だったが，2003年には32％に上昇し，780万人（人口の13％）がひとり暮らしをしている。その内訳は，独身，寡婦・寡夫，離婚・離別，別居による。人口2万人以上の都市の15歳以上の住民の25％は独身ひとり暮らしで，10％は離婚・離別や別居により，8％は寡婦・寡夫のひとり暮らしで，43％がひとり世帯で暮らしている。男性のひとり世帯は職業別社会階層 catégorie socioprofessionelle の下位に多いが，女性はその反対に管理職が21％と最多で，労働者は8％と低い。年齢層で見ると，男女とも20歳代から30歳代の層が最も多い。40歳代の男性のひとり世帯は，離婚により子どもが母親に引き取られた場合が多く，50歳以上の女性のひとり世帯は子どもの独立によるもので，平均余命が男性より長いので，

年齢とともにひとり暮らしの割合は高まっていく[15]。

6　連帯民事契約 PACS

　PACS 以前のフランスでは，同棲する同性カップルには異性の事実婚カップルが享受する社会保障などの諸権利は認められていなかったが，民法に内縁カップルの概念として「同性であれ異性であれ」と盛り込まれることによって平等化された。しかし，パートナー契約としての PACS は，保護と権利の点では婚姻から程遠く，むしろユニオン・リーブルと大差なく，負債や離別に関する管理が強化されただけという批判もある。異性カップルにとっての PACS は，結婚するのは気が重いがユニオン・リーブルよりは絆が強まる気がするという，婚姻への助走のようなものである。同性カップルには象徴的結婚の意識が強いので，デパートやブティックには「結婚の贈り物リスト」と並んで「PACS の贈り物リスト」が用意され，全国紙の通知欄に婚姻と同じように「PACS 締結のお知らせ」を載せることもある。市町村によっては婚姻の間 salle de mariage を PACS 登録者の"挙式"にも開放し，市長自らが祝福して家族手帳を模した"証書"も渡すようになったが，もちろん法的効力は持たない。PACS は結婚したくない異性カップルと結婚できない同性カップルのためのものと言われているが，毎年，婚姻100に対して PACS 8 の割合で登録数を伸ばし，Pacsé(e)(パクセ) という登録者の呼称も社会的に定着した。

7　同性婚 mariage homosexuel と同性両親 homoparentalité

　同性カップルの地位はある程度法的に承認されたが，法定相続人にはなれないし，遺族年金もない。離別に際しての補償給付も請求できない。さらに，人工生殖は異性カップルであればユニオン・リーブルでも認められているが，同性カップルには禁止されている。養子に関しては，非婚異性カップルと同様，独身としてどちらか1人が養子を取ることはできるが，現実には審査で落とされるケースがほとんどだ。近年，同性婚の合法化を求める動きが活発化し，2004年6月には南西部ベーグル市の市長が男性の同性カップルを正式に婚姻させて

大論争を引き起こした。世論調査では国民の64％が同性婚に賛成しているが，政界や識者は左右を問わず概ね反対の立場を取り，むしろPACSの不備を是正する姿勢だ。「家族と子どもの権利に関する国民議会調査団」レポートの報告者ヴァレリー・ペクレスも「親子関係を抜きに婚姻制度を考えることはできない。婚姻を認めれば養子も認めざるをえないので，同性カップルには婚姻を認めるわけにはいかない」と言う[16]。

しかしながら，現実には同性親に育てられている子どもたちは数万から数十万人いると推計され，内外の専門家による異性親の子どもたちとの幅広い比較調査が多数なされ，何ら違いのない成長が報告されている[17]。現実の家族生活が法的に無視されている同性親たちのレジスタンスは涙ぐましい。男性カップルと女性カップルが共同して子ども作ってそれぞれが親になる共同親 coparentalité という生き方もあり，専門のサイトもある。

また，2002年3月4日法で自分の親権を維持したまま信頼できる第3者に親権を委任できるようになってからは，同性のパートナーと親権を分かち合うためにこの法律の適用を求めて裁判を起こす例が増えている。2006年2月に破毀院は，子どもの利益を優先させるのであれば，シングルマザーが同性のパートナーに親権を委任することは民法に反さないとの判決を下した。現実の生活を考慮した最高司法裁判機関の判決により，同性カップルによる共同親権への道がやっと開けたが，一般には，両親が同性であることへの抵抗はフランスではまだまだ強い。

8 養　子

フランス人は養子を取ることにあまり抵抗がなく，自分の家族を作るためにむしろ積極的に迎える。近年では年に1万件以上の養子希望申請があり，その8割ほどが認可されている。希望者が15年間で倍増したため，2003年の養子待ちリストには2万5,000の登録者を数えた。認可から5年以内に縁組しなければならないため，外国からの養子が増え，同年に養子先が決まった子どもの4,500人中4,000人に上った。フランスは米国についで外国人養子の数の多い国

になったが，出生数に対する割合では北欧諸国の半分，1000分の5である。子どもの出身地域は多岐にわたり，2004年にはハイチ，中国，ロシアからが3分の1以上を占め，中国からの養子はほとんど女児である。養子になる子どもの平均年齢は2歳10カ月と比較的低く，半数の子どもは1歳7カ月未満である。また，養子を初めて迎える女性の平均年齢は38.5歳と平均初産年齢より11歳高いのは，不妊治療を経てから希望するケースがほとんどであるからだ[18]。

　2003-2004年のINEDの調査によると，養子希望者の9割は婚姻カップルであり，独身の希望者はほとんどが女性で男性はごくまれである。養子を希望する婚姻カップルの25%の夫の職業は管理職で，19%は労働者である。同じく，独身女性の希望者の24%は管理職だが，労働者の希望者はほとんどいない。

　養子が取れる条件は，28歳以上の独身者もしくは婚姻期間が2年以上の同居カップルであるが，配偶者の子どもを養子にする場合には年齢制限はない。養子との年齢差は原則的に15歳以上と定められているが，配偶者の子どもとに関しては10歳以上とされる。さらに，健康診断書と精神科医の診断書，身元調査が義務付けられている。

9　高齢者世帯

　前述したように，フランスでは高齢者を家族問題として考えることはなかったが，猛暑で多数の高齢者が死亡したことから，高齢親と家族とのかかわり方が問われるようになった。北欧諸国では80歳以上の18%が老人ホームで暮らしているのに対し，フランスでは60歳以上の人口の4%，80歳以上になっても9%だけがホームに暮らしている。理由は費用が高いからであり，富裕層かさもなければ社会扶助を受けている人しか入れない。ほとんどの高齢者が自宅で生活をしているが，子どもと同居している割合は80歳以上でも15%でしかなく，大抵は夫婦2人か1人暮らしである。住宅不足の60年代半ばに例外的に37%の同居率になったことはあるが，もともと同居はフランスの伝統ではない[19]。しかし，49%の高齢親には1km以内に住む子どもがあり，90%の場合，50km以内に子どもが住む[20]。

85歳以上の1人暮らしの割合をパリと東京で比較してみると，パリでは男性の40％，女性の70％であるのに対し，東京では男性の16％，女性の26％と大差がある。ニューヨークとロンドンに関してはほぼパリと同じ割合である[21]。要介護者数は高齢人口の4分の1に当たる320万人で，その半数は公的支援を受けずに家族や近隣の人の世話を受けている。世話をする人は主に配偶者と娘で，平均寿命の長い女性高齢者には特に1人暮らしが多く，娘に頼る率が高くなる。介護を受ける者も介護をする者も，ほとんどが女性というのが実態であり，子ども世代が介護を担う場合，その63％が娘によるもので，息子の妻による場合は9％にすぎない[22]。

おわりに

この30年間にフランスの家族に起きた変化の特徴は，事実婚と婚外子の増加そして離婚率の上昇に伴うひとり親家庭さらには複合家族の増加である。事実婚が一般化することにより，同居カップルの形態が2元化したと言える。しかし，嫡出と非嫡出の差別をなくし，父母平等の共同親権になったことにより，親子関係はカップルの形態に係わりなく1元化された。具体的には，カップルは離婚や離別により解消されても，親子関係には影響しないということであり，ひとり親家庭になろうとも，義理の親兄弟との複合家族となろうとも，実の両親と子どもとの関係は切れない。こうした変化に基づいて，1998年にリオネル・ジョスパン（社会党）内閣は家族政策を見直し，「子どもの存在が家族を生む」という視点に立ち，複雑化する家族形態を子どもを原点に統括しようとした[23]。

その後，同性カップルの法的認知に伴いPACSという契約制度が登場したためにカップルは婚姻，内縁，PACSと3元化した。しかし，1元化されている親子関係の面では，同性カップルは内縁カップル以下の立場でしかない。養子は個人の資格でしか取れない上に人工生殖は認められていないからだ。

ジェンダーの視点で家族の変化を見ると，共同親権という点では男女は平等だが，ひとり親家庭のほとんどは母子家庭であり，日常的な養育は実質的に女

性が担っている。夫婦がそろっている家庭でも，家事・育児の時間は圧倒的に女性の時間である。子どもの存在が家族を生むならば，家族が生じると同時に男女不平等が始まるとも言える。

　それにもかかわらず，フランスの出生率は上昇し続け，2006年には2.00と，人口置換水準に迫る勢いである。晩産化し，3人以上の多子家庭は減少しているものの，2人の子どもを産む女性は圧倒的に多い。経済力をつけ，避妊の権利を持ち，「好きな時に，好きなだけ子どもを持つ」という意思決定能力を身につけた女性自身が産むことを選択しているとも言えるが，数々の世論調査が示すフランス人の理想の家族のイメージはカップルに子ども2人という従来の核家族型であることも付け加えておこう。

　＊本文中の統計数字はINSEE（国立経済統計研究所）によるものである。

注

1) *Insee Première*, n.901, juin 2003.
2) *Insee Première*, n.624, janvier 1999.
3) Sous la direction de Cécile Lefèvre et Alexandra Fihon, *Histoires de famille, histoires familiales*, Collection les cahiers de l'INED, n.156, 2005.
4) *Insee Première*, n.1059, janvier 2006.
5) Patrick FESTY,《Pacs : l'impossible bilan》, *Population & Société*, n.369, juin 2001.
6)《Enfant, mariage, divorce : la révolution familiale》*Le Monde*, 26.01.2006.
7) *Francoscopie 2001*, septembre 2000, p.136, Larousse.
8)「フランスとドイツの家庭生活調査」内閣府経済社会総合研究所編2002年，図表3－13, 8－51, 8－52。
9) *Francoscopie 2005*, septembre 2004, p.144, Larousse.
10) Janine ROSIER, *Rapport d'information du Sénat sur le projet de loi relatif au divorce* n.117, 2003-2004.
11) Fabienne Daguet《Mariage, divorce, union libre》*Insee Première* n.482 Août 1996.
12) *Insee Première*, n.499, décembre 1996.
13) Elisabeth ALGAVA《Les familles monoparentales : des caractéristiques liées

à leur histoire matrimoniale》*Etudes et Résultats*, DREES, n.218, février 2003.
14) *Insee Première*, n.901, juin 2003.
15) *Francoscopie 2005*, septembre 2004, p.129, Larousse.
16) *Le Monde*, 27.1.2006.
17) Martine GROSS, *L'homoparentalité*, Que sais-je?, PUF, 2003.
18) *Population & Société*, n.417, novembre 2005.
19) Claudine ATTIAS-DONFUS, *L'Expresse*, 28/8/2003.
20) Hélène BOQUET, Alain GRAND, Serge CLEMENT,《L'aide informelle aux personnes âgées vivant à domicile》*Actualité et dossier en santé publique*, n.20, HCSP, septembre 1997.
21) *Etudes et Résultats*, DREES, n.260, septembre 2003.
22) Alain BIHR et Roland PFEFFERKORN, *Hommes/Femmes. Quelle égalité?*, Editions de l'Atelier, 2002.
23) Dominique GILLOT, *Pour une politique de la famille rénovée*, Rapport au Premier ministre pour la Conférence nationale de la famille, juin 1998.

参考文献

浅野素女『フランス家族事情』岩波新書，1995年。
中島さおり『パリの女は産んでいる―〈恋愛大国〉に子供が増えた理由』ポプラ社，2005年。
日仏法学会編『日本とフランスの家族観』有斐閣，2003年。
ミュリエル・ジョリヴェ＝鳥取絹子訳『フランス 新・男と女』平凡社新書，2001年。
Alain BIHR et Naoko TANASAWA et al., *Les rapports intergénérationnels en France et au Japon*, L'Harmattan, 2004.
Christine CASTELAIN MEUNIER, *La place des hommes et les métamorphoses de la famille*, PUF, 2002.
Caroline MECARY et Flora LEROY-FORGEOT, Le PACS, Que sais-je, PUF, 2000.
Dominique MEDA, *Le temps des femmes, Pour un nouveau partage des rôles*, Flammarion, 2001.
Stéphane NADAUD, *Homoparentalité, Une nouvelle chance pour la famille?*, Fayard, 2002.
Laurence de PERCIN, LE PACS, Editions de Vecchi S.A., 2001（斎藤笑美子訳『パックス―新しいパートナーシップの形』緑風出版2004年）.
Irène THERY, *Couple, Filiation et Parenté aujourd'hui*, Ed. Odile Jacob, 1998.

（髙橋　雅子）

第5章　女性の身体の自己決定権の困難

はじめに

　フランスで，自己の身体の処分権 le droit de disposer de son corps，すなわち，身体の自己決定権が女性に法的に認められたのは1975年のことである[1]。それは，女性の自律への最大要求として避妊と人工妊娠中絶の合法化を掲げた女性解放運動の成果であった。避妊の権利は，避妊の権利に関する1967年12月28日法（1967年ヌーヴィルト法）の制限を緩和した1974年12月4日法の成立によって獲得された。経口避妊薬ピル，子宮内避妊具が解禁され，それまで男性主導であった避妊法が初めて子どもを産む側の女性自身の手に渡されたのである。人工妊娠中絶 IVG の権利は，妊娠10週の終わりまでの人工妊娠中絶を女性の決定に委ねた1975年1月17日法（1975年ヴェイユ法）とそれを恒久立法化した1979年12月31日法（2001年に改正）によって獲得された。この避妊・人工妊娠中絶の権利の合法化によって，女性は，産む自由と産まない自由を基本的に獲得したと言える。

　その後，生殖補助医療の急速な発展が，女性の産む自由と産まない自由を複雑に拡大していく。現在，産む自由については，配偶者間人工授精 IAC，非配偶者間人工授精 IAD，体外受精 FIV，顕微受精 ICSI などが行われている。一方，産む自由と産まない自由の両方に関わるが，出生前診断と着床前診断も行われている。とくに，出生前診断は，血清マーカーなど簡易な技術の開発によりかなり一般化している。これら生殖補助医療と出生前診断，着床前診断は生命倫理に関する1994年8月6日法（1994年生命倫理関連法，2004年改正）の枠内にあり，商業化は禁止されている。また，代理母も禁止されている[2]。

　こうした状況の中で，出生前診断の誤りから先天性障害をもって出生した子

自身が障害を負って生まれたことに対する損害賠償を請求した訴訟において，2000年11月17日のフランス破毀院の判決は，障害を負って生まれた子の損害賠償を認めるものであった。判決は，原告の少年（ニコラ・ペリュシュ）の名をとって，ペリュシュ判決と呼ばれる。この判決はフランス社会に大きな衝撃を与えた。「先天性障害をもった子の生まれない権利？」は認められるべきなのかどうか，大論争となった。この破毀院の判決に対して，2002年，議会は障害を負って生まれた子に対する病院と医師の責任に関する2002年3月4日法（以下，2002年反ペリュシュ法とする）を成立させた。

本章では，ペリュシュ判決と2002年反ペリュシュ法の成立の文脈の中で，人工妊娠中絶法すなわち1975年ヴェイユ法がどう解釈されているのかに絞って，いまフランスでは女性の身体の自己決定権がどのような状況にあり，どのような問題提起がなされているのかを考えてみたい。

I ペリュシュ判決とはなにか

1 ペリュシュ事件の概要[3]

1982年4月，ペリュシュ家のかかりつけの医師は，ペリュシュ夫妻の当時4歳の娘を風疹の症状と診断を下した。5月，同医師は，当時26歳で妊娠していたペリュシュ夫人に対しても風疹の症状と診断した。彼女は，風疹に罹っていると診断された場合，人工妊娠中絶を行う意思を医師に伝えていた。同医師は，風疹の抗体検査を勧め，夫人は医学生物研究所で検査を受けた。第1回目採取の検査では陰性，2回目採取の検査は160分の1という確率で抗体の存在を示す陽性という2つの相反する結果が出た。研究所は規則にしたがって，最初の採取に対してもう1度検査を行ったが，その結果は160分の1の抗体の存在を示す陽性であった。最終的な診断結果は，2度とも陽性が出たことにより，風疹に対して免疫があり，胎児への感染の心配はないということになった。翌1983年1月に，夫人はニコラを出産した。しかし，ニコラは1年後に，妊娠中に胎内で感染した先天性の風疹を原因とするグレッグ Gregg 症候群の兆候を示し，難聴，失明に至るような目の障害，心臓病，精神などに重篤な障

害があり，常に第三者の介助が必要だった。ペリュシュ夫妻は，医師，研究所等に対して損害賠償請求の訴訟を起こした。子のニコラの名で出された損害賠償請求の訴訟は，ペリュシュ氏が代理人となった。

　1992年1月13日のエヴリー大審裁判所（第1審）の判決は，かかりつけの医師と研究所の過失を認め，「ニコラ・ペリュシュの健康状態に責任を負う」とし，彼らに損害賠償を命じた。判決に対して，医師だけが控訴した。1993年12月17日のパリ控訴院の判決は，「夫妻は，風疹にかかっている場合は，人工妊娠中絶を行う意思を医師に伝えていたのだから，医師はペリュシュ夫人に損害賠償をしなければならない」とした。しかし，子による損害賠償請求は認めなかった。控訴審判決に対して，ペリュシュ夫妻は破毀を申し立てた。1996年，破毀院は申し立てを認めたが，1999年，オルレアン控訴院は，子による請求を再び認めなかった。1999年，夫妻は再度破毀を申し立てた。そして，破毀院大法廷により，問題の2000年11月17日のペリュシュ判決が出されたのである。

2　ペリュシュ判決の内容

　破毀院の2000年11月7日の判決は，パリ控訴院による1993年の判決に触れながら，「同判決は，子の損害の規定のみについて破毀されているが，移送された裁判所の判決は，子が被った後遺症は母親からの感染による風疹のみを原因として有するものであり，これら（医師と研究所：筆者）の過失によるものではないこと，また子は妊娠中絶に関する両親の決定を利用することはできないことを理由として，『ニコラ・ペリュシュは，犯された過失との因果関係のある賠償可能な損害を被っていない』と述べている。しかし，ペリュシュ夫人と締結された契約の履行において，医師と研究所が犯した過失が，彼女が障害をもつ子の出生を避けるための妊娠中絶を選択するのを妨げたゆえに，その子はその障害から生じ，認定された過失によって引き起こされた損害の賠償を請求することができる」[4]とした。

　この判決において，破毀院は，先天性障害をもって出生した子自身による損害賠償請求を認めたのだ。子が先天性障害をもって出生した場合，もし医師が

過失を犯さなければ，自分の出生は避けられたはずだ，と主張して子本人が提起する訴訟を wrongful life（望まない生）訴訟というが，ペリュシュ判決は，まさにフランスで初めてこの wrongful life 訴訟を認めたのである。wrongful life 訴訟は，アメリカでは一部の州のみで認められている[5]。ペリュシュ判決は，「先天性障害をもった子の生まれない権利？」がありうるのかという，法律だけにとどまらない，倫理的・哲学的問題を提起し，フランス社会を大きく揺さぶっていくことになる。

II 国家倫理諮問委員会の意見

ペリュシュ判決に対するフランス世論の激しい反発の中で，2001年3月15日付で，エリザベート・ギグー雇用・連帯大臣は，国家倫理諮問委員会にペリュシュ判決に関して，次の3点について問題提起を行った。①社会における子どもと障害者の地位，②生まれないことからみて，障害をもつ生命の本質的価値，③出生前診断の専門家の責任に関わるよい医療行為である。それに対して，国家倫理諮問委員会は，「先天性障害と損害」に関する2001年5月29日の意見（第68号）を提出した。

障害をもって生まれない権利？と女性の人工妊娠中絶の権利（「ヴェイユ法」）の関係について，国家倫理諮問委員会がどのような見解をもっているかを以下に要約した。

「ヴェイユ法は，治療的（改正法では医学的）理由による人工妊娠中絶 IMG について条件を定めている。その条件において，子（胚，胎児）の子宮内診断で『とくに重篤な』障害がありうるまたは明白な場合，母親はそれについて正式に情報を得ていれば，治療的理由による人工妊娠中絶を行うことを要求できる。これは，残される価値のある生命と生まれない方がよい生命との間に区別を設けることでないのは明らかである。しかしながら，立法者は，一部の妊娠にのしかかる危険 les menaces がある場合，または，その妊娠が心身に重篤な障害のある子の出生に至るリスクがある場合には，そのような結果を受け入れるまたは拒否する可能性を，その結果に最初に関わる女性たちに与えることを

合法とすることを承認したのである。女性に認められた選択の自由の行使は，社会の側に相反する2つの方向で明確な行動をとることを要求している。1つは，検査手段の継続的な改善であり，もう1つは，障害者の受入れ状況の改善である。しかし，ヴェイユ法に暗黙のうちに含まれる共同的義務 l'engagement collectif のこうした2つの側面が不十分にしか捉えられてこなかったことは確認しておかねばならない。障害をもって生まれない権利は存在するか？という問題に関して，1975年ヴェイユ法が承認した母親の決定の自由は，原則的として，子どものこうした権利の要求に対抗できるだろう。しかし現在，こうした解釈とは異なる解釈が明確にあらわれてきている。その解釈による法の論理は，子どもにとって有害な生を避けることへの子どもの『主観的な subjectif』権利を承認する論理である。だが，国家倫理諮問委員会は，1975年ヴェイユ法の文言と精神をこのように読むこととは袂を分かつ。1975年ヴェイユ法は，責任を負いなおかつ正確に情報を与えられた1人の女性によって表明された選択の価値を認めているのであって，「出生前安楽死」の形態を命令しているのではない。だが，こうした議論は，今後1975年ヴェイユ法が解釈される方向を予測するのがむずかしいことを示している[6]。」

以上のように，国家倫理諮問委員会の判断は，1975年ヴェイユ法における人工妊娠中絶に関する女性の選択の自由を認め，「子どもの障害をもって生まれない権利？」については，明確に否定した。すなわち，出生に関する権利は，子どもを妊娠した女性にあるのだから，ペリュシュ判決における子による wrongful life 訴訟の承認は認めないとの見解を示したのである。この見解は，2002年反ペリュシュ法への流れを作っていった。

Ⅲ 2002年反ペリュシュ法の成立

1 成立の経緯

ペリュシュ判決をメディアは衝撃的な歴史的判決として大きく取り上げ，世論を始め，法学界，医学界，障害者団体など各方面からは激しい批判が噴出した[7]。ペリュシュ判決は次第に政治問題化し，政府は沈静化への対応を迫られ

た。この時期は，1975年ヴェイユ法の改正論議が議会でなされている時期でもあり，さらに，ペリュシュ判決に続いて，破毀院が別の wrongful life 訴訟を認める状況の中で，ベルナール・クシュネール保健担当大臣は，2001年12月5日，「議論を開かれたもの」にする必要があるとし，「障害を負った生 la vie はそれ自体損害ではない」と表明した[8]。以後，議会で立法化をめぐる議論が始まり，反ペリュシュ法として2002年3月4日法は成立する。

2　2002年反ペリュシュ法の内容

2002年反ペリュシュ法とは，正式には，5編126条から構成される患者の権利と保健制度の質に関する2002年3月4日法の冒頭の第1編「障害者に対する連帯」の2条からなる短い部分を指して呼ぶ[9]。1条1項の1以外は全文を訳すと長くなるので，要点だけにとどめる。

　1条1項
　　1．何人も出生のみを理由とする損害を主張することはできない
　　2．医療上の過失により障害をもって生まれた者が損害賠償を請求できる条件
　　3．専門家と保健施設が明らかな過失により妊娠中に発見されなかった障害をもって出生した子の親に対して責任を負う場合，親が損害賠償を請求できる条件
　　4．1項の諸規定の適用条件
　　　　　　　（以下省略）

以上，1条1項の1により，子が先天性障害をもって出生した場合，もし医師が過失を犯さなければ，自分の出生は避けられたはずだ，と主張して子本人が提起する wrongful life 訴訟は認められないとなった。すなわち，ペリュシュ判決は否定されたのである。

Ⅳ　ヴェイユ法の解釈

1　1975年ヴェイユ法における人工妊娠中絶の規定と出生前診断

先に述べたように，2002年反ペリュシュ法の議論がなされている時期に，

1979年12月31日法として恒久立法化されたヴェイユ法は「人工妊娠中絶と避妊に関する2001年7月4日法」として改正された[10]。したがって、ペリュシュ判決では、1979年ヴェイユ法にもとづいて、2002年反ペリュシュ法では、改正前と後のヴェイユ法にもとづいて議論がなされるという状況になっていた。

（1）人工妊娠中絶の2つの規定の概略

以下の2つの規定は、1条の「この法律は生命の始まりからすべての人間の尊重を保障する。この原則に対し、必要がある場合に、この法律が定める条件によるもの以外侵害することはできない」の下に、規定されている。

(a) 妊娠10週（改正法は12週）までの人工妊娠中絶

妊娠した女性は、困窮状態 situation de détresse にある場合、医師に自分の妊娠中絶を要請できる。この中絶は、妊娠10週（改正法では12週）の終わりまでに限り行うことができる。そのためには医師と女性は定められた所定の手続きを経て、定められた場所で中絶を行わなければならない。困窮状態については女性のみが判断できることが判例状況からも定着している。なお、未成年についても中絶可能期間は同じであるが、当人および医師の所定の手続きは成人とは異なる規定にもとづいて行われる。

(b) 治療的（改正法では医学的）理由による人工妊娠中絶

この中絶は、妊娠のすべての時期に、複合的研究班に属する2人の医師が、妊娠の継続が女性の健康に破滅的状態をもたらす、あるいは、生まれてくる子が診断時に治癒不能と認められる特別重篤な疾患に侵されていることを証明した場合に行うことができる。

上記2つの場合とも、それぞれ所定の手続きを経て、定められた場所で中絶を行わなければならない。(a)、(b) いずれにおいても、医師は必要な情報と助言はすべて正確に妊娠した女性に伝えなければならない。

（2）出生前診断の規定の概略

1994年生命倫理関連法に出生前診断、着床前診断の規定が定められ、同規定は、旧「公衆保健衛生法典」の第Ⅱ巻の第Ⅰ編「母子の保護」の第Ⅲ章のⅡ人工妊娠中絶の次の第Ⅳ章子どもに関する予防活動に入った。1994年生命倫理関

連法を改正する2004年8月6日法では，新「公衆保健衛生法典」第Ⅱ部第Ⅰ巻「母子の健康の保護と促進」の第Ⅲ編子どもに関する予防活動の第Ⅰ章出生前診断に入った[11]。出生前診断の規定そのものに大きな変更はなく，1994年生命倫理関連法の規定がほぼ維持された。同規定によれば，出生前診断は，子宮内の胚または胎児に特別重篤な疾患を検出する目的で行われる医療行為である。医師による診断は所定の手続きにしたがって，定められた施設で行われなければならない。

2　ヴェイユ法はどう解釈されているか

（1）ペリュシュ判決の場合

法院調査裁判官ピエール・サルゴはその報告書において，1975年ヴェイユ法自体を解釈し，以下のように位置づける[12]。

「困難な採択を経て成立した1975年ヴェイユ法は人間の概念についての重要な変化をもたらした。その1条『この法律は生命の始まりからすべての人間の尊重を保障する。この原則に対し，必要がある場合に，この法律が定める条件によるもの以外侵害することはできない』の確認の下に，人工妊娠中絶の2つの規定はある。この規定における人工妊娠中絶は，女性の厳密に個人的な自由裁量権にもとづく譲度できない自由を具体化する方法である。したがって，フランス法において，wrongful life 訴訟の論理が女性の中絶の権利を義務化するとは言えない。また，優生学をもたらすという主張は，1975年ヴェイユ法が女性に認めた自由の原則を拒否することになる。」そして，子による wrongful life 訴訟は，生物学的因果関係から論じられるべきでなく，人間の尊重の原則から論じられるべきだとして，重篤な障害をもって生まれた子の生を保障する観点に立ち，wrongful life　訴訟を支持する。

一方，法院検事ジェリ・サント＝ローズは申立書の中で，wrongful life 訴訟において1975年ヴェイユ法がもつ危うさを以下のように指摘する[13]。

「ヴェイユ法が例外的な法律であることは，その1条（前述）から確認される。中絶は一定の条件の下に法律が許可した行為であるので，妊娠した女性が

その可能性を剥奪されたときに，損害賠償の原則を先験的に退けることはできない。しかし，生物学的因果関係からはwrongful life訴訟の根拠は導けない。生まれない代わりに，障害をもって生まれたことを訴えることができるとするのは，中絶を義務化する圧力となり，生命の間に序列をもたらし，優生学への誘惑となる。自らの出生を損害とするのは，自らの尊厳の尊重の侵害となる。障害をもって生まれたことについては，出生と障害を切り離すべきではなく，責任を根拠にした損害賠償制度ではなく，自動的な保障制度，国民連帯によって社会権の下に障害者を援助すべきである。」したがって，wrongful life訴訟は認められないとする。

（2） 2002年反ペリュシュ法の場合

2001年3月29日の国民議会の社会・家族・文化問題委員会による「ペリュシュ判決：法律制定は必要か？」と題した討論会（パリ大法学教授らと医師会，障害者団体代表らが参加）から1975年ヴェイユ法の解釈をみてみよう[14]。この討論会の議題の1つは，女性の自由な選択の権利における出生前診断の役割であった。議論における多数派の法律制定賛成派の解釈のポイントは以下のようである。

「ペリュシュ判決は中絶の権利概念を根本から変えた。もともと治療的中絶の論理には優生学的部分があったが，ペリュシュ判決の責任の力学は，一部の医師が女性に中絶するように圧力をかけ，女性の自律を護るための中絶を一定条件の下における脱刑罰化から優生学的中絶へと逸脱させる危険がある。これは，生命に選別をもたらし，人間の尊厳の原則に反する。」一方，これに対して，法律制定必要なしの少数派の法学者は次のように反論する。「もともと治療的中絶には，母親の利益 l'intérêt，社会の利益とともに，子どもの利益も含まれる。出生前診断において，子どもが治療不可能な重篤な疾患に罹っている場合，子どもの重篤な障害を負った出生を避けることは，治療的中絶の目的に含まれる。法律は重篤な障害を負って出生しない子どもの利益を想定している。したがって，ペリュシュ判決は完全に1975年ヴェイユ法の枠内にある。」

3　解釈の対立をもたらすもの

　以上，ペリュシュ判決に賛成し，2002年反ペリュシュ法に反対する論理も，ペリュシュ判決に反対し，2002年反ペリュシュ法に賛成する論理も，ヴェイユ法が，1条の例外規定として，女性に人工妊娠中絶の最終的な選択の自由を認めていることについては一致している。両者が対立するのは，ペリュシュ判決が，人工妊娠中絶の強制，優生学をもたらすか否かである。前者は，それらをもたらすと解釈するのは，ヴェイユ法が女性に認めた自由の原則に反すると考える。後者は，ヴェイユ法の治療的（医学的）中絶の規定には，それらをもたらす論理が内在すると解釈する。

　こうした解釈の対立は，ヴェイユ法の厳しい成立過程そのものにあった。ヴェイユ法は妥協だった。異なる利益を両立させなければならなかったのだ[15]。女性の人工妊娠中絶の権利に対して，反対派は「子の生命に対する権利」を対立させた。その結果，1条「この法律は生命の始まりからすべての人間の尊重を保障する。この原則に対し，必要がある場合に，この法律が定める条件によるもの以外侵害することはできない」の文言が入った。しかし，「生命のはじまり」の定義はなされなかった。この矛盾は，1994年の「生命倫理関連法」制定の際の胚の地位をめぐる議論の際にあらわれた。胚の定義が人となれば，人工妊娠中絶の権利はゆらぐことになる。議論は大きく3つに分かれた。カトリック教会は「胚はすでに人である」とし，人権同盟は「細胞発達の初期段階における胚は人とみなすことはできない」とした。この両者の対立に対し，国家倫理諮問委員会は「胚は潜在的人である」と定義し，この定義により人工妊娠中絶の権利は守られた[16]。今回も，国家倫理諮問委員会の意見は，人工妊娠中絶の権利は生命の価値の選択を想定するものではないとしてヴェイユ法を守りつつ，同時に出生に関する権利は女性にあるのだから，ペリュシュ判決の子のwrongful life 訴訟の権利は認めないとして，バランスを取った。しかし，次に述べるように，生命医学の進歩，とりわけ出生前診断の一般化と早期化は，ヴェイユ法の意味そのものを変えていくように思われる。

V　ヴェイユ法のパラドックス

1　治療的（改正法では医学的）理由による中絶と出生前診断

　1975年ヴェイユ法までフランスでは人工妊娠中絶は禁止されていたが，治療的理由による中絶については，1939年7月29日法によってすでに行われていた[17]。ヴェイユ法はこの治療的中絶の拡大を根拠にしている。しかし，ヴェイユ法成立の際に問題になったのは，女性が自由な裁量権をもつ妊娠10週の終わりまでの人工妊娠中絶の規定の方であった。治療的中絶の方は医師が介在するのであまり問題にはならなかった[18]。しかし，1994年に「生命倫理関連法」が成立し，出生前診断の規定が，旧「公衆保健衛生法典」の「子どもに関する予防活動」に入った頃から，治療的中絶の規定の比重が変わってきたのだ。とくに，治療的（医学的）中絶規定の後半部分，子（胚，胎児）が治癒不能な特別重篤な疾患に罹っていると医師が判断した場合の規定の意味がそれまでと違ってきたのである。現実に，出生前診断が増加するにつれ，医師と病院の責任が重くなったのだ。サント＝ローズによれば，「生命医学の進歩と司法の判決の結合が人の生殖の管理を促進し，医師と病院の責任という新しい仮説を生じさせた[19]」のである。だから，wrongful life 訴訟は起こるべくして起こり，ペリュシュ判決は出るべくして出たと言える。

　ヴェイユ法改正にあたってフランスの人工妊娠中絶の調査報告書（1999年）を作成したイスラエル・ニザン教授によれば，「フランスにおける胎児の90％以上は出生前診断を受け，受ける時期はますます早期化している。世界でフランスほど出生前診断への無料で簡単なアクセスが一般化している国はない[20]。」現在フランスでは，母体血清マーカーによるトリソミー21（21番目の染色体が3本ある異常。ダウン症）の出生前診断が，妊娠2期（16－27週）に広く行われている。38歳以下の女性の場合，1997－2001年で，合計250万人が診断を受け，内6.5％が羊水穿刺を必要とした。トリソミー21と診断された場合，2人に1人が中絶を行っている。高齢妊娠の38歳以上の場合は，同期間で約5万人が診断を受け，35％が羊水穿刺を必要とした。高齢妊娠の増加がトリ

ソミー21のリスクを増加させているという理由から，トリソミー21に特別の関心が向けられているのである[21]。先のニザン教授によれば，出生前に発見されるのは先天性異常の60％である[22]。出生前診断の一般化と出生前の先天性異常の発見の難しさは，人工妊娠中絶の選択における女性の判断とは異なる結果を招くケースを増大させ，医事責任への訴訟を増加させるだろう。

2 女性の自己決定権の困難

ペリュシュ判決と2002年反ペリュシュ法における議論，「国家倫理諮問委員会の意見」は，ヴェイユ法が治療的（医学的）理由による中絶の選択の自由を女性に与えているという解釈では一致している。しかし，重篤で特別な治癒不能な疾患に罹った子（胚，胎児）に関する治療的（医学的）理由による中絶規定と出生前診断の一般化は，中絶をするか否かの最終決定者である女性と子の間に介在する医師の診断と判断への依存を拡大している。そして，このことは，医師の判断による生命の正常・異常の医学的基準の管理の拡大をもたらす。医学的基準が重視されればされるほど，たとえ，女性が中絶するか否かの選択の自由をもっているとしても，医学的管理の枠内におかれる可能性は高くなる。そして，トリソミー21の出生前診断のように，国が集団検診的に組織的に無料で行う場合，医学だけでなく，国家による管理の枠内におかれる可能性も高くなるのだ[23]。なぜ，トリソミー21なのか。次はなんの集団検診か[24]。また，出生前診断の早期化と一般化は，妊娠10週（12週）の終わりまでの人工妊娠中絶の規定と妊娠のすべての期間に適用される治療的（医学的）理由による中絶の規定との境界をあいまいにしている。それは，治療的（医学的）理由による人工妊娠中絶は増えていないことにあらわれる[25]。

ヴェイユ法は，人工妊娠中絶の権利を一定の条件の下に初めて女性に認めた，つまり生殖の自己管理を女性に認めた法律であった。しかしその後の，生命医学の発達は，女性の自己決定を通して，生殖の管理を医学そして国家の管理下におく可能性を高めている。ペリュシュ判決から2002年反ペリュシュ法の成立に至る議論から見えてくるのは，ヴェイユ法の抱えるそうした矛盾ではな

いだろうか。そこに，現在のフランスにおける女性の身体の自己決定権の困難さがあるように思う。

おわりに

本章では，先天性障害をもって生まれた子自身による wrongful life 訴訟を認めたペリュシュ判決とそれを否定する2002年反ペリュシュ法成立の論争から見えてきた，ヴェイユ法の治療的（医学的）理由による中絶規定と出生前診断の一般化が，ヴェイユ法に，すなわち，女性の人工妊娠中絶の選択の権利にパラドックスをもたらしていることを示した。

日本では，wrongful life 訴訟はいまのところない。「優生保護法」から「母体保護法」への改正の過程で，女性運動と障害者運動により胎児条項（治療的中絶規定の子に関する規定にあたる）が入らなかったからである。日本では，このように女性運動と障害者運動は併走している部分があるが，フランスにはこのような関係はない。完全な女性の選択に委ねられている人工妊娠中絶は現在12週までであり，10週から12週までにするのに25年もかかっている国なのだ。背景には，宗教的心性がある。フランスの女性運動はヴェイユ法の既得権の擁護と拡大に必死である[26]。論争に参加すれば，既得権すら失いかねない状況で，さまざまな論争には距離をとっているように思われる。フランスでは，中絶をめぐっては，大きな驚くべき沈黙があるのだ[27]。

なお，本章でできなかったのが，wrongful life 訴訟をめぐる論争に対立的にあらわれている人権論と人間の尊厳論からのアプローチである。女性の身体の自己決定権について，両論への，そして両論からのアプローチもまた必要ではないかと考えている。

注

1）フランスでは，自己の身体の処分権（le droit de disposer de son corps）が一般的に使用されているが，ここでは，それを身体の自己決定権と同義と考え，言いかえて使用している。

2) 中嶋公子「産む自由・産まない自由と人工生殖技術——フランスにおける問題の布置」女性空間20（2003年），154-163頁。
3) L'arrêt Perruche et ses suites rédigé par Me DURRIEU-DIEBOLT, Avocat à la Cour. http : //sos-net.eu.org/medical/perruche.htm
4) L'arrêt Perruche 99-13.701 Arrêt du 17 novembre-Assemblée plénière Cassation. http : //www.courdecassation.fr/agenda/arrets/arrets/99-13701rap.htm
5) CONCLUSIONS de Monsieur l'Avocat Général SAINTE-ROSE. http : //www.courdecassation.fr/agenda/arrets/arrets/99-13701concl.htm
6) 《Avis n° 68, 29 mai 2001》, Didier Sicard, Travaux du Comité Consultatif National d'Ethique, Paris, puf, 2003, pp.648-663.
7) Le Monde, 24 nov. 2000, Le Monde, 23 nov. 2000, Le Monde, 03 dec. 2000.
8) Le Monde, 07 dec.2001.
9) Loi n° 2002-303 du 4 mars 2002 relative aux droits des malades et à la qualité du système de santé.
10) 中嶋公子「『人工妊娠中絶と避妊に関する法律』の改正」女性空間19（2002年），41-51頁。
11) CODE DE LA SANTE PUBLIQUE (19e édition, Paris, Dalloz, 2005, pp.191-194)
12) POURVOI n° 9913701, Rapport de M Pierre SARGOS, Conseiller à la Cour de cassation. http : //.courdecassation.fr/agenda/arrets/arrets/99-13701rap.htm
13) CONCLUSIONS de Monsieur l'Avocat Général SAINTE-ROSE, op. cit.
14) COMMISION DES AFFAIRES CULTURELLES, FAMILIALES ET SOCIALES Jeudi 29 mars 2001. Table ronde organisée et presidée par M. CLAUDE EVIN 《Arrêt Perruche : Faut-il légiférer?》. http : //www.assemblee-nationale.fr/cr-cafc/00-01/c0001031b.asp
15) Marcela Iacub, Penser les droits de la naissance, Paris, puf, 2002, p.41.
16) 前掲注2），中嶋公子，157-158頁。
17) Marcela Iacub, op. cit., p.55.
18) Ibid., p.55.
19) CONCLUSIONS de Monsieur l'Avocat Général SAINTE-ROSE, op. cit.
20) Israël NISAND, Le diagnostic prénatal sous la pression des juges. http : //www.genethique.org/doss_theme/dossiers/l_arret_perruche/NISAND.htm
21) 前掲注2），中嶋公子，158-160頁。
22) Israël NISAND, op. cit.
23) Marcela Iacub, op. cit., p.56.

24) 前掲注2)，中嶋公子，159頁。
25) Marcela Iacub, op. cit., p.52.
26) ANCIC（避妊と妊娠中絶センター全国連合）やMFPF（フランス家族計画運動）は「ペリュシュ判決」以後、とくに治療的理由による中絶が制限される方向にあることに抗議している。http：//www.ancic.asso.fr/COMMU-NIQUEDEPRESSE.php
27) Marcela Iacub, op. cit., p.55.

参考文献
- 石川裕一郎 「障害者の『生まれない』権利？―『ペリュシュ判決』に揺れるフランス社会」，法学セミナー9月号（2002年）日本評論社，72-76頁。
- 中嶋公子「フランスにおける避妊・人工妊娠中絶・人工生殖をめぐる歴史と現状―自己決定権のゆくえ―」女性空間10（1993年），80-91頁。
- 本田まり「《Wrongful life》訴訟における損害（1）―フランス法を中心として―」，上智法学論集第46号4号（2003年），21-48頁。
- 本田まり「《Wrongful life》訴訟における損害（2・完）―フランス法を中心として―」，上智法学論集第47号1号（2003年），33-45頁。
- 橳島次郎，小門穂「フランスにおける先端医療技術管理体制の再整備―生命倫理法体系2004年改正の分析」，Studies―生命・人間・社会 No.8. May（2005年）。

参考（中嶋作成）
　フランスの人工妊娠中絶について1975年ヴェイユ法を改正する2001年5月30日法は次のように定める。
- 刑事罰　有り　但し当の女性にはない
- 良心条項　有り　但し，当該医師は他の医師を決める義務あり
- 期間　女性の決定　12週まで　医学的理由　12週以降
- 熟慮期間　有り　最低2日間
- 費用負担　社会保険が80％負担

（中嶋　公子）

第6章　フランスの買売春制度

はじめに

買売春制度には従来以下の3種類があるとされてきた。

① 規制主義　買売春を合法的労働として法的に保護・規制する。国家あるいは地方自治体は売春者，売春施設などを管理する。周旋業も合法の商活動とされる。

② 廃絶主義（廃止主義）　売春者の管理を廃止し，売春は個人の意思で行うものは容認する。周旋業などの売春者の搾取は法で禁止。買売春の廃絶をめざす。

③ 禁止主義（処罰主義）　買売春を法で禁止し，売春者，買春客，周旋業者等を処罰。

フランスは19世紀に公娼制度[1])を作りだし整備した規制主義売春の国として知られているが，1946年に公娼制度の象徴であったメゾン・クローズまたはメゾン・ド・トレランスと呼ばれる売春宿を閉鎖し，1960年に1949年12月2日の人身売買（および他人の売春からの搾取の）禁止（に関する）国連条約（人身売買禁止条約）を批准して以来廃絶主義を標榜してきた。

上記国連条約の批准国である西ヨーロッパ諸国もおおむねフランスと同じ廃絶主義をとってきたが，1990年代後半から買売春の状況に変化が起きて2000年前後に各国は法規制を再検討することになる。フランスもその例に漏れない。変化の原因は，少なくない数の外国人売春者の流入である。買売春問題には移民問題あるいは人身売買（人身取引）という別の問題が付随することになる。

本章は2001年のデリク報告および国内治安のための2003年3月18日法（Ⅲ2, 88頁に詳述）を中心に検討することによってフランスの買売春対処のゆくえを

考察するものである。

I　規制主義から廃絶主義へ

1　規制主義（公娼制度）

　近代フランスの買売春の歴史は19世紀ナポレオン総統時代に形をとり始めた公娼制度による規制主義売春に始まる[2]。この公娼制度は，買売春を必要悪とみなすところに作り上げられる制度である。「どぶ，ごみ捨て場，汚物処理場がどうしてもあるように，売春婦は男たちにとってやむを得ないものである」と19世紀の医者パラン＝デュシャトレは書いている[3]。なぜ必要か。「売春婦が存在しなければ，男は『欲望を抱いて，あなたの娘を，あなたの召使を堕落させ，家庭内にトラブルを引き起こすだろう』」[4]から。

　また，売春婦は一般の女性とは異なる人間であり隔離しておくべき存在とみなされていた。必要であるが危険なもの，それが売春であるというのがパラン＝デュシャトレに代表される19世紀前半の売春観である。ゆえに，売春を禁止するのではなく容認し，売春婦とその行動を可能な限り管理（隔離，監視，強制検診など）することがよしとされた。この19世紀型規制主義はイギリスにも導入されて「フランス方式」と呼ばれ，伝染病予防条例 Contagious Disease Acts（1866年，1867年，1869年）によって売春婦が管理されることになる[5]。警察および医療機関の非人道的な管理はジョセフィン・バトラーの告発するところとなり，非難はフランスにも及んだ。カトリック国フランスへのプロテスタント側十字軍の様相をも呈したこの公娼制度反対運動はさまざまなキャンペーンの挙句1877年9月の「全ヨーロッパ売春廃止連盟」の設立に結びつく。

2　廃絶主義へ

　バトラーのキャンペーンの影響もあってフランスでも公娼制度廃止運動は19世紀末以来さまざまな形をとって続けられてきた。しかし，規制主義が新規制主義に衣替えして公娼制度は続く。新規制主義は必ずしも売春婦を隔離するものではないが，性病の流行もあって売春婦を衛生管理すなわち監視するもので

ある。管理されている公娼の方が，されていない私娼・街娼よりも性病予防のためには安全であるという医師たちの主張が1946年4月13日のいわゆるマルト・リシャール法，正式には，メゾン・ド・トレランスの閉鎖と売春周旋反対をめざす1946年4月13日法[6]の発効まで公認売春宿メゾン・ド・トレランス（一般にメゾン・クローズと称される）の存在をもちこたえさせた。この法律によって売春婦は売春宿に幽閉された存在ではなくなった。だからといって売春婦が管理されなくなったと考えるのは間違いであると19世紀売春の研究者アラン・コルバンは指摘している。なぜならばこの法律は売春婦の管理のために社会保健カードを売春婦に義務付けたからである。このカードが廃止されるのは国連の「人身売買禁止条約」（1949年12月2日採択）をフランスが1960年[7]に批准するときを待たなければならない。当条約の基本原則は，売春者は被害者とみなし，被害者に対して保護と更生の措置が与えられ[8]，情報収集のための機関[9]を設ける，などである。この条約の批准によってフランスの売春廃絶主義路線は定まった。

なおフランスは，国連で1979年12月18日採択され1981年9月3日発効した女子に対するあらゆる形態の差別の撤廃に関する条約（女性差別撤廃条約）の締約国でもあるが，この条約の第6条にも売春・人身売買からの搾取の禁止はうたわれている。

1972年に売春者への課税が始まる。

II　フランスの買売春の現在

現在，フランスにいる売春者の数や内訳を把握するのは難しい。売春という活動は禁じられてはいないが労働法などでまもられる態の仕事ではないし，買売春の性質上不可視の部分が大きいので，法に触れた事件が起きたときに警察やOCRTEH（人身売買取り締まり本部）が得る情報および支援団体がもつ情報を頼りにする以外にない。

1 フランス人売春者

公娼制度廃止後フランスには，周旋業者のもとで働く売春女性と，「独立売春女性」あるいは「従来型売春女性」とよばれる，いわば自営の売春女性たちがいる。売春女性たちは，なぜ売春を選んでいるのか。アンケートや新聞のインタビュー記事によれば，彼女たちの中には，売春という性的サービスこそ自分の天職としている女性もいる。また，特に資格をもたない女性の就ける仕事の中で，スーパーのレジとか店の事務員などと比べて収入がよいという理由で売春を選ぶものもいる。少数の例外を除いて，就労可能な職種の低賃金をきらって，また他に選択肢がなく売春に入るのが一般的であるようだ[10]。

さらに，「一時的売春女性」もいる。彼女たちは，文字通り，売春を生業としているのではなく，臨時に売春を行う女性たちである。たとえば泊まるところがなくお金もない状況で，セックスと引き換えに一夜の宿を得るとか，月末の収支合わせのために売春するとかいう女性たちを指す。とりわけ，家出少女（少年もいる）や資力をもたない若い女性たちがこの形の売春を行うリスクが高い。

2 外国人売春者の増加

1999年に公道で取り締まりを受けた売春者は約5,000人で内90％が女性，フランス人55％外国人45％の割合であった。路上売春者の総計はおそらくこの数の2倍としておよそ10,000人から12,000人とOCRTEHはみている。また別の資料として周旋業者の被害者として法廷に出た数字ではフランス人売春女性50％弱外国人が50％強となっている。この時点ではフランス人売春女性と外国人売春女性は同率ぐらいとみることができるが，その少し前にはフランス人70％外国人30％であったとされている[11]。すなわち外国人売春女性の割合の拡大がすでにこの時点で観察されていた。

約5年後の2004年にはフランス全体で15,000人から18,000人の売春者がいて，パリ市内とブーローニュの森・ヴァンセンヌの森を合わせて7,000人から7,500人がいる[12]。その70％は外国人であると推測される[13]。そして外国人売

春者の約70％が人身売買組織によってフランスにつれてこられたとみられる[14]。彼らはパスポートを取り上げられ，身分証明書をもたず，フランス語もできず，土地の知識もない状態で路上にほうりだされて売春を強要されていると多くのレポートは報告している。

なぜ多数の外国人売春者がフランスの路上にみられるようになったのか[15]。1989年のベルリンの壁崩壊，2年後のソ連の崩壊によって東西の分断構造がなくなったため，人間の移動が容易になったこと，および東西ヨーロッパ間には経済格差があることから，豊かな西欧への東欧・中欧からの移動，世界各地で起きた内戦後の政治・経済の混乱を逃れて，やはり西ヨーロッパを目指す移動が増加した。その結果フランスの買売春は1990年代後半あたりから様相を変えたのである。買売春問題は買売春という性行動のみの問題ではもはやなく，人身売買の被害者であり搾取される売春者という人権問題，公共の秩序を乱す治安問題，住環境を悪化させる公害問題という認識が生まれた。

3　買春客

19世紀のメゾン・クローズを訪れる男性客は，配偶者には要求できない性的サービスを求める，あるいは避妊法の発達していない時代に家族のサイズを拡大する危惧のないセックスを求めるブルジョワ家庭の主人，セックスの手ほどきを希望する若者，それに何よりも軍隊や都市の労働者のように男性だけが隔離されている状況におかれた人々であった[16]。

現代の買春客（ほぼ100％男性）は今まで私生活の保護の原則に守られて，実態が知られないできたが，近年になってMouvement du Nid（巣）[17]によるアンケート調査[18]などから一端が明らかになりつつある。これらのアンケートは「回答した人」の実態しか示さないので，「回答したくない人」「回答する勇気のない人」などの実態はわからないままであるという留保はつけなければならないが，買春客は特別な人間ではないということは言えそうである。①あらゆる社会階層にわたり②パートナーが現在いない人が多いが現在いる人過去にいた人を合わせれば70％になる③30歳以下が少ないが全年齢層にわたる④父親

である買春客が半分を超えている⑤わずかに幹部職が多いがそれ以外の偏りはないなどなど。要するに，売春者も多様であるが買春客の方も多様であるということになろう。しかし買春客の多くには，①引っ込み思案で女性との関係がうまく築けない②育った家庭では性的なことをタブーとする教育を受けた③飲酒や孤独感から買春に走る④買春を控えるのはお金がないとき⑤初めての買春経験には失望したがだからといってやめるつもりはないといった共通点がみられる。なお，セックスだけでなく感情的ふれあいも求めている客が意外に多い。それとは矛盾するようであるが，買春の場合は一般の恋愛のように「手続き」を踏まなくてもお金と引き換えにシンプルに性行為をすることができ，しかもそのとき限りで終わることを魅力としている客も少なくない。社会学者ダニエル・ヴェルツァー＝ラングは，客となる男性の数は一般に考えられているよりずっと多いこと，すなわちごく普通の家庭の夫，父親，息子が客となっているはずだとしている。その証左として，フランス中で少なくない数の売春者が得ている収入の額をあげている。一般市民は，自らの周りの男性たちが買春客となっているとは考えたくないため，買売春を周縁的な特殊な人間のやることと考えたがる傾向にあると指摘する[19]。

Ⅲ　政府の対応：デリク報告から国内治安法へ

1　ディナ・デリクの公共政策報告

「女性の権利および男女機会平等実現のための議員代表委員会創設を目指す1999年7月12日法」[20]を初適用して作られた上院の議員代表委員会（委員長：ディナ・デリク）が2000年のテーマとして選択したのは，「政治的には『あまり利益をもたらさない』テーマで，複雑かつ解きがたい問題である」[21]買売春である。①女性が主な被害者である社会的排除を問題とすべき委員会としては，数多くの問題の中のもっとも痛ましいものの1つであり，②今日の社会で（不）平等な両性関係をもっとも直接的に表しているものであり，③それにもかかわらず一般市民にはよく知られていないものであり，④今や全世界的なテーマである[22]ものとして選んだと説明している。

委員会は，売春は，職業でもなく必要悪でもなく人権侵害であり，当時の女性の権利・職業訓練省副大臣ニコル・ペリも明言しているように暴力である[23]と規定する[24]。

OCRTEH, MAPP（買売春・ポルノ・あらゆる性暴力と性差別撲滅運動）[25]，「巣」, Cabiria（カビリア）[26], Scelles（セル）協会[27], FAI（国際売春廃絶連盟）などの関係者，その他CNRS（国立科学研究所）の研究者など十数名の専門家の聞き取りと，2000年11月15日開催の『公共政策と買売春』シンポジウムとを経て，委員会は勧告をまとめた。勧告には，調査・統計・広報活動などを行う特別機関等の設置，公共政策の対象を路上買売春，マッサージサロンやホステスバーなども含んだあらゆる買売春の様式に拡大，OCRTEHの増員，警察は周旋業者との戦いを最優先課題に設定，ヨーロッパ各国の大都市の市長との協力態勢の立ち上げ，1960年のオルドナンスを正しく適用し売春者が買売春の世界から抜け出るための社会復帰支援に尽力[28]，課税法を買売春の法規制にみあったものに改変，買春防止のため啓蒙・教育活動の実施，処罰も考慮，人身売買の被害者救済のため，無条件あるいは人身売買業者の告発と引き換えに，一時滞在許可承認，などが入れられた。

買売春が両性の不平等な関係を直接的に表していると前提し，買売春の防止と売春女性の社会復帰のためには両性の機会平等という点について全般的な状況の改善が必要だとすることによって，買売春はジェンダーが関わる社会問題であると認めているこの委員会報告は，爾後の買売春施策の指針となる。

2　国内治安法

デリク報告後，ジョスパン政権においては親権に関わる2002年3月4日法の中に，未成年者の買春客の処罰が定められた[29]。同年5月に政権が左派の社会党から右派の民衆運動連合に移行後，ラファラン内閣は国民の期待に答えて治安問題をとりあげる。ニコラ・サルコジ内務大臣は7月に国内治安に関する指針および計画法案を，次いで，10月23日の定例閣議に国内治安のための法案を提出した。その法案は2003年国内治安法として成立した。147条にわたる当法

の中で，買売春に直接関わるのは第1編第8章「人身取引[30]および売春周旋に対するたたかいに関わる規定」と同じく第10章「公共の安寧および安全に関する規定」である。

（1）人身取引罪の新設

当法32条によって刑法225－4条のあとに225－4－1条から225－4－8条までが加えられた。225－4－1条は人身取引の定義および刑罰が，続く4－2条から4－4条までは加重罰が定められている。従来フランスの刑法の中の空隙であった人身取引罪[31]に対して，最低でも7年の拘禁と15万ユーロ（ユーロのレートによるが1ユーロ＝135円で計算すると約2,000万円）の罰金，最高で終身懲役と450万ユーロ（6億円）の罰金が定められた。人身取引罪に売春周旋罪が重なった場合，7年の拘禁および75万ユーロ（約1億円）の罰金となる[32]。

（2）積極的・消極的を問わず客引きは犯罪とする

第10章の50条によって刑法225－10－1条が挿入されることになった。すなわち「報酬または報酬を受ける約束で，他人を性的関係に勧誘する目的の客引きを，公の場で，消極的な態度であれ何らかの方法で行う行為は，拘禁2カ月[33]罰金3750ユーロ（約50万円）を課される」。1994年の刑法典改正によって削除された「消極的客引き」の復活である。当初の案[34]では含まれていた挑発的な「服装」は反対により除かれたが，公道に立ち止まったり，何回も同じところを行き来したり，他人をじっと見詰めたりするとそれは「消極的客引き」とみなされるおそれがある。

（3）売春周旋罪の拡大

国内治安法は，売春周旋とみなされるケースとして1994年の刑法典改正で削除された「売春者と同居あるいは親しい関係にあって自らの収入源を証明できない」場合を復活させ[35]，「売春に使用すると知りながら，何らかの方法で車両を売ったり，貸したり，使わせたりする」ことを新しく処罰の対象にした[36]。これらによって売春者は同居家族の扶養が困難になり，車両を手に入れることもできなくなる。

（4）買春客の処罰のケース拡大

全般的な処罰条項はないが、前述の未成年買春処罰を定めた刑法225－12－1条に、「病気または身体障害、心身の欠陥、妊娠中など特に脆弱な状態にあることが明らかであるか、そのことを行為者が知っている者」の買春客となった場合、行為者である客は未成年者の場合と同様の罰（拘禁3年と罰金4万5,000ユーロ）を受けることを付け加えた。

（5）売春者の保護

第8章42条は、買売春搾取の被害者が、行政と民間の支援団体の協力による援助と保護の制度を利用できること、43条は、社会福祉および家族法典345－1条に「避難・社会復帰センターは、人身取引の被害者を安全な条件で受け入れるものである」と挿入することを定め、1960年のオルドナンスを補う。

さらに第10章76条は、前述の「刑法典225－4－1条から4－8条まで、および225－5条から225－10条まで（これらは売春周旋に対する処罰を定めている）に定められた違法行為を自らに働いた者を告訴し、又はこれらの違法行為の廉で訴追されている者に関して刑事訴訟法上の証言を行う外国人に対しては、その存在が公共の秩序に脅威とならない限り、仮滞在許可証を交付することができる。当該外国人は、この仮滞在許可証により職業活動を行う権利を得る。訴追された者が最終的に有罪判決を受けた場合には、告訴し又は証言を行った外国人に居留外国人証明書を交付することができる。（後略）」として外国人売春者に対して条件付で仮滞在許可証、居留外国人証明書の交付、それによって就労の可能性を示している。

Ⅳ 国内治安法がもたらす変化

1 売春者は被害者ではなくなる？

「女たちのバス Bus des Femmes」[37]責任者のクロード・ブシェは、この法が路上買春だけを取締りの対象としていることを指摘し、買売春対処ではなく、路上の治安を目的にしていること、そのために売春者を犯罪者と定義して路上から姿を消させるのであると非難する。デリク報告は、「人身売買禁止条

約」の規定どおり売春女性を被害者としたのに対し，今回の国内治安法が被害者とみなしているのは路上の買売春に迷惑を蒙っている近隣住民・一般市民である。売春者は刑法によって罰せられる犯罪者であり加害者であることになる。

　一方政府の立場からは，ペリの後任であるパリテ・職業平等担当大臣ニコル・アムリーヌが，2003年国内治安法は今日の最重要課題である路上売春を阻止するものであると認め，重すぎると見える[38]「消極的客引き」の処罰も路上売春者の背後にいる周旋業者・人身売買業者へのメッセージであり，かつ，売春者自身が「もう続けられない」と思って廃業し買売春市場全体が衰退することを狙っていると説明している。アムリーヌ担当大臣はフランスが以前から変わらず廃絶主義を標榜していることを認めながらも，この廃絶主義という言葉が今日の状況に適応していないと言う。今日フランスが言っている廃絶主義は「買売春における搾取，とりわけ新種の搾取を拒絶する」という意味であるとする。言い換えれば「搾取廃絶主義」か。一方サルコジ内務大臣もこの法はむしろ売春者を路上および人身売買組織と周旋業者から保護するものであり，客引き罪で逮捕された売春者の留置期間に組織等の情報を得ることができると主張する。路上売春者は一般市民に対しては加害者であるが周旋業者等の被害者という2重のステイタスを有することになる。

2　禁止主義へ？

　買春客一般に関してスウェーデン（1999年1月11日以来性的サービスの購入者を最大6カ月の拘禁の対象としている）のような処罰は盛り込まれなかったものの少なくとも路上売春に関しては禁止の方向が出てきた。しかし売春者自身[39]もデリク報告も「巣」などの支援団体も多くの研究者やジャーナリストも禁止主義には反対である[40]。雑誌『エル』2002年11月11日号に掲載のCSA（視聴覚特別委員会）が電話で行ったアンケート（クォータ式で回答者1001名）が示しているように，フランス人のおよそ55％は，マフィアや周旋業者に搾取されず自由に行う買売春は必要悪とみなしていて禁止しなければならないとは

考えていない（ただし買売春が女性男性の尊厳やイメージを落とすものであると64％が回答しているので19世紀とは心性が変化した）。市の依頼を受けてパリの買売春の実態を調査した[41]政治学者ジャニーヌ・モス＝ラヴォも，国内治安法によってフランスは禁止主義に向かっているという見解を示すが，施行後，売春者が周縁化し非合法の状態におかれて危険になっていることを指摘している。売春者は減ったのではなく移動しただけであるとして2003年国内治安法の効果を疑問視している[42]。一方，上記アンケートでは現行の制度はよくないので変えるべきであるとしたのが63％である。現行制度すなわち廃絶主義をどのように変えるべきなのであろうか。

3　メゾン・クローズ（売春施設）再開？

　2003年国内治安法の方針が買売春は容認したまま路上売春は禁止となれば，1946年に閉鎖されたメゾン・クローズ（売春宿）の復活もありうるのか。実際，1946年マルト・リシャール法施行後もメゾン・クローズ再開案はたびたび出されてきた[43]。近くは2002年のパリ17区区長フランソワーズ・ド・パナフュー下院議員の提案がある。パナフューは区内の外国人売春者急増に危機感をもち１つの可能性として売春施設もありうると主張し[44]，デリク報告後実効性のある施策を何も出していないパリ市の怠慢をアンヌ・ヒダルゴ第１副市長（社会党）に非難している。右派のパナフューは自由売春と強制売春の区別をするのに対し左派のヒダルゴは自由売春の存在を認めない。ゆえに売春施設の１つドイツ型エロスセンターに属する売春者も囚われの奴隷にほかならないと主張する。パナフューもドイツ型あるいはオランダ型売春施設の創設が路上売春を減らし，売春者の実態を把握するのに寄与するとしているものの，周旋業者取締りはできないとその弱点を認めている[45]。

4　売春者からセックスワーカーへ？

　周旋業者に搾取されない売春をセックスワークとして職業認定するという提案も出た。議会に国内治安法がかけられるのをきっかけに2002年夏から2003年

にかけて,「買売春＝奴隷制・男性の女性に対する暴力」と主張する廃絶派陣営に対するに「主体的な自由選択売春もありうる」とする売春職業化主義の論争が行われたのである。従来フェミニストの主張の大勢は前者であったが, フェミニストの名において後者の陣営に入る意見が法学者マルセラ・イアキュブ, 作家のカトリーヌ・ミエとカトリーヌ・ロブ＝グリエの連名で「犯罪者でもなく被害者でもなく：自由に売春する」がアニエス・ベーら20数名の署名つきでルモンドに載った[46]。民主主義社会では成人間の性関係は商業の対象となりうるし, 自由売春領域を制定することが売春者を暴力や警官の専横から救い, 彼らを奴隷化する人身売買組織と戦うことになると主張したこの文に対しては, フェミニスト社会党議員3名, 作家やジャーナリスト5名がそれぞれ連名で反論した[47]。

売春女性とフェミニストも無条件に共闘するわけにはいかなくなった。客引き有罪化に反対して2002年11月5日に上院前で行われた1975年以来という全国規模の売春者デモにもフェミニストの大々的な参加はなく, 一方12月10日にフェミニスト側がパリでデモを行ったときには自分たちの意見がフェミニストによって伝えられないのではないかという危惧を表明した売春者たちもいた。

V　フランスの買売春制度のゆくえ

1　個人の自由か人間の尊厳か

「(買売春する) 個人の自由が重要か,(買売春することで犯される) 人間の尊厳や道徳が重要か」という2つの価値観の対立に注目すれば, 自由派の大前提は買売春の容認である。一方, 尊厳派や道徳派の方は買売春をなくすため禁止することが考えられる。しかしフランスはじめ西ヨーロッパの国々は個人の自由を守るために容認を前提としつつ, 一般に周旋業の搾取は禁じ, 買売春の消滅も願うといういわば2つの価値観を含んだ制度をこれまでとってきた。ところが1990年代後半から人身売買の犠牲者である外国人売春者が増えてきたことでこのような制度ではカバーしきれなくなった。その結果, ドイツやオーストリア, オランダなどは売春施設を合法化し, スウェーデンは性的サービスの

購入を犯罪とした。フランスはとるべき方向がまだ定まらない。前出のモス＝ラヴォは，合法化するわけでもなく買春客処罰に踏み切るわけでもないフランスの対策を批判している[48]が，すでに他国が行っている売春施設合法化も買春客処罰も結局は闇の買売春をなくせないことが明らかになっているゆえに安易に前例を踏襲するわけにはいかないのであろう。

2　買春は暴力か，売春は職業か

当局（すなわち歴代の女性の権利担当大臣や副大臣，現在のパリ市長ドラノエなど）の基本方針は，廃絶主義フェミニスト路線で，買売春を売春女性に対する買春男性からの暴力と定義している。一方セックスワーク是認フェミニスト側は，売春は女性の性的自己決定によって行われる主体的な行動でもありうるとして売春を職業と認めるよう主張している。2陣営のもう1つの違いは，廃絶主義派は，買売春を当事者だけに関わるものと見ていない。買売春の存在が一般に女性と男性の関係を暴力的な不平等なものにするがゆえになくさなくてはならないと主張する。一方セックスワーク是認派の主張は当事者の自由という点に力点がおかれているようで，一般女性と男性の関係への影響に言及がない。

また，前者は，真の自由（選択）売春はありえないとしており，後者は，自由売春と強制されてあるいはやむを得ず売春に従事している場合（強制売春）とを区別する。後者の見地に立っていると思われる若尾論文[49]にヒントを得て売春に関して望ましい状態とは何かを考えてみると，条件1）周旋業者つきの強制売春や「やむを得ず売春」がない（女性に職業の選択の幅があり賃金も男女格差がない）世界の中で，条件2）自ら売春を選択する女性には搾取されずに安全に働ける環境が保障されること，という2つの条件が共に満たされていることである。

廃絶派にとってはその前提からして条件2）は考慮の外であって，買売春問題の解決とは条件1）が満たされることを指す。しかるに条件1）の後半は社会のジェンダー構造に深く関わる，正統的な平等主義フェミニストの闘争目標

そのものであり，買売春問題の枠を超えた長期的な課題である。

一方セックスワーク是認派は，条件1)が今日明日に満たされるものではないという認識と，実際に売春で生活しようとしている女性がいるという現実観察から出発している。

結局，フェミニストの中の見解を分けるのは，自由売春と強制売春の区別をするか否かであり，さらにその区別に基づいた目標を見ると，「買売春のない世界」を目指す「人間の尊厳・理想主義」廃絶派と，「買売春を当事者の自由と肯定し，その害を最小にする方法」を探す「個人の自由・現実主義」セックスワーク是認派の対立であることがわかる。

3　問題はジェンダーだけなのか

「『セックスワーカー』[50]なる言葉をタブーとしてはならない」と2002年秋に社会党議員がルモンドに書いている[51]が，廃絶主義フェミニストには依然としてタブーである。2004年4月に『売春，私生活の権利に属するセックスワーク？』と題するシンポジウムをCNRSやパリ第VIII大学，フェミニスト研究団体などが共催することになっていたが，CNRSのマリ＝ヴィクトワール・ルイの直前の猛抗議により6月に延期となりタイトルを変えて開催するという事件があった。ルイの反対は，フランス刑法で処罰されるはずの周旋業を正当化するおそれがある「売春＝セックスワーク」という売春職業論を，両性の平等を目指す高等研究機関がシンポジウムのテーマにすることへの疑問からもきていたが，シンポジウム参加者の半数近くが売春女性やその関係の支援団体メンバーなどで彼女たちの「知性の不足，欠陥，限界は明らかであり」「疑いもなく売春制度を正当化する姿勢である」ことにもあった[52]。研究者ではあるが廃絶主義を推進する運動家であることと研究は分離しがたいと認めるルイはデリク委員会に招かれて，国連，欧州連合，国際労働事務局などいずれもがリベラリズムの風潮のもとで買売春合法化に向かっているのではないかとの危惧を表明していた[53]。

廃絶主義推進はフランスにとって「人権大国」という評価とも関わる大義で

もある。また売春を暴力とみなす立場からはセックスワークという職業が認めがたいのも確かだ。しかし、廃絶主義を唱えるだけでは問題が解決できないと世論も考えはじめているのは前述の通りである。現代の買売春研究のパイオニア的な存在である前出のヴェルツァー＝ラングは買売春の現場にあたる社会学者として、現実に有効な施策のためには、自由売春と強制売春を区別し、売春者自身の声を聞く必要があると主張している[54]。売春防止法によって禁止主義をとっているはずの日本においていわゆる風営法を援用して多種多様な性の商品化が行われている状況と比べると、「偽善的な」禁止を行わず廃絶の道を探るというフランスの努力は多とされるべきであるが、人身売買という新しい要素への対策と買売春法規制とをいかに整合させるかの工夫が必要とされていることも確かである。なお日本においても同様の問題があるはずなのにまだ意識化さえ不十分である。

おわりに

最後に、フランスにおいて両性の法的な平等が実現してきていると感じられるが、平等を享受しているのは社会の上層にいる高学歴の女性だけではないのかという懸念がある[55]。郊外の集合住宅に住む若い女性たちや、売春によって生活する女性たちの状況は変化していないのではないか。「不平等をもっとも直接的にあらわしている」買売春問題を解決とまではいかないまでも改善するためには、すべての留保をはずして現場の当事者に発言の機会を与えることが必要なのではないだろうか。実現した両性の平等が男たちの抵抗を呼び起こすとき、その攻撃はおそらく社会の周縁にいる彼女たちに向かうと思われるからである[56]。現場の声を聞いた後に、廃絶派の懸念している「買売春が両性関係に与える影響」について現実的な施策がとられることが望まれる。

注

1) 明治初期に作られた日本の近代公娼制度もフランス等西欧の制度を取り入れている。藤目ゆき『性の歴史学』不二出版、1998年、89-90頁。

2）アラン・コルバンによれば，19世紀前半に作り上げられたフランスの公娼制度は，それまでの売春とははっきり別物であるという。それ以前は売春という行動は一時的に臨時に行われるものであって，他の労働との区別が明確ではなかったとしている（アラン・コルバン『娼婦』藤原書店，1991年，6頁）。
3）コルバン前掲書31頁に紹介されている。
4）同書31頁。
5）同書296頁。
6）Loi n° 46-685 du 13 avril 1946 tendant à la fermeture des maisons de tolérance et au renforcement de la lutte contre le proxénétisme. 俗に Loi Marthe Richard. 自身も売春婦の経歴を持つマルト・リシャールの名がかぶせられているものの，この法律は彼女が提出したわけではない。彼女は前年の12月にパリ市に売春宿閉鎖の請願をしている。
7）1960.7.28 Ordonnance n° 60-759.
8）1960年秋には県に婦人民生局を設けて売春婦の更生，社会復帰に責任をもつことを義務付けるオルドナンスが出される。1960.11.25 Ordonnance n° 60-1246.
9）フランスでは人身取り締まり本部 OCRTEH がこれにあたる。2002年10月現在では条約に即したこの種の機関をもっているのは世界で唯一フランスだけということである。
10）コルバンは1960年代以降は従来の貧困のための売春から，いくつかの可能性の中から売春を選択するという具合に売春者の行動が変化すると指摘している。前掲書483頁。
11）*Rapport d'activité 2000 Les Politiques publiques et la prostitution*（Sénat n.209）pp.46-49.（以下 Rapport）
12）M.-E. Handman et J. Mossuz-Lavau, *La prostitution à Paris*, Paris, Ed. de la Martinière, 2005, p.11. 著者たちは，OCRTEH の副部長から2004年7月22日に得たこの「公式な」数字の信憑性に疑いをもっている。というのは路上の売春者以外に電話でだけ客と連絡するコールガール，口コミで客をとる売春女性，インターネット利用者など，「人目に付かず」「警察と揉め事を起こしたことのない」売春者の数をどうやって知るのか疑問だからである。
13）*Libération* 2002.7.19.
14）この7割という数字は2002年7月にパリ17区区長フランソワーズ・ド・パナフューが示しているもので，出典は不明であり，2004年現在ではもっと増えていると推測される。

15) OCRTEH はこの現象が見られるようになった時期を1995－1997年としている。Cf. *Libération* 2002.7.19.
16) コルバン前掲書による。
17) 1937年にカトリック神父によって創設され，現在は機関誌 *Prostitution et Société* やビデオなどによって一般市民の啓蒙に努めている。姉妹団体として直接売春者の支援を行う Amicale du Nid もある。
18) 新聞などに回答者を募る広告を載せて応募してきた500人の買春客のうち最終的に有効な回答を得られた95人を対象としたインタビュー。報告・分析が2004年12月に Mouvement du Nid から刊行された。責任者 Saïd Bouamama.
19) *Le Monde*, 2002.7.12.
20) Loi n° 99-585 du 12 juillet 1999 tendant à la création de délégations parlementaires aux droits des femmes et à l'égalité des chances entre les hommes et les femmes
21) *Rapport* op. cit., p.39.
22) フランスは2000.11.15に「国際組織犯罪防止条約，人身売買議定書」にパレルモで署名。委員会の姿勢としては，人身売買は買売春に付随した問題として出来てきたとする。
23) 当時女性の権利・職業訓練担当大臣であったニコル・ペリは，「女性に対する暴力全国委員会」を創設し，買売春と性的搾取のための人身売買にまず取り組んだ。すなわち買売春は女性に対する暴力の1形式であると認めたことになる。フランスのこの政治的見解はニューヨークで開かれた「北京＋5年」会議で初めて明言されることになる。
24) *Rapport* op. cit., p.40.
25) 買売春・ポルノ・性差別・性暴力廃絶団体。
26) エイズ予防・治療などを目的に1993年リヨンに創設された団体。メンバーは売春女性と関連機関職員とが同数ずつ。週間昼夜52時間路上で，20時間事務所で売春者の支援にあたる。
27) 2000年現在で23を数える買売春とたたかう諸団体（フランスの内外117のスポットをもつ）を結ぶ協会。現会長はニコル・フォンテーヌ。
28) ホームの数を増やし，フリーダイヤルの存在も広く宣伝し，買売春をやめたい売春者には納税の猶予も自動的に行われる。社会復帰を果たした売春者には社会保障と住まいが即保証される。県の委員会も1970年8月25日の通達どおり全国に置かれる。
29) Loi n° 2002-305 du 4 mars 2002 relative à l'autorité parentale. 刑法225－12－1条。拘禁3年，罰金45,000ユーロ。売春禁止主義をとる日本の売春防止

法は買春客一般の処罰は規定していないが未成年（18歳未満）の買春客となった場合については「児童買春，児童ポルノに係る行為等の処罰及び児童の保護等に関する法律」により5年以下の懲役300万円以下の罰金を科されるようになった。

30) 人身売買も人身取引もフランス語では traite des êtres humains であるが，2001年の「国際的な組織犯罪の防止に関する国際連合条約を補足する人，特に女性及び児童の取引を防止し，抑止し，及び処罰するための議定書」以降「人身取引」という訳語が使われるようになっている。訳語は門彬氏にならった。

31) 売春のための人身売買という現象はフランスにとって新しいものではない。白人女性売買 traite des blanches が19世紀末から20世紀初頭にかけてあった。ただしそのときは売買されるのはフランス女性で行き先はヨーロッパ内やアフリカ，南米などであった。それにもかかわらず，今回，人身売買が新しい問題のように扱われているのは，以前の人身売買は一般市民にはかかわりのないところで行われていたのに対し，今回は人身売買による外国人売春女性流入がフランス人の日常生活の安全や平穏を脅かすことになったからであるという指摘がある。Jean Lemettre,《L'esclave de la prostitution》*Les violences envers les femmes*, Paris, Bayard, 2003, p.59.

32) 刑法225－4－8条。2006年1月24日廃止。

33) 当初の案は6カ月。左派の修正提案により2カ月になった。

34) 2002年10月3日にコンセイユ・デタに諮問された法案。

35) Loi n° 2003-239 du 18 mars 2003 pour la sécurité intérieure. 50－1条→刑法225－6条3項　拘禁7年罰金15万ユーロ。

36) Loi n° 2003-239. 51条→刑法225－10条4項　拘禁10年罰金75万ユーロ。

37) 1990年に元売春女性が創設しパリの路上売春女性と日々接触して情報活動やあらゆる支援活動をおこなっている団体。メンバーは元あるいは現売春女性たち。名称 Bus des Femmes の由来は小型トラックでパリの街を巡回するため。

38) 当初の案では拘禁6カ月罰金7,500ユーロ（約100万円）。

39) 周旋業者にしばられない自営売春者の旗頭リヨンのクレール・カルトネはスーパーのレジや家政婦として低賃金で働くことを拒否し，自らが「体」を売っているのでなく「性的サービス」を売っていると主張し，国内治安法の禁止主義傾向に反発し独立売春を続けることを強く望んでいる。*Libération* 2002.9.9.

40) たとえば2002年7月19日のリベラシオンの社説（Antoine de Gaudemar）

は，性的に解放されているはずの今日の社会で売春者を取り締まろうとか道徳を振り回そうとかいうのは逆説的であり，性の売買を禁ずるのは不合理であると主張している。

41) 2002年11月に開始し2004年1月に報告書を提出。それをもとにして *La Prostitution à Paris* op.cit.を出版。
42) 2005年9月16日の個人談話および *France Soir* 2005.2.1.
43) たとえば1970年にはヴィエンヌ県の医師クロード・ペレたちの「セクシャル・クリニック」案，1978年パリ15区選出議員のジョエル・ル・タクの案，1990年厚生大臣で医師のミシェル・バルザックの案など。
44) *Journal du dimanche*, 2002.6.30, Eric Fassin et Clarisse Fabre, *Liberté, égalité, sexualité*, Paris, Belfond, 2003, p.154より転載。
45) *Figaro Magazine* 2002.7.13 pp.26-28.
46) *Le Monde* 2003.1.9.
47) Ibid., 2003. 1. 16.
48) 注42) 参照。
49) 若尾典子「買売春と自己決定——ジェンダーに敏感な視点から」ジュリスト1237号（2003.1.15）184-193頁。
50) travailleur sexuel.
51) アラン・ヴィダリ　*Le Monde* 2002.10.31.
52) http://la_pie.club.fr/infos/communiques/seminaire_prostitution.htm (2006.2.18)
53) *Rapport*, op. cit., pp.127-129.
54) *Libération* 2002.11.6.
55) F. Benhamou, M.Dagnaud et J. Mossuz-Lavau, Femmes : la fracture sociale, *Le Monde*, 2003.1.16.
56) D. Welzer-Lang, *Libération* 2002.11.6. p.3 や Saïd Bouamama, *Les Clients en question*, Paris, Le Mouvement du Nid, 2004, p.16,Eric Fassin, op. cit. にも男性側の男らしさへの回帰願望と買売春の関係が言及されている。

（支倉　寿子）

第2部　フランスの法律とジェンダー

第1章　平等概念の変容

はじめに

　フランスの法人類学の教授，ノルベール・ローランは，「フランス法は多文化共存になるのか」の論文の中で，実定法における差異主義の影響を説いている[1]。彼はその問題を，宗教，属人的地位 statut personnel[2]，パリテ（男女同数）の判例や政策を題材にしながら検討している。すなわち，彼によれば，フランス法は，国家の不可分性という伝統的な原則と，現代の民主主義的多元性とを合致させる努力をしてきた。導入の仕方に問題があるものの，いくつかの実定法の領域に多文化共存の進展が認められる。特にその進展は，宗教，属人的地位，パリテの分野で認められる。さらに，多様な言語の使用の問題，また原住民の共同体のあり方の承認の問題が議論されている，という。そこで彼は，フランスが必ずしも一律の対応をしていないことも明らかにしている[3]。

　行政法学者のダニエル・ロシャックも『人権』の中で，人権の普遍性という西欧のイデオロギーに異論のあることを紹介している。その中で，より最近では，新しい形の反論がアジアの国々から提起されている，としている。すなわち，イデオロギーや宗教というものより前に，アジア文化の中心的価値を見すえる議論がある。その価値とは，家族優先，グループに個人を従わせること，階層性の尊重，合意への専念であり，共同体に対立する権利を諸個人に認めようとすることとは相容れないものだ，と述べる[4]。

　しかし，彼女は同時に，次のことも指摘している。「このような異論が，だからといって，直ちに国際的な基準である人権を否定するものではない。今日では次のような形で受け入れられている。」このように述べて，1993年ウィーン人権会議での合意を示している。そこには，「国や地域の個性の重要性や歴

史的・文化的・宗教的多様性を失わないように注意しつつも，構成国は，政治的・経済的・文化的制度がどのようなものであろうとも，すべての人権，基本的自由を促進し，保護する義務を負う」，と書かれている。

したがって，今日では，こうした状況の中で，人権の普遍性をどう構築するかが問われているのである。そこでは2つの困難な問題——一方では，すべての人間にとって価値のある人権の主張が正当であること，しかし他方では，人権の普遍性と個別的文化の保持との調整が必要だという問題がある。結局，普遍性と個別性との機能的な連結方法を考えなければならない。その方法とは，人類の「共通法」という基本原理の存在については妥協することはないが，普遍的な任務をもつこれらの原理が，多様な文化の独自性を尊重しながら，方法としては多岐に実施されることを認めることである[5]，としている。

実定法の中に差異主義[6]あるいは多元主義という哲学的・政治学的考えをとり入れることが始まっている。このような新しい発想は，フランスが開かれた社会を模索しているからこそ生まれているともいえる。本章は，このような発想の下で，平等という観念が，フランスやヨーロッパにおいてどのようにとらえられてきているのかを探るものである。

I 法律の前の平等と法律による平等

1 平等へのアプローチ

日本国憲法14条は法の下の平等を定めるが，その説明においては，形式的平等と相対的平等，法適用の平等と法内容の平等が平等の進展として紹介されるのが常である。それに加えて次のようにも説明される。「平等の理念は，歴史的には，形式的平等から実質的平等をも重視する方向へ推移している」とはいえるが，「それを実現する国の法的義務が『法の下の平等』原則からただちに生ずる，という趣旨ではない」，「平等原則との関係では実質的平等の実現は国の政治的義務にとどまる」。他方，人はさまざまな異なる状況の下で生まれ，育つので，「法の下の『平等』とは，…法の与える特権の面でも法の課する義務の面でも，同一の事情と条件の下では均等に取り扱うことを意味すること

ある」。「したがって，恣意的な差別は許されないが，法上取扱いに差異が設けられる事項（たとえば税，刑罰）と事実的・実質的な差異（たとえば貧富の差，犯人の性格）との関係が，社会通念からみて合理的であるかぎり，その取扱い上の違いは平等違反ではないとされる」。ここから，合理的な差別は容認されるので，合理的な取扱いなのか，不合理な差別であるのかを区別することが違憲審査基準として重要となる。日本ではかくして違憲審査基準をどう設定するのかが，課題となっている[7]。

フランスでは，例えば憲法学者ジル・ルブルトンは，『公的諸自由と人権』の中で，次のように平等について説明している[8]。

自由を規制するときには，平等原則を尊重しなければならない。政治的な観点からみると，平等は民主主義の源である。平等を侵害することは，民主主義を損なうことであり，自由がついえることである。倫理的な観点からみると，平等は，すべての人格に内在する尊厳があるという思想から生じるものである。平等を拒むことは，こうした尊厳を否定することであり，キリストの名によってうち立てられた社会集団の良心「集団の意識 conscience collective」という価値を失うことにつながる。平等の忘却は，人間を野蛮な世界へと導くものである。

彼は2つのタイプの平等が存在すると指摘する。1つは権利の平等である。法律の前の平等 égalité devant la loi ともいう。これは，統治者に対し，平等を損なう行動を慎むことを要求する。すなわち恣意的な差別を行うことの禁止である。もう1つは事実上の平等である。法律による平等 égalité par la loi ともいう。これは，統治者に対し，平等を確立するようふるまうことを要求する。すなわち社会に不可避的に存在する状況の差異を正すために干渉することを要求するものである。それぞれのタイプの平等の拠って立つ哲学は根本的に異なっている。

法律の前の平等は，法律よりも先に存在していた社会的状況の差異を，ある程度保持する意図を表している。それは，法律は諸個人の特性とは無関係に，諸個人を平等に扱わなければならないとする考えに基づく。不平等はその人間

の人生の有為転変の結果生じ，不平等を小さくする責任は社会にはないので，不平等をそのままにしておくことになる。このような考えによれば，平等な法律とは中立的な法律である。その長所——自由主義が人の心を支配するためにはたした役割は大きかった——がどのようなものであれ，ある種の保守主義に貢献したという批判をすることができる。

他方で，法律による平等は，法律より先に存在していた社会的状況の差異を，修正する意図を表している。それは，法律は，諸個人の特性に応じて，諸個人を異なった方法で扱わなければならないとする考えに基づく。不平等は，その人間が出会った危険の結果生じ，不平等を正すことは社会の義務であるので，不平等を減少させなければならないことになる。このような考えによれば，すなわち社会主義的観念ということになるが，平等な法律とは中立的な法律ではない。行動的で，選択的で，干渉主義的な法律である。その大きな長所は，保守主義の誘惑に乗らないこと，なりゆきで不幸になったり，不運であったりした人々を見捨てないことである。しかし，法律による平等は，法律の前の平等より，取扱いの差異を認めているという点で危険だというのも事実である。また，法律による平等の実行は，非常に慎重に，分別をもってなされなければならない。統治者が思い違いをすることがないようにするには，集団の意識を注意深く聴取することが必要である。

ルブルトンはさらに，フランスでの支配的なイデオロギーは，社会主義を帯びた自由主義である，とする。そして，1789年以来優越性を保っているのは，法律の前の平等の要請であるが，今日，それは，法律による平等の目的とも両立しうる。公の諸自由の規制をするときに，権利の平等を尊重しなければならないとしても，同時に事実上の平等も追求することができるのである，という[9]。

2　法律の前の平等

アンシャン・レジームの特質の1つは，権利の平等を認めなかったことであった。1789年8月4日国民議会は封建的特権の廃止を宣言するが，それが最初

の権利の平等の表明だとルブルトンはみている。自由は，権利の平等の中に根づくことによってはじめて十分に享受される。それ以来1940年まで，権利の平等が公に廃止されることはなかった。

　第五共和制憲法の下では，権利の平等が憲法的価値を有するものとして位置づけられている。1789年人権宣言1条は，人は「権利において平等」と定め，6条は，「法律は，……すべての者に対して同一である」と定める。1946年第四共和制憲法前文は，男女平等について，「平等な権利の保障」としている。また，「フランスは，海外の諸人民とともに，人種，宗教の差別なく，権利及び義務の平等に立脚する連合を形成する」としている。その他にも権利の平等を表明している部分がある。第五共和制憲法1条は，「フランスは，……すべての市民に対し法律の前の平等を保障する」と定めている。

　1789年人権宣言，第四共和制憲法前文は，第五共和制憲法とともに，憲法ブロックとして，法律の合憲性審査を行う憲法院の判決の際の根拠規定となるものである。憲法院は1973年12月27日の判決以来，平等原則すなわち，権利の平等を尊重している。こうした態度はまた，行政裁判所の最高裁判所であるコンセイユ・デタの判例と軌を一にするものであり，そこでは長い間，法律の前の平等を法の一般原理として認めていた。

　この考えはさらに1950年の欧州人権規約にも及んでいる。フランスはこの規約を1974年に批准している。権利の平等がそこでは特に明らかな形で定められている。その14条は，次のようにいう。「本規約の中で承認された権利と自由の享受は，性，人種，皮膚の色，言語，宗教，政治的意見その他の意見，民族的もしくは社会的出身，少数民族への帰属，財産，出生または他の地位等によるいかなる種類の差別もなしに，保障される。」

　憲法院，コンセイユ・デタ，欧州人権裁判所の連携的な保障によって，法律の前の平等が基本権の表明に必要なものであることが確認された。すなわち不当な差別を受けない権利の確立である[10]。

3 法律による平等

　法律による平等とは事実上の平等の確立をめざすものであるが，フランスにおいて憲法上の明確な根拠規定はない。事実上の平等の追求を許すと思われる曖昧な規定があるにすぎない。例えば，第五共和制憲法1条は，「フランスは，……社会的な共和国」と宣言しているが，この文言も事実上の平等の追求を示唆する条文といえる。ルブルトンはこのように指摘する[11]。

　1979年に憲法院は，橋の通行料の徴収に関して次のような判決を下した。「法律の前の平等という原則が，同一の状況にあるものに，同一の解決方法を適用することであるなら，異なる状況にあるものは異なる解決方法の対象となる結果になる。」[12] このことは，権利の平等を尊重する必要から事実上の平等の追求を犠牲にすることはないことを意味している。権利の平等を厳密に尊重するならば，同一の状況にあるものばかりでなく，異なる状況にあるものにも，同一の解決方法がもたらされることを望むことになる。そうなると事実上の平等の追求は全くなされない。権利の平等を支える哲学は，それがどのように正当化されようとも，原則的にすべての差別を敵視する。これに対し，事実上の平等の追求は，適正な差別が存在するという確信に基づくものである。結局，権利の平等の確立を支持する者は，法規範の内容の画一性しか信じないのであり，それに対し，事実上の平等の確立を支持する者は，規範がさし向けられる社会の不統一性を重要と考えるのである。

　このような2つの平等の相矛盾する要求の間で，憲法院は，コンセイユ・デタの判例がたどってきたのと概ね同様に，バランスのとれた解決策を見出した。憲法院は，2つの仮説をたてる。1979年判決が示すその仮説とは次のようなものである。

　同一の状況における事件においては，同一の解決方法が適用される。しかし，判例も述べるように，1つの例外が存在する。それは「一般利益の必要性を考慮したために」異なる解決方法が適用される場合がある。この例外により，事実上の平等の確立への道が半ば開かれているということになる。

　次に，異なる状況における事件においては，1979年判決は，立法府に解決が

委ねられるとしている。その場合，立法府には，同一の解決方法をとるのか，異なる解決方法をとるのか，選ぶ自由がある。すなわち，権利の平等の確立をはかるのか，事実上の平等の確立をはかるのか，は立法府が決定する。憲法院はこうして，橋の通行料が，利用者が当該県に住んでいるか否か，もしくは職場があるか否かによって，異なることを認めたのである。1979年判決の述べる意味で，当事者が，異なる，特別な状況にあるときには，立法府は，当該当事者に特別な解決方法を，効果がみこまれるときには適用することもできる。このような場合には，さまざまなカテゴリーの間で，事実上の平等の確立を模索したといえるのである。

　1996年，コンセイユ・デタは，「事実上の不平等をなくすという目的，区別的な権利を創造することで，偶然によって損なわれた機会の平等を回復するという目的」をもつ，積極的差別 discrimination positive の実施を認めている[13]。

　ルブルトンによれば，フランスのような国では，自由主義が1つの国家としての伝統なので，事実上の平等が権利の平等にとって代わるということはできない，という。異なる状況にあるものも，異なる解決方法ではなく，本来は同一の解決方法の対象となるべきである。異なる状況にあるものに対して同一の解決方法を適用する可能性を示した事件として，新聞社に関するものがある。憲法院は，全国紙と地方紙という「異なる性格を有する2つのカテゴリーの出版」に同一の発行限度の適用を認めた[14]。また，憲法院は，給与所得と退職年金との合算所得にもたらされる制限が，部分年金で年金をもらっている者に対しても，完全年金で年金をもらっている者に対しても，同一であることを認めている[15]。

　しかし，ルブルトンはこのような解決方法はドイツでは，みられないという。ドイツの憲法裁判所では，「立法府は，本質的に平等であるものを恣意的に不平等なやり方で扱ってはいけないし，本質的に不平等であるものを恣意的に平等なやり方で扱ってもいけない」と判断している。すなわち，異なる状況は常に異なる解決方法の対象とならなければいけないとすることが，事実上の

平等の追求に合致するものである,とルブルトンは述べている[16]。

 さらにヨーロッパ法は,フランス法よりもドイツ法に近い考え方をとっている,とルブルトンは指摘する。平等原則は,非差別原則として共同体法で示されているが,そこには,「国籍を理由として行使されたあらゆる差別を禁止する」と定められている。1983年12月23日の欧州司法裁判所の判決によれば,この原則は「匹敵すべき状況である場合は,異なる方法で扱われない,異なる状況である場合は,同じ方法で扱われない」ことを望むものだという。欧州司法裁判所はドイツ憲法裁判所と同様に,異なる状況にあるものは,同一の解決方法の対象とならないと考えた。そこでフランスの憲法院も判例を変更せざるをえなくなった。1994年1月13日判決で憲法院は,公教育施設と私教育施設との間に存在する状況の差異を考慮していないことを理由にファロー法（1850年3月15日法）の改正を違憲としている[17]。

 したがって今日では,権利の平等も事実上の平等もどちらも無視することはできない,とルブルトンはいう。「法律による平等」ということばは,憲法学者フランソワ・リシュールの考えによるものであるが,リシュールは次のようにいっている。「ヤヌスのように,平等は2つの面をもっている。1つは過去に向けられる顔であり,もう1つは未来に向けられる顔である。」平等は「恣意からの保護ともなるが,同時に社会の進歩をもたらす神話としても」出現する[18]。

 フランスではこのように,平等原則に関して,法律の前の平等と法律による平等を説明する。法律の前の平等は日本でいうところの形式的平等,法律による平等は相対的平等ととらえがちになるが,法律による平等はさらに進んで不平等是正のために法律によって平等を作ることをさしている。日本では,平等とは,「事実上,ひとしいものは,法的にひとしく,事実上ひとしくないもの（異なっているもの）は,その特質にしたがって,法的にひとしくなく（差別して）取り扱うべきである」と説明される[19]。こうして法的平等が相対的平等であることを当然と受けいれている。しかし,どこが異なっているかについての検討が厳格に行われていたわけではない。また,ひとしくないものはひとし

くなく取り扱われることを合理的差別という形で認めている。すなわち不合理な差別的取扱いは違憲とされるが，合理性ある差別は認められる。しかし，この場合の合理性の基準も明確ではない。さらにアメリカ合衆国で試みられている3種の違憲審査基準が紹介されたり，日本国憲法14条1項後段の列挙事項を重視し，それ以外の理由による差別に対し，ゆるい規制で対応するなどの考えが紹介されたりしている[20]が，一般性をもつものとしての説得力があるかどうかは疑問である。いずれにしても，不平等を是正するという目的から，法律によって平等状況を作る必要があるという解釈は生まれてこなかった[21]。ルブルトンの分類に照らせば，日本では，権利の平等の意識が非常に強いがその中身は相対的平等ということになろう。ましてや日本はフランスのような社会国家的自由主義を意識したことはなく，むしろ官民一体型管理経済から市場原理中心・競争肯定型の新自由主義経済へと移るところであるので，真に平等の観念は育ちにくかったといえる。もとより，平等という考え方も生まれにくかった。法律による平等から，積極的差別そしてパリテに行きついたフランスに比べると，日本は，男女共同参画社会基本法で積極的改善措置の採用の可能性が定められ，法律レベルでその実施が認められたとしても，憲法上の解釈がともなっていないといえる。

II　平等原則と国際的動向

1　アファーマティブ・アクションとパリテ

　フランスでは，法律による平等というとらえ方から，平等確立を目的とする積極的差別が認められるに至った。フランスで，積極的差別の説明として「北アメリカで用いられる，概してアファーマティブ・アクションのような方法を表現する」という場合もある[22]。それによれば，アファーマティブ・アクションとは，形式的な平等を単に宣言するだけでは平等確立という目的を十分達成できないときに，女性や人種的・民族的少数者のような，不利な状況にあるグループのために，事実上の平等を確立することをめざして，国家が講じるあらゆる規範上の措置をさす，という。

ダニエル・サバックは『法による平等』と題して，積極的差別すなわちアファーマティブ・アクションのアメリカにおける実行上の問題点を探っている[23]。なお，この本も実定法と多文化共存主義との関係を扱っている。

積極的差別は，異なる法的取扱いを含む，より急進的なものだとみなされるが，しかし，必ずしもアファーマティブ・アクションだけをさすものではない。フランスでは，これまで不利とされていた女性が選挙の候補者になりやすいように，男女間のパリテという考え方が憲法を改正して取り入れられ，それを受けて法律の中にも採用された。パリテがアファーマティブ・アクションの1つなのか50%のクォータ制をさすのか，は明確ではないが，このような方法も積極的差別の1つといえる。

パリテは現在ではさまざまな分野で主張されるようになった[24]。しかしその重要性は代表制の確保，政治的決定権の確立にあることは忘れてはならない。そのことをふまえながら，国際的に平等の観念がどのように進展していったのか，検討してみる。

2 国連における平等の概念

基本権は，自由主義，個人主義と同時に進展してきた。自立した市民としての個人は，基本的で，不可譲，不可分，違反することのできない主観的権利を与えられている。これらの権利が相互に影響しあうのは，社会の構成員である権利の主体に関係する。第2次世界大戦後，国際組織が男女平等の確立に重要な役割を果たしてきた。1945年，国連憲章1条及び55条が男女の権利の平等原則，1948年世界人権宣言前文及び2条が男女平等原則と差別の禁止，世界人権宣言21条が政治的決定への参加権，公務就任権なども定める。

しかし，ベランジェール・マルク゠ペレイラは，それら初期の国連の憲章や宣言は，中立的で抽象的な権利の主体に対する身分（社会的地位）の平等 égalité de statut としてしか認識していない時代の産物である，と評している[25]。

身分の平等とは，すなわち法律の前の市民の形式的な平等であり，女性が隷

属状態にあることに見合う解釈であった。女性の政治的権利の排除が行われていたこと，自立的権利の主体としての資格が認められていなかったことがそれを示している。自立的権利とは，夫や両親の権限によって，結婚している女性が民事的能力を実質的には認められていないことをさす。妻や娘，母として女性に認められている権利は，固有な主観的なものではなく，彼女らの民事的・社会的身分への従属関係から派生する権利であり，男性の後見の下にある権利である。性や宗教・人種などを理由とする区別や排除や特権なしに，法律の中で取扱いの平等という非差別的アプローチが形式的平等の実現の法的道具として用いられた。

次に，1966年に採択され，1976年に発効した市民的及び政治的権利に関する国際規約は世界人権宣言の原則の実施を目的とするものであるが，所属の中立性を想定するものである。宣言と比較すると，批准国に対する拘束力がある。この規約が民事的・政治的市民性を問題とするのに対し，やはり1966年に採択され，1976年に発効した経済的・社会的及び文化的権利に関する国際規約は，社会的市民性を問題とする。これら2つの規約は，人種，皮膚の色，性，言語，宗教，政治的意見その他の意見，民族的もしくは社会的出身，財産，出生または他の地位等によるいかなる種類の差別も禁止し，権利の享受における男女の平等を明確に確立するものである。市民的及び政治的権利に関する国際規約26条は「すべての者は法律の前に平等」と定め，あらゆる差別─当然そこには性差別も含まれるが─に対して法律の保護を平等に受ける権利を定める。

さらに女性の権利の保障に関しては，2つの条約が重要である。1つは，世界人権宣言21条の内容を確認する1953年の女性の政治的権利に関する条約，2つは，あらゆる領域において男女の事実上の平等の実現をめざす，1979年の女性差別撤廃条約である。

とりわけ女性差別撤廃条約は，男女平等の承認にとって重要な道標ともなるものである。ジャバンナ・プロカッシとマリア＝グラッツィア・ロッシリは次のようにいう。

「女性差別撤廃条約の採択は，30年間の政策の真の総括を表している。すな

わち，この条約は，民事的，政治的，社会的，経済的，そして国籍に関する人間の権利の全体おいて平等の促進をはかり，その実行を保障するために，各国政府の具体的な約束をとりつけるものである。個人の権利の平等についての政策と1970年代の解決すべき問題とを結びつけた成果といえる。女性の権利に関する世界憲章たるものである。今日でもなお，到達していない権利の平等の，非常に高いレベルを示すものである。」[26]

マルク＝ペレイラは，女性差別撤廃条約は，取扱いの形式的平等という論理を棄て去ったと評価している。この条約は，ジェンダーの社会的関係につきものの差別を撤廃する目的をもつ，特別な措置を設けることで，女性のために行動することを，国家になすべき義務として定めている。あらゆる領域の男女の権利の平等を明確に示すばかりでなく，女性に対するあらゆる形態の差別を撤廃することを批准国が約束するという義務を列挙したものでもある。その上，批准国に女性に利益をもたらす積極的措置をとることも認めている[27]。

条約4条の規定はアファーマティブ・アクションに関するものだが，平等の射程範囲を拡げるものとなった。不平等を正す措置によって，不利な状況を是正する，暫定的，特恵的な措置，あるいは両性の「自然」な差異により正当化される特恵的な措置を認めるものである。また条約7条は女性の政治的市民性に関するものであるが，同様の考え方が適用されている。4条，7条の考え方が，選挙の候補者リストにおける，パリテやクォータ制の立法措置を正当化した。マルク＝ペレイラはこうしたことから，フランスやベルギーのパリテが生まれたという[28]。

1995年第4回世界女性会議（北京会議）において，次なることが確認された。政府機関及び委員会，並びに行政機関及び司法機関において，政府は両性の均衡を確立することを約束する。その場合，男女の均衡ある代表性を確保する目的で，女性の数を増加させるためにとられる特別措置の実施も含むものとする。しかし，5年後，十分に取組が進んでいないことが確認されている。

1970年代までは取扱いの形式的平等を保障することが中心問題であった。1980年代になると，ほとんどの国で政治的権利の平等が獲得されていき，民事

的な権利も西欧民主主義社会では確立されていく。そして現在では，機会の平等，結果の平等が中心問題となってきている。アファーマティブ・アクションを暫定的立法措置として認めることは，事実上の不平等をのりこえることを可能とした。マルク＝ペレイラは，このように国連での男女平等の確立を総括している。

その後，国連では，女性（女子）に対する暴力防止に力が注がれるようになった。北京会議において，はじめて性的特質，性に関わる健康，生殖の規制への権利を含む女性の，人間としての権利が認められた。マルク＝ペレイラは，政治的権利の問題は女性の身体の権利と関係しないという認識があるかもしれないが，2重の意味で女性の市民性に直接結びついていると指摘する。1つは，具体的な，性をもつ，権利の主体の存在を認識することになること，2つは，身体の自己決定は，自分自身の自由な決定という古典的な自由主義原理の延長にあることである。自由な決定は，社会的地位や市民性の実践の下にある，自律に必要な個性・個人の基礎をなすものである[29]，と。

3　ヨーロッパにおける平等の概念

ヨーロッパにおいては，欧州評議会（欧州審議会ともいう）を中心とする活動と，欧州連合での活動によって，男女平等が確立されてきた。こちらも形式的平等から実質的平等すなわち結果の平等の確立を問題とするようになっている。

1950年11月4日，すでにふれたが，欧州人権条約が成立した。世界人権宣言の国際的・地域的保障を示すものである。その14条は，条約が承認する権利や自由の享有の，性に基づくあらゆる差別を禁止する原則を示している。しかし，欧州人権条約及び議定書は，民事的・政治的権利は保障するが，社会的権利にはふれていない。しかしこの条約によって多くのヨーロッパの国々で，女性の参政権が認められた。また，条約は，民事的権利に関する身分（例えば妻というような社会的地位）に関する平等を保障するためのものである。まだ当時は多くの差別がこの分野にあったので，その意義は大きかった[30]。

20世紀も終盤になると，ヨーロッパの国々において政治権力への女性のアクセスを容易にさせる目的で，女性の参政権を見直すことが行われた。1988年以降，女性の被選挙権の効果的な行使の問題が，欧州評議会[31]の決議事項にあがってくる。欧州評議会では女性と男性との間で政治的権力を分かちもつことをめざして，一時的ではなく決定的な措置として，パリテを促進することに力を注ぐようになる。1992年このテーマについてセミナーが開催され，エリザベート・スルゼヴスキーが『民主主義的理想と女性の権利』と題して講演し，これが1つの画期となった[32]。そこで彼女は，女性の政治的過少代表の確認から民主主義的正当性の問題を提起したのであった。1994年には，欧州評議会の権利の平等についての1229号勧告，1018号決議が，政治的決定における女性と男性の平等な代表性の必要があることを強調している。北京会議の準備段階で，欧州評議会の特別支援を受けた1995年の会議『平等と民主主義―ユートピアか挑戦か』の結論は，平等と民主主義の関係を確認した。閣僚委員会のフィンランドの主宰で，1997年3月にヘルシンキで行われたセミナーでのテーマは，『政治的決定のプロセスにおける女性と男性の平等』であった。1997年11月にイスタンブールで行われた女性と男性の間の平等についての第4回欧州閣僚会議でも，政治的代表性の平等というテーマがとりあげられた。またその最中に『民主主義の基本的基準としての女性と男性との間の平等に関する宣言』が採択された。1998年，1144号決議により，欧州評議会は，議会の中に「女性と男性の間の機会の平等」委員会を設けた。1999年，同議会は，1413号勧告を採択した。それが政治生活における男女同数代表性に関するものであった。

欧州評議会の議会においては，いくどとなく，女性と男性の間の平等は真の民主主義の当然の条件だと強調されている。とりわけ，欧州人権条約の中に，平等への女性と男性の基本権を統合することが主張された。こうした平等への権利は，さまざまな領域での両性の権利の平等の承認の，さらにその先にあるものである。というのも，その権利は同時に，手続的な原則でもあり，民主主義の実体的価値をもつものでもあると位置づけられるからである。マルク＝ペレイラはこのように欧州評議会における平等確立の動きを，権利の平等から

機会の平等，結果の平等の確立へというようにみている[33]。

　国連ではさまざまな分野における平等が扱われていたのに対し，欧州評議会では，民事的・政治的権利を中心にすえて平等の問題が考えられてきた。他方で，欧州共同体，今日では，欧州連合へと拡大してきているが，ここでは，当初，職業生活に関わる権利しか扱われていなかった。1958年ローマ条約119条は，賃金の平等を定めている。1970年代には，労働上の男女の待遇の平等に関する3つの指令が出された。それは，待遇の平等は性を理由とする差別を禁止する。差別されていた人たちは，差別を訴えることができる。かくして待遇の平等は，裁判所において差別されていた人たちの権利を主張する権利を含むものである。こうした観点から，欧州司法裁判所は，直接差別か間接差別かを区別する。直接差別とは，性に基づく，あるいは禁止されているすべての他の理由に基づく，あからさまな差別をいい，間接差別とは，一見中立的にみえる規範や実践がある領域（例えば会社など）である人々に適用されることで均衡を欠く方法で先天的もしくは後天的なある特性を理由として，そうした特性をもつグループに属する人々を排除するに至ることをさす。

　アムステルダム条約によってはじめて，待遇の形式的平等がのりこえられた。それは，あらゆる共同体の政策において，女性と男性との間の不平等を撤廃し，平等を促進することをめざす強い意思をもったアプローチをとることによってはたされたのである。アムステルダム条約はまた，構成国が，職業生活における女性と男性の間の事実上の平等を確立するためにアクション・ポジティブ（アファーマティブ・アクションとほぼ同義語）を採用することを許可している。アムステルダム条約141条は次のことを宣言する。すなわち，雇用と労働に関する男女間の機会の平等と待遇の平等，そこには同一労働・同一賃金の原則が含まれる，としている。さらに次のことも明言している。

　　「職業生活における男女間の完全な平等を具体的に確保するために，待遇の平等の原則は，過小代表となっている性をもつ者が，職業活動の行使を容易にすることをめざし，また，職業上のキャリアにおいて不利益を防止し，もしくは補償することをめざす特別な利益をもたらす措置を，構成国が維持し，採用す

ることを妨げない。」

　ここでは2つの事柄に注意が必要である。1つは，共同体法による平等原則の厳密な解釈に反して積極的差別を確立する権限が認められたのは構成国であり，もう1つは，「過小代表となっている性をもつ者」という表現は属性の中立性を視野にいれるものとなっていることである。

　このような2つの定め方は，具体的な性をもつ個人の間での平等への権利の承認にブレーキをかけることになる，とマルク＝ペレイラはみている[34]。

　非差別に関する規定については，欧州共同体を設立する条約に新たに6A条が挿入された。性，人種もしくは民族，宗教，信条，障害，年齢，性的傾向に基づくあらゆる差別と戦うために，必要な措置を講ずることを欧州理事会に認めている。それは，欧州議会の諮問を経たあと，委員会の提案に基づいて欧州理事会で満場一致で採択される。男女間の平等については，共同体の任務の一部をなすものとして欧州共同体条約2条にこの原則が付加された。しかし，これは基本的権利としての女性と男性の平等への権利が記されていなかったからである。さらに，第2パラグラフ3条に新しい項を加えた。不平等を撤廃することをめざし，男女間の平等を促進することをめざす，あらゆる活動を実現する権限を欧州連合に認めるものである。これらの条文は，女性を不利にしている状況の中で，女性と男性との間の均衡を回復する方法として，積極的差別を認めるものである。

　待遇の形式的平等から機会の平等への過程においては，性に基づく差別のケースにおける挙証責任に関する1997年12月15日の理事会指令が重要である。それまでは職業上の不平等を証明しなければならなかったのは，不平等の犠牲者自身であった。しかし，この指令によって，雇用主に不平等がないことの証明を提示することが課せられた。挙証責任のあり方が転換したことは，女性と男性の間で不平等が存在するという現実を認めることを意味した。実際の規制のあり方を変化させる必要があった。

　欧州連合における，機会の平等，事実における不平等の承認は，しかしながら，男女平等を基本的権利として位置づける裁判への道を開くものとはならな

かった。マルク＝ペレイラは，この時点ではパリテは，当事者の一般利益の要求として正当と認められたにすぎないという。性，皮膚の色，宗教的，哲学的信念などに基づくあらゆる差別の禁止を定めたとしても，それだけではなく，中立で抽象的な市民としての個人の平等への権利と，性をもつ具体的な市民としての個人の平等への権利の承認との違いを見定めなければならない。性をもつ具体的な個人の平等への権利は，市民性という観点から見直すことによって築かれる，とマルク＝ペレイラは述べる[35]。

エリアーヌ・ボージェル＝ポルスキーも同様に2つの平等の観念の制度について述べる。

「第1には，男女の権利の平等を尊重することを宣言し，いかなる差別もなく，政治的，経済的，社会的性格を有するあらゆる基本的権利の利益のために，平等な権利を確立することを主張する平等の制度がある。第2には，女性と男性の平等を，主たる目的が性をもつ者として人間社会を構成する女性と男性に，社会的地位の平等を保障する基本的権利の確立をはかる平等の制度がある。後者は，こうした平等の効果をあげるために，政治的決定のあらゆる場にパリテの原則を導入したり，特別な措置をとったりすることを課すものである。

第1の制度においては，平等は，機能的，道具的，付属的である。すなわち平等はそこでは，特別な権利の享有を保障する手段の1つである。こうした平等の道具化は，男女間の比較から生じる。性を理由とする男女間の差別をすることは禁止されるが，しかしながら，もし，予定された目的が，一般利益や正当だとみなされた利益に適合し，その実践が，相対的に合理的な方法で当該利益の実現に寄与する効果があるなら，性によって区別された実践の合法性 licéité は認められることになる。

第2の制度においては，平等が中心問題であり，平等はそれ自体が目的で，基本的権利の中核をなす。抽象的に，理論的に平等な権利を保障することにはもはやかかわらず，人間社会が，女性と男性の平等という基本原理によって，組織されることを保障するものである。それは，政治的・社会的組織について

のあらゆる規範を動かす原理となるだろう。」[36]

　1990年代に入るとヨーロッパでは，決定機関への女性のアクセスが検討されるべき問題として注目されるようになった。それは欧州女性ロビー Lobby Européen des Femmes（以下，LEF とする）の運動に負うところが大きい。LEF は1989年に欧州委員会のイニシアティブにより創設された。ヨーロッパの女性の利益を守り，それがヨーロッパの中心問題であるということについて，構成国の意識を高めることが目的であった。1991年5月21日の女性と男性の間の機会の平等に対する第3次共同体行動計画（1991年－1995年）に関する理事会の決議から，1992年に委員会は女性と決定機関に関するネットワークを立ちあげた。このネットワークの任務は，一方では，決定過程への女性の完全な参加の妨げとなるものは何かを検討することであり，他方では，妨げとなるものを除外する活動を支持することである。このネットワークは，研究者，政治家，公務員，市民運動家，ジャーナリストなどから構成された。さまざまな職種の人々を含むことは，公的・政治的生活に女性をもっと進出させるための行動をとりながら，相互理解を深め，活動の選択の幅を広げることにつながった。1992年11月，欧州委員会と LEF の後援を受けて，このネットワークによって組織された『権力における女性』は，ヨーロッパ女性たちの最初の会議となったが，その際に著名女性政治家約20名がアテネ宣言に署名した。アテネ宣言は，女性の政治的過小代表を放置している欧州連合の民主主義的欠陥を明らかにしたものである。

　1993年10月，『欧州議会における女性と男性との間の均衡のために』のブリュッセルでの会議の間に，欧州議会の女性議員を増やすことに目を向けるようキャンペーンがくり広げられた。1995年3月，ダブリンで行われたセミナー『政治的決定機関における両性間の均衡のための戦略』では，政治における女性の参加を促進するためにとられるべき戦略について話し合われた。1996年5月，ローマで，閣僚理事会のイタリア議長の後援を受け，欧州委員会の機会の平等チームの協力の下で，先のネットワークにより組織された『政治と社会の刷新のための女性』という会議の折に，欧州連合の15名の女性大臣がローマ憲

章に署名した。この会議は，決定機関における女性と男性の平等な参加のために，1996年から2000年にかけての欧州行動計画の普及に貢献した。1999年4月，パリでフランス政府が引き受けた会議『権力における女性と男性』が開催された。そこには，欧州機関の代表者，国会議員，政府の要人，地方自治体の代表者，企業家，労使の代表，市民団体の運動家なども集まった。

女性と決定機関に関するネットワークが活動している間（1992年から1995年にかけて）に，ベルギーやフランスのような国では，政治的代表における男女間の均衡が国家的な議論の的となっていた。ベルギーでは，機会の平等のための大臣ミエット・スメが，女性の効果的な政治参加という目標に優越性を認めた。選挙の候補者リストに性によるクォータ制を課す1994年5月24日法を制定し，地方自治体レベルでの機会の平等の政策に多くの予算をさき，命令という方法で，行政の責任あるポストに女性を起用するなどした。1994年には，機会の平等審議会が設けられ，ネットワークの普及活動をした。フランスでは，フェミニズムの第2波が1970年代に十分に取組まなかったテーマについて，女性団体がネットワークを通して活動し始めていた。政治的決定における女性の過小代表の問題は，1995年の大統領選挙のキャンペーンのテーマの1つであった。そして，リオネル・ジョスパン政府は，パリテ委員会を設立した。1999年には，パリテを進めることになる憲法改正が行われ，いわゆるパリテ法も設立した[37]。

1995年まで，欧州連合から発せられた男女間の不平等に関わる文書は，構成国の立法機関や執行機関への女性の参加の問題にはふれてはいなかった。2つの文書がその問題に対する取組の礎を築いた。1つは，1995年3月27日の決定機関への女性と男性の均等な参加に関する理事会の決議で，1994年2月11日の欧州議会の『決定機関における女性』についての決議に応えるものである。構成国に特別措置をとることを推進するものであった。もう1つは，1996年12月2日の同様のテーマに関する理事会の勧告である。理事会の決議も勧告も，女性の決定機関への参加について総合的な戦略を実行することを要求するものであった。

1996年12月2日の理事会勧告は，構成国を対象とするもので，決定過程に女性と男性の均衡のとれた参加を促進することをめざす統合的な戦略を採用するためのものである。勧告は，均衡のとれた参加を実現するために適切な措置―法律，命令，促進措置などをとることを勧めている。

　欧州議会では，女性の権利委員会が，1999年の欧州議会選挙の際，内部でも女性の影響力が増大したため行動に立ちあがった。そのとき「ヨーロッパのために女性は切札的存在を代表する」というキャンペーンをはった。2000年3月7日，議会は，決定過程における女性についての決議を採択した。委員会，構成国，労使代表に，こうした領域で女性と男性との間の均衡を促進するあらゆる種類の措置をとることを推奨するものである。とりわけ欧州議会は，決定機関へ多くの女性の参加を促すために暫定的な措置としてクォータ制の手段をとることに賛成している。

　マルク＝ペレイラは，こうしたヨーロッパでの取組を紹介したのちに，中立的な市民性に，多元主義や差異主義をとりこむことの重要性を説いている。いずれにしても，権利の平等という出発点から，個人の性に着目して実質的な平等の保障へと変化してきたのである。また，これは，法律による平等，法律によって作られる平等の実践の道でもあった。

おわりに

　ヨーロッパでこのように，平等原則の実質化がはかられたのは，なぜなのだろうか。私見では，平等原則，法の下の平等，法律の前の平等が，第一義的に権利の平等であるということが明確に意識されていたからだろうと思われる。権利が平等に認められているのに，なぜ結果は違うのかという疑問が，平等の実質化への道を開いた。

　日本では，平等とは，同じものを同じように扱うことであることが強調され，異なるものは異なって扱われてよいと流布されてきた。人間はそもそもそれぞれ異なる環境で生まれ，育ち，性格も異なるだろうから，何をもって同じだと主張すべきかが曖昧になる。つまり，形式的平等の重要性が意識される前

に相対的平等が，しかも基準も明らかにされないまま強調されていった。

　平等の実質化はさらに，ヨーロッパにおいては個人，団体，国家，地域，国際組織の活動の連携によってはかられたことが明らかである。平等の実質化をはかろうとする堅い意思と，その活動に対する相互理解が実を結んでいる。その動きは，政党をこえ，国をこえて拡まっていった。

　なぜアジアや日本ではヨーロッパにおけるこのような活動が生まれないのであろうか。アジアにおいてイニシアティブをとれるはずの日本は，かならずしも抜きんでた女性政策をとっているわけではない。政府を動かすはずの女性団体の活動も広範に認知されているとはいいがたい。ジェンダーフリー・バッシングなどの反動も目につく。結局，現在行われている政策も妥協の上で行われているものが多く，男女平等の実質化をはかることが共通認識として拡まってもいない。

　さらに，平等の実質化には国家の責任を認識することも必要である。その点，日本はヨーロッパと比べ，はるかに立ちおくれている。民主主義は何といっても，自由に自分の考えを発表し，行動できることが基本である。しかし，しばしば，その自由が抑制的にしか行使されていない場合が日本では多い。何でもいえる，活動できるという，フランスやヨーロッパの思想・行動の自由の大きさが平等の実質化をはかる運動に表れているとはいえないか。超党派的，超国家的な運動を支えたのは，こうした個人や団体の活動であった。また，こうした動きを注視し，分析する法学者がいたからこそ，平等概念が深化した。法学者たちは，学際的に，哲学者や社会学者，政治学者などとともに議論することで，平等概念への多元主義や差異主義の取り込みを試み，平等概念を深化させたのである。その基盤が残念ながら日本にはないように思われる。

注

1) Norbert ROULAND, Le droit français devient-il multiculturel?, Droit et Société, 46-2005, pp.519 et s.
2) 属人的地位については，フランス第5共和制憲法75条参照。「人の状況や能

力に関する法規定全体」をさす。Sous la direction de Raymond GUILLIEN et Jean VINCENT, Lexique des termes juridiques, 14e éd., Paris, Dalloz, p.547.

3 ）ノルベール・ローランによれば，コルシカとニューカレドニアに対して，フランス政府の対応は一様ではなく，フランス本土から遠いほど統制がゆるい，と分析している。ニューカレドニアに関しては，1998年5月5日のヌメア協定に基づき，新しい自治の形が認められた。

4 ）Danièl LOCHAK, Les droits de l'homme, Paris, La Découverte, p.55.

5 ）Ibid., p.56.

6 ）差異主義については，三浦信孝編『普遍性か差異か』藤原書店，2001年参照。

7 ）芦部信喜『憲法〔新版・補訂版〕』岩波書店，1999年，122頁以下。

8 ）Gilles LEBRETON, Libertés publiques et droits de l'Hommes, 3e éd., Paris, Armand Colin, pp.146 et s. なお公的諸自由libertés publiquesという意味は，法律によって認められた自由や権利を意味し，フランスで合法性の原則を基準としていたことと関わる名称である。

9 ）Ibid., p.146. ちなみに先のロシャックは，平等は，社会的正義の条件であるととらえており，平等原則から非差別原則へと説く。そしてさらにその内容は，法律の前の平等，機会の平等，条件の平等と進展してきたとする。D. LOCHAK, op. cit., pp.81 et 82.

10）G. LEBRETON, op. cit., pp.147 et 148.

11）Ibid., pp.156 et 157.

12）CC 12/07/1979, Ponts à péage, RJC 1959-1993, p.73. 憲法院は判決の中で次のように述べて当該法律を合憲とした。「4 ―以下のことを考察する。他方で，法律の前の平等という原則が，同一の状況にあるものに同一の解決方法を適用することであるなら，異なる状況にあるものは異なる解決方法の対象となるという結果になる。4 条において，県道を結ぶ土木建造物に関して，料金を設定した行政担当者は，土木建造物の利用の条件との関係がある一般利益の必要性，ある種の利用者，とりわけ当該県に住居を有しているとか，職場があるとかいう特別な状況を考慮したために，利用者の多様なカテゴリーによって，異なる料金を設定したり，無料にしたりすることを予定している。当該法律がその基準を定めているが，その基準は，法律の前の平等原則にも，その派生原則である公負担の平等原則にも反するものではない。」

13）Rapport public 1996, EDCE, n.48, 1997, pp.86 et s. なおフランスの積極的差別については，植野妙実子「アファーマティブ・アクションについての一考察」in Toward comparative law in the 21th century 中央大学出版部，1998

年，植野妙実子「アファーマティブ・アクションと平等原則」法学セミナー 546号（2000年），82頁以下参照。
Cf., Ferdinand MÉLIN-SOUCRAMANIEN, Les discriminations positives-France, AIJC-1997, pp.139 et s. ; Anne LEVADE, Discrimination positive et principe d'égalité en droit français, Pouvoirs-Ⅲ, 2004, pp.55 et s.

14) CC 10-11/10/1984, Entreprises de presse, RJC 1959-1993, pp.199 et s.
15) CC 16/1/1986, Cumul emploi-retraite, RJC 1959-1993, pp.245 et s.
16) G. LEBRETON, op. cit., p.158.
17) Ibid., p.158 ; CC 13/1/1994, Révision de la Falloux, RJC 1994-1999, pp.562 et s. なおこの判決については，フランス憲法判例研究会編『フランスの憲法判例』信山社，2002年，183頁以下参照（小泉洋一担当）。
18) François LUCHAIRE, Un Janus constitutionnel : l'égalité, RDP, 1986, p.1274.
19) 橋本公亘『日本国憲法〔改訂版〕』有斐閣，1988年，195・196頁。続けて次のように説明されている。「法の世界では，規律することがらの性質に応じ，事実上の差異を考慮して取り扱う必要が生じることは，おそらく理解するにかたくない」，しかし，事実上の差異がある場合に，常に法的に差別していいということではなく，「どのような事実上の差異を，どのような目的で，どのように取り扱うことが許されるかが，明らかにされなければならない。」
20) 植野妙実子「第14条」『基本法コンメンタール憲法〔第4版〕』別冊法学セミナー149号（1997年）71頁以下。
21) 実際には，例えば障害者雇用促進法がある。また，男女共同参画社会基本法8条には積極的改善措置を含んで，男女共同参画社会の形成の促進に関する施策がとられることを述べる。
22) Thierry DEBARD, Dictionnaire de droit constitutionnel, Paris, ellipses, 2002, pp.111 et 112. なお，この本によればパリテとは，次のようである。「平等の完全な類語である。しかしながら，パリテということばは，フランスの公の場での議論においては政治的目的を示すという，特徴づけられた意味をもつものとして用いられる。その政治的目的とは，形式的平等をこえて，あらゆる分野において男女間の責任の分かち合いにおいて，現実の平等が侵害されているということをさす。積極的差別といわれる政治的手法によって，現実の平等の確立をめざす法律を制定することも含まれる。」
23) Daniel SABBAGH, l'égalité par le droit, Paris, Economica, 2003.
24) Femmes et hommes Regardes sur la parité, Edition 2004, Insee, 2004.
25) Bérengère MARQUES-PEREIRA, La citoyenneté politique des femmes, Paris, Armand Colin, 2003, pp.79 et s. マルク＝ペレイラは同書の中で，身分

の平等から結果の平等へ、西欧社会における平等概念が変化したことを明らかにする。なお、後半（Ⅱ）部分はマルク=ペレイラの分析によっている。
26) Giavanna PROCACCI et Maria Grazia ROSSILLI, La construction de l'égalité dans l'action des organisations internationales, in Encyclopédie politique et historique des femmes, Paris, PUF, 1997, pp.832.
27) B. MARQUES-PEREIRA, op. cit., p.93.
28) Ibid., pp.95 et 96.
29) Ibid., p.100.
30)「北ヨーロッパ、例えばイギリスでは早くから、結婚した女性の民事上の能力が認められていたが、多くの国々では、1950年以降に認められるに至った。すなわち、オランダ1956年、アイルランド1957年、ベルギー1958年、ルクセンブルク1972年、スペイン1975年、ポルトガル1976年に認められた。」Ibid., p.100. それ以前に獲得した例外となる国は、イタリアとギリシャであり、ギリシャの場合には1804年のナポレオン民法典の影響がなかったことをマルク=ペレイラは指摘する。ちなみにフランスは、1938年の夫婦財産制の改革によって、女性の法的無能力の解消はされたが、夫は住居を決定する権利や妻に職業につくことを認める権利を保持したままであった。また子どもに対する父権も夫は有していた。1965年になって、夫に許可なく妻が職業につけるようになった。Par ex., Femmes et hommes Regardes sur la parité, op. cit., pp.165 et s.
31) 欧州評議会についてはさしあたり、次のものを参照。渡部茂巳『国際機構の機能と組織』国際書院、1994年、237頁。
32) Elisabeth SLEDZIWSKI, Les idéaux démocratiques et les droits des femmes, in La démocratie paritaire, Strasbourg, Édition du Conseil de l'Europe, 1992, pp.17 et s.
33) B. MARQUES-PEREIRA, op. cit., p.102.
34) Ibid., p.103.
35) Ibid., p.104.
36) Eliane VOGEL-POLSKY, Les femmes, la citoyenneté européene et le traité de Maastricht, in Quelle citoyenneté pour les femmes? La crise des États-providence et la représentation politique en Europe, Paris, L'Harmattan, 1996, pp.268 et 269. なお欧州連合の男女均等政策及び欧州司法裁判所の判例については次のものを参照。柴山恵美子=中曽根佐織編集『EUの男女均等政策』日本評論社、2004年、柴山恵美子=中曽根佐織編集『EUの男女均等法・判例集』日本評論社、2004年、大藤紀子「欧州連合（EU）における男女共同参画

政策とポジティヴ・アクション」辻村みよ子編『世界のポジティヴ・アクションと男女共同参画』東北大学出版会，2004年，49頁以下。
37) 植野妙実子「パリテの成立と実施（1），（2）」法学新報108巻7・8号，108巻11・12号（2002年）参照。また糠塚康江『パリテの論理』信山社，2005年も参照。

(植野妙実子)

entrefile

EUと男女平等

　欧州統合への運動は，第1次世界大戦後，平和な欧州の確立をめざして，クーデンホーフ・カレルギーによって開始された。この運動は，1993年11月のマーストリヒト条約で結実したといえる。ここで想定されている欧州とは政治的民主主義，経済的自由競争と市場の開放，そして基本的人権に基づく欧州である。マーストリヒト条約では，まず統一市場が単一通貨によって強化される道すじが明らかにされた。そして，共通外交・共通安全保障政策の導入がなされ，司法・内務政策の協力が明示された。さらに欧州市民という概念が導入され，経済的統一のみならず，政治的・社会的統一が一層進むことが予測されるものとなった。同条約は，欧州人権条約を共同体法の一般原則として尊重することを明らかにもしたが，2003年6月には，同人権条約を組入れた欧州憲法草案が採択された。また同条約は補完性の原則についても言及している。現在欧州連合は，27カ国を数える。

　EEC（欧州経済共同体）設立当時，男女平等を具体化する規定は，ローマ条約119条の男女同一賃金原則だけであった。しかし，1970年代半ば以降，男女平等の推進への動きが活発化する。1987年単一欧州議定書が発効するが，これを受けて，1989年12月ストラスブールの欧州理事会でいわゆる欧州社会憲章が採択された。この憲章は，「男女の機会均等と待遇の平等」を労働者に保障すべき権利の1つとして明確化した。マーストリヒト条約には，付属文書の1つとして社会政策議定書が取りいれられ，欧州社会憲章の精神を受け継ぐものとなっている。

　欧州連合ではさらに1997年アムステルダム条約，2001年ニース条約へと進展してきた。とりわけ，2001年ニースにおいては，欧州社会アジェンダが採択され，社会政策分野における男女平等の推進を確認している。女性の意思決定プロセスへのアクセスについても増加をはかることが提唱された。

　欧州連合の規定の具体化として，男女平等の分野では，加盟国を拘束する指令Directiveが各国内の男女平等を推進する指針となった。また欧州司法裁判所の判決も男女平等の具体的な基準を示唆するものとして重要なものとなっている。

（植野妙実子）

参考文献
　柴山恵美子・中曽根佐織『EU男女均等法・判例集』日本評論社
　柴山恵美子・中曽根佐織『EUの男女均等政策』日本評論社

第2章　男女職業平等の深化

はじめに

　社会において，性別は差異としてとらえられている。男女間には能力の差異があり，さらに，女性は妊娠し出産し家庭責任を有している性であるととらえられ，そのように認識された性別による差異は，異なる取扱いを正当化した。その結果，労働市場においても，職場においても，女性は，性別を理由として，差別的取扱いを受けてきた。労働法においても，男性とは異なる「女性」として一般的にカテゴリー化され，男性とは異なる労働条件が規定され，性別による差別的取扱いの再生産がなされてきた。憲法において認められた「普遍性」に基づく「性別を問わない」取り扱いは，労働法では，なかなか認められなかった。

　日本もフランスも，雇用における性差別を禁止する立法は，先進諸国の中で遅い方に属する。日本の男女雇用機会均等法（以下，均等法という）の制定は，1985年（施行は1986年）であり，フランスの男女職業平等法の制定は，日本より2年前の1983年（施行も1983年）であった。それから20年以上経過して，2006年，日本は，均等法を改正し，やっと，男女双方に対する性差別禁止及び間接差別を規定した（施行は2007年4月1日）。フランスの男女職業平等法は，初めから男女双方に対する性差別を禁止し，違反に対して刑事罰を科すという，立法的には厳しい内容の法律であった。

　漸進主義及び任意主義から出発した日本の均等法[1]に対して，直罰主義のフランスの男女職業平等法の下で，フランスの女性労働の現状はどうなっているのだろうか，そして，男女職業平等法は，どのような問題に直面し，どのように解決しようとしているのか，さらに，フランスの企業はどのような取り組み

をしているのかについて，日本との比較を織り込みながら述べたいと思う。

I　フランスの女性雇用労働の現状

今や，フランスの労働力人口総数に占める女性の割合は，46.2％となっている（2004年）。そして，女性の63.8％が働いている（男性は74.9％）。日本の労働力人口総数に占める女性の割合は，41.4％であり，女性の48.4％が働いている[2]（男性は73.3％）。日本の労働力率の男女格差は約25％と開いているのに対して，フランスの労働力率の男女格差は約10％であり，日本よりも女性が働くことが当たり前のことになっている。

フランスには，「主婦」はいないといわれている[3]。日本では，「主婦」が肩書きとして社会的に通用し，被保険者であるにもかかわらず保険料を負担しなくてもよい国民年金の第3号被保険者制度のように，主婦を優遇する様々な法制度がある（2004年末現在で，第3号被保険者のうち，女性は1,091万人，男性は9万人である）。

フランスは，日本のように，女性の年齢階級別労働力率が，出産・育児期に下がる，すなわち出産や育児によって仕事をやめるというM字型就労からは，すでに脱しており，男性と同じような台形のカーブを描いている。日本の女性は，今なお出産・育児が，就労継続の障害となっている。

フランスでは，1983年の男女職業平等法の制定時に，女性が限られた職種に集中していることが指摘されたが，現在もその状況に余り変化はない。女性が半分以上を占める産業は，「教育・衛生・社会福祉」（女性比率73.2％），「個人に対するサービス」（60.7％），「金融業」（55.9％），「不動産業」（55.6％）であり，8つの産業部門の就労者で女性が40％以上を占めている。他方，建設業，自動車産業，エネルギー産業，設備財業，運輸業では，女性は少ない（表1参照）。「教育・衛生・社会福祉」や「個人に対するサービス」に属する職種は，当然女性比率は高くなる。女性のついている職種の半分以上（51.6％）は，84の家族関連職業のうちの10の職種に集中している（表2）。

日本で女性が半分以上を占める産業は，「医療・福祉」79.2％，「飲食店・宿

表1　産業別就労における女性比率（2004年）

産　業　別	女性比率（％）
教育・衛生・社会福祉	73.2
個人に対するサービス	60.7
金融業	55.9
不動産業	55.6
行　政	49.9
消費財業	48.1
商業・修理業	46.7
企業に対するサービス	40.8
農産加工業	37.0
農業・林業・漁業	32.1
中間財業	24.8
運輸業	22.3
設備財業	19.6
エネルギー産業	16.5
自動車産業	15.5
建設業	8.8

注）年間の平均値であり，フランス本国の15歳以上の就労者。
出典：Insee, enquête Emploi de 2004.

表2　女性職種の集中（2002年）

職　種	女性比率（％）	就労者数（人）
保育ママ	99	656,000
秘　書	97	651,000
准看護師	91	369,000
看護師・助産師	87	374,000
企業の総務職	76	460,000
保　育	74	798,000
公務員（カテゴリーC）	72	650,000
販売員	69	555,000
社会福祉・文化・スポーツ職	65	341,000
教　員	64	716,000
他の家族関連職業		5,230,000

出典：M. Okuba, Premières Synthèses, Premières Informations,《L'accès des femmes aux métiers ; la longue marche vers l'égalité professionnelle》, n° 31.2, juillet 2004, Dare-enquête Emploi Insee ; calculs Dare.

泊業」59.2%,「教育・学習支援業」52.9%,「卸売・小売業」51.0%となっている。「医療・福祉」,「卸売・小売業」,「製造業」,「サービス業」の4つの業種で女性雇用者の69.8%を占めている。日本の場合,製造業の女性比率は,31.0%であるが,製造業に働く女性は人数が多いので,女性雇用者に占める製造業雇用者の割合は,フランスと比較すると高くなっている。

就業上の地位を見ると,フランスは,女性（11.1%）が男性（6.6%）よりも,期間の定めのある契約・研修生・補助契約という不安定な雇用上の地位についている（表3）。女性雇用者の31.1%がパートタイム労働についており,パートタイム労働者に占める女性の割合は,82.3%となっている（2000年）。

日本の女性は,雇用者に占める正規雇用の割合が47.5%であり,非正規雇用者の方が多い。男性の正規雇用の割合が82.3%であるから,女性の雇用の不安定化が進んでいる。女性雇用者の40.6%がパートタイム労働（就業時間が35時間未満）についており,パートタイム労働者に占める女性の割合は,69.7%となっている。パートタイム労働者の多くは,期間の定めのある労働契約である。

表3　就業上の地位別就労人口（2004年）

就業上の地位別	女性（%）	男性（%）
雇用されていない者	7.7	13.4
雇用されている者	92.3	86.6
民間部門	67.6	71.7
アルバイト	1.3	2.6
見習い	0.9	1.5
期間の定めのある契約[1]	5.9	3.9
研修生・補助契約[2]	1.4	1.0
その他の労働者	58.1	62.9
公的部門	24.8	14.8
期間の定めのある契約	2.8	1.3
研修生・補助契約	1.0	0.4
その他の労働者	21.0	13.1
合　計	100.0	100.0

注）1）期間の定めのある契約には,研修生や補助契約を含んでいない。
　　2）期間の定めのある場合とない場合がある。
出典：Insee, enquête Emploi de 2004.

失業率については，日本とフランスでは，大きな違いがみられる。フランスでは，全ての年齢において，女性の失業率が高く，女性の失業率が11.1%であるのに対して，男性は9.0%となり，2.1%の男女格差がある（表4参照）。これは，長年みられる傾向である。日本では，ここ10年くらい男性の失業率の方が高い状況が続いている。女性の失業率は，4.2%であるのに対して，男性の失業率は4.6%となっており，その男女格差は0.4%である。フランスでは，同じような資格を有していても，女性の就職はむずかしく，特に，資格のない女性は，同じように資格のない男性よりも失業率が高い。日本では，女性の失業率は確かに男性よりも低いが，失業したパートタイム労働者である既婚女性は，求職活動をせずに「主婦」に戻れば，失業率として数字には表れてこない。

男女賃金格差は，フランスでは，平均でみると，19.2%の格差がある（民間部門）。管理職の男女賃金格差が，最も開いている（表5）。日本の男女賃金格差は，34.1%であり，フランスよりも著しい男女賃金格差が生じている。

民間部門の管理職の割合をみると，フランスは平均26%である。技術系の管

表4　失業率（2004年）

年齢幅	女性（％）	男性（％）
15歳－24歳	24.4	21.6
25歳－49歳	10.5	7.9
50歳以上	7.7	6.8
平　　均	11.1	9.0

出典：Insee, enquête Emploi de 2004.

表5　民間・準公的部門及び公的部門の男女賃金格差（2003年）

社会職業カテゴリー	民間・準公的部門（％）	国の公的部門（％）
管 理 職	－22.5	－18.2
中 間 職	－11.8	－6.9
事 務 職	－5.1	－14.1
労 働 者	－16.9	
平　　均	－19.2	－14.2

出典：fiche de paie des agents de l'État de 2003 semi définitif, traitement Insee.

表6　民間部門の管理職女性割合（2004年）

管理職の種類	女性比率（％）
中小企業の通常経営業務の管理職	49
研究・コンサルタント・組織業務の管理職	46
大企業の幹部・通常経営業務の管理職	45
銀行・保険の専門管理職	37
販売・商業・ホテル業務の管理職	28
技術研究の管理職	17
運輸・生産関連業務の管理職	15
企　業　長	12
幹部・製造の技術管理職	12
技術・商業管理職（生産財・中間財）	12
平　　　均	26

出典：Insee, enquête Emploi en continu de 2004. Résultats en moyenne annuelle.

図1　組織ピラミッドのガラスの天井と壁

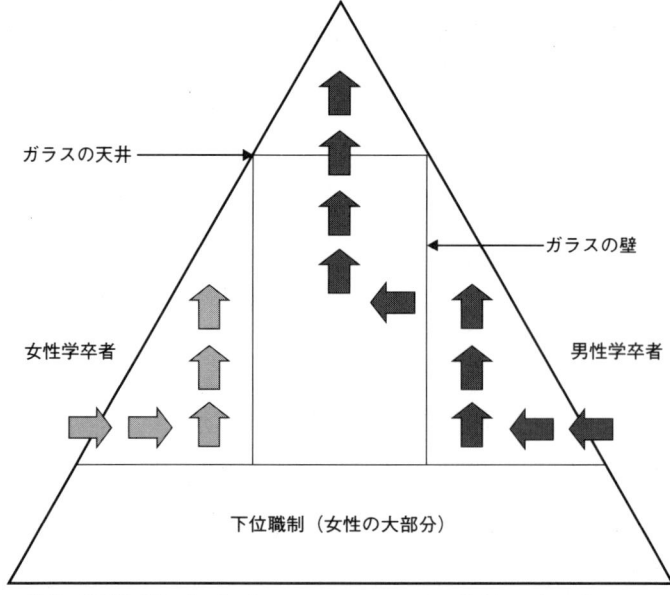

ガラスの天井

ガラスの壁

女性学卒者

男性学卒者

下位職制（女性の大部分）

出典：ORSE, "L'accès des femmes aux postes de décisions dans les enterprises".

理職は，少ない状況である（表6）。日本の女性が，管理職に占める割合は，部長2.8％，課長5.1％，係長10.4％と，フランスとは比較にならない非常に低い数字になっている。

以上のことから，図1にみるように，フランスの女性たちの前には，責任あるポストへのアクセスを妨げる「ガラスの壁」と，昇進を妨げている「ガラスの天井」がたちはだかっている。

II　フランスの男女職業平等法

1　男女職業平等法の法理

フランスは，労働法典という統一法典の「第Ⅰ巻労働に関する協定」の「第Ⅱ編労働契約」の「第Ⅲ章女性と男性間の職業平等」に，男女職業に関する規定が，同じ巻の「第Ⅳ編賃金」の「序章男性と女性の間の報酬の平等」に，男女同一（価値）労働同一賃金原則に関する規定がある。1972年に制定された男女同一賃金法及び1983年に制定された男女職業平等法のほとんどは，労働法典に挿入されている。

最近制定された男女賃金平等に関する2006年3月23日法（以下，2006年男女賃金平等法とする）によって，「妊娠」も差別禁止理由に加わった。

（1）性差別禁止（労働法典 L. 123－1条から L. 123－7条）

「俳優，マヌカン，モデル」という性別が決定的な条件となる職業を除いて，何人も以下のことができないと規定されている。

(a) 労働契約の性質の如何を問わず，募集又は採用に関する広告において，求職者の性別，家族状況を記載し，記載させること。

(b) 性別，家族状況，妊娠を考慮し，又はそれらによって異なる選択基準に基づき，ある者の採用を拒否したり，労働者の配転を通告したり，労働契約を解約したり，更新を拒否したりすること。

(c) 性別や妊娠を考慮して全ての措置をとること。特に報酬，職業教育，配置，資格，格付け，昇進，配転に関しての措置をとること。

上記の性差別に関しては，挙証責任の転換が規定され，労働者や求職者の挙

証責任が緩和されている。すなわち，原告である労働者又は求職者が，裁判において，性別又は家族状況に基づく，直接差別又は間接差別の存在を推認させる要素を示せば，これらの要素について，被告である使用者は，当該決定が差別とは無関係である客観的要素によって正当化されることを立証しなければならない。

また，上記の性差別禁止の例外として，性別をつけることが認められる職業リストは，代表的な労使団体の意見を聴いて，コンセイユ・デタのデクレによって定められ，定期的に見直される。

さらに，性差別禁止の例外として，男女の機会平等を確立するために，特に，女性の機会に影響を与える事実上の不平等を救済するために，女性に対するポジティヴ・アクションが認められている。

ポジティヴ・アクションは，企業において交渉の対象となる男女職業平等計画の目的とすることができる。交渉において，計画に関する合意が成立しないのならば，使用者は，企業委員会，ない時は従業員代表の意見を聴取して，計画を策定することができる。

（2）性差別禁止に対する制裁（L.152－1－1条）

上記性差別禁止規定（L.123－1条）の違反は，1年以下の懲役又は／及び3,750ユーロ（2007年4月6日現在1ユーロ＝161円で計算すると，603,750円）以下の罰金に処せられる。裁判所は，場合によっては，罰金額の最高額を超えない範囲で有罪とされた者の費用で，指定する新聞に判決の掲示を命ずることができる。

（3）男女同一（価値）労働同一賃金原則（L.140－2条からL.140－9条）

全ての使用者は，同一労働又は同一価値労働に対して，男女間に同一賃金を保障しなければならない。同一価値労働とは，「証書，免状，職業経験によって認められる職業上の知識，過去の経験から得られた能力，責任，肉体的又は精神的負担」という比較しうる全体から，評価して判断する。同一企業内の事業所間での賃金格差についても，男女同一（価値）労働同一賃金原則は適用される。

賃金を構成する種々の要素は，男女同一の規範によって定められなければならない。その他の賃金の計算基礎と同様に，カテゴリーや格付け・職業的昇進の基準，特に仕事の評価方法は，両性の労働者に共通でなければならない。

同一（価値）労働にもかかわらず，男女賃金差別があった場合は，他の性の賃金よりも低い性の賃金は，無効となり，他の性が享受するより高い賃金に代わる。

男女賃金差別に関しても，L.123-1条と同様に，労働者の挙証責任が，緩和されている。また，違反に対しては，5年以下の拘禁及び37,500ユーロ以下の罰金が処せられる。

2 男女職業平等を実現する法的仕組み

フランスは，徹底的で強力な性差別禁止規定を有していたが，男女職業平等を企業において実施していく法的仕組みとしては，男女職業平等計画の策定しかなかった。しかも策定は，企業の任意であり，策定された計画は少なかった。そこで，男女職業平等に関する2001年5月9日法（以下，2001年男女職業平等法とする）は，男女職業平等に関する団体交渉を義務づけ，それによって，各企業での男女職業平等の取り組みを促していくことを規定した[4]。前述の2006年男女賃金平等法によって，さらに男女賃金格差解消などが義務的団交事項に加わった。

部門協約，それがない時は職業協定の当事者である労使団体は，少なくとも年1回の賃金に関する交渉において，「職業カテゴリーや性別による平均実賃金の進展」を話し合わなければならない。そのための検討に必要な情報を含んだ報告書を，使用者は労働団体に提出しなければならない。3年毎に，男女間の職業平等を保障する措置及び男女間に不平等があると認められる時はそれを救済する回復措置について，交渉する場を持つことを義務づけている。交渉の場では，①雇用，職業平等，職業上の昇進についてのアクセス，②労働及び雇用条件，特にパートタイム労働者の労働及び雇用条件について，話し合うが，この場合にも，①と②に関して，男女を比較した報告が提出される。

2010年12月31日までに，男女間の賃金格差を解消することのできる措置を定め，計画することも義務的団交事項となった。

代表的組織である労働組合の1つ又は複数の支部がある企業において，使用者は，実賃金，実労働時間，労働時間編成，特に労働者の求めるパートタイム労働の配置について，毎年交渉することが義務づけられている。さらに，当該企業の男女職業平等に関する目標などによって，到達できる措置についても毎年交渉しなければならない。

全国レベルで締結された部門協定が拡張されるためには，男女職業平等，認識された不平等を救済する回復措置，そして男女間の賃金格差の解消措置に関する条項を含んでいなければならない。

Ⅲ 女性保護

1 母性保護（L. 122－25条から L. 122－27条，L. 224－1条から224－6条）

フランスの母性保護規定は，労働法典「第Ⅰ巻労働に関する協定」の「第Ⅱ編労働契約」の「第Ⅱ章労働契約に関する規制」の「第Ⅴ節母性保護と子どもの教育」と，「第Ⅱ巻労働規制」の「第Ⅱ編休息と休暇」の「第Ⅳ章産婦及び授乳女性の休息」に定められている。

使用者が，妊娠を理由に，採用を拒否したり，試用期間中の労働契約を解約したり，異動を行うことを禁止している。求職する女性や女性労働者は，原則として妊娠していることを申告しなくてよいとされている。裁判の場合は，使用者は，その決定を正当化する全ての要素を裁判官に提出しなければならない。

使用者は，妊娠期間中及び出産休暇中，出産休暇終了後4週間は，当該女性労働者の労働契約を解約することができない。ただし，使用者は，女性労働者に妊娠と関係しない重大な過失があった場合や妊娠・出産以外の理由で契約を維持できない場合は，解約することができる。

女性労働者は，出産予定日前の6週間，労働契約を停止する権利を有し，産後は10週間で終了する。そのうち，産前休業8週間，産後休業6週間について

は，強制的に，働くことはできない。双子の多胎妊娠の場合は，産前休業12週間・産後休業22週間となり，産前休業の12週間は，4週間増やすことができる。3人以上の多胎妊娠の場合は，産前休業24週間・産後休業22週間であり，1年近く休業することができる。3人目の子どもの出産の場合は，産前8週間・産後18週間の計26週間の出産休業となる。多胎妊娠の子どもの数に応じて出産休業日数を増やしたり，また3人目の出産から手厚い出産休業とするなど，出産奨励的な制度設計となっている。

　母親は，産後，労働時間中1日1時間の授乳時間が認められている。

2　一般女性保護（L. 711－3条，L. 234－2条，R. 234－6条）

　一般女性保護で労働法典に今なお残っているのは，採石場の労働，危険有害業務，重量物の運搬に関する女性の雇用禁止である，

　深夜業については，労働法典の工業における女性の深夜業禁止が，1976年の均等待遇に関する共同体指令に反するという欧州司法裁判所の判決を受けて[5]，2001年男女職業平等法によって，女性に対する深夜業禁止規定は廃止された。現在の深夜業に関する規定であるL. 213－1条は，「深夜業への依存は，例外的でなければならない」と規定し，男女労働者に対する深夜業の規制がなされている。

Ⅳ　家族的責任に関する休暇

1　育児親休暇（L. 122－28－1条からL. 122－28－7条）

　フランスの育児休業は，育児親休暇（congé parental d'éducation）と称され，労働法典の女性保護規定と同じように，「第Ⅰ巻労働に関する協定」の「第Ⅱ編労働契約」の「第Ⅱ章労働契約に関する規制」の「第Ⅴ節母性保護と子どもの教育」に規定されている。

　出産休業や養子休業（養子のための休業は最大6週間である。L. 122－28－10条）の終了後，最低1年間の勤続年数を証明する労働者は，労働契約が停止する育児親休暇，又は当該事業所に適用される労働時間を少なくとも5分の1

削減するパートタイム労働の権利を有している。ただし，パートタイム労働は，1週16時間を下回ることはできない。

育児親休暇やパートタイム労働期間は，当初最長1年であるが，2回延長することができる。育児親休暇及びパートタイム労働期間は，最長子どもが3歳の誕生日に終了する。養子縁組の場合は，3歳未満の子どもを家庭に引き取ってから3年で終了する。

2　父親休暇（L.122−26条）

男性労働者は，子どもが誕生した場合，普通出産で最長11日，多胎出産で最長18日，父親休暇を取ることができる。

3　その他の休暇（L.122−28−8条，L.122−28−9条，L.225−15条）

子どもの病気等のための休暇（看護休暇，L.122−28−8条）は，労働者が扶養する16歳未満の子どもが，診断書で証明される疾病又は事故の場合に取得でき，1年につき最長3日である。子どもが1歳未満の時又は16歳未満の3人以上の子どもを扶養する時は，最長5日である。

親つきそい休暇（L.122−28−9条）は，扶養する子どもが，疾病，事故，重大な障害でつきそいを必要とする時に取得できる。パートタイム労働又は労働契約を停止する親つきそい休暇を取得する権利がある。最初は最長4カ月であり，2回まで更新することができる。更新期間を含んで最長12カ月までである。

家族連帯休暇（看取り休暇，L.225−15条）は，尊属，卑属，又は同居人が終末期医療における緩和ケアを受けている労働者が取得できる。最長3カ月であり，1回だけ更新できる。

V　フランスの企業における男女職業平等への取り組み

1　男女間の混在及び職業平等に関する2004年3月1日全国職業間協定

今から10年以上前の1994年に，筆者がインタビューした労働組合のフランス

民主同盟　CFDT の組合幹部は，「1983年に制定された男女職業平等法は，歴史的に重要な法である。労働法典で女性は初めて『保護する対象』から『仕事をする主体』になったのである。しかし，男女職業平等法は，経済的危機の中で立法化された。労使とも 1 番大切なことは『雇用』であるという現状の中では，いい法律が出来ても十分に適用できない。法律をきちんと適用するためには，労働組合と雇用主との間で話し合いが十分に行われなければならない。女性の持っているよい資質の活用を企業は，理解していない」と，残念そうに語った[6]。前述したように，2001年男女職業平等法は，労使が話し合う場としての団体交渉において，男女職業平等に関する事項を定期的な交渉事項と定めたが，実際には男女職業平等の実現ははかばかしくなかった。

　そこで，パリテ・職業平等大臣のイニシアティブで，労使の話し合いの場が持たれ，その結果締結されたのが，2004年 3 月 1 日の混在及び男女職業平等に関する職業間全国協定（以下，「混在・男女職業平等全国協定」とする）である[7]。フランスの 5 つの代表的労働組合と 3 つの使用者団体との間で，フランスでは珍しく，わきあいあいとした雰囲気で締結された。使用者団体は，人口問題から女性に働いてもらいたいという意図があり（2006年から毎年平均10万人の労働力が減少すると予測されている），他方労働組合には，男女平等をもっと先に進めたいという意図があり，両者を近づけたのである[8]。

　さらに，混在・男女職業平等全国協定は，2005年 4 月22日アレテによって，適用範囲の労使に拡張適用されることになった。この全国協定は，混在および男女職業平等の枠組みを定める協定であり，この枠組みの下で各部門や企業で具体的な協定が結ばれるのである。

　混在・男女職業平等全国協定には，どのようなことが書かれているのだろうか。「第Ⅰ編メンタリティの変革」では，職業生活における女性に対するイメージ，家族的束縛に関する表象，文化的ステレオタイプなどの変革について述べ，「第Ⅱ編進路指導」では，学校の進路指導における男女の混在の推進や科学的・技術的職業への若い女性のアクセスの推進など，「第Ⅲ編採用」では，厳格な採用基準の設定，男女のバランスが取れた応募など，「第Ⅳ編継続

職業教育」では，混在を進めるための職業教育など，「第V編昇進及び異動」では，差別的な要因を含まない仕事の配分や昇進など，「第Ⅵ編賃金の平等」では，客観的に認められる賃金の男女間の平均的格差縮小の取り組みなどが規定されている。この全国協定の内容を見ていると，フランスでは，男女職業平等にとって何が障害となっているのかが見えてくる。

この混在・男女職業平等全国協定を受けて，実際に，様々な企業において，男女職業平等をめざす企業協定が結ばれている[9]。たとえば，パリ国立銀行パリバ株式会社と5つの代表的労働組合の間で締結された2004年4月9日の「男女職業平等に関する協定」[10]では，次のようなことが規定されている。

・採用においては，男女のバランスの取れた採用に配慮する。
・職業上の経路や賃金に関する展開の可能性を男女平等に配慮する。
・仕事の混在は責任あるポストへのアクセスを含む職業上の経路と展開の可能性を男女とも同じように保障する。
・労働者の賃金は，同一の責任，専門知識，経験，能力，勤続年数に対して同一である。
・同一の責任に対して賃金格差が認められるとき，その理由を解明するために労働者の個々の状況が分析されねばならない。正当化する理由がないときは，状況を是正する特別の措置を取らなければならない。
・各人の個別的な職業能力の開発や企業の進展への対応のための職業訓練方法は，男女がともにアクセスでき，均衡が取れているように企業が配慮する。
・出産休暇は，勤続年数に連動した権利の決定，利潤及び利益配分，年次有給休暇・年末手当・手当の計算において，実労働時間として扱う。
・労働者に子どもが産まれたときは，企業は父親が父親休暇を取得することを経営上組み込む。
・病気の子どものための休暇や育児親休暇は，親としての権利と義務の行使の分担を可能にするために，女性と同様に男性も取得できるようにする。
・一般的に，パートタイム労働者の労働編成及び責任は，労働時間と相応し

ていなければならない。
・配偶者が当社グループに勤務している労働者が職業上の理由で転勤をする場合，転勤で仕事を失った配偶者に，家族計画としても受け入れられ企業の希望にも沿うことを条件に，前職と同等の仕事を，パリ国立銀行パリバグループの中で提案するように努力する。
・上記ポストの提案が不可能な場合は，最大8年の無給の休暇が当該労働者の請求により認められる。
・全国レベルでの本協定の適用の検討は，中央企業委員会のC5委員会で毎年実施する。
・ローカルレベルでの本協定の適用の検討は，規則に従って，男女職業平等委員会の開催時に，各事業所委員会で毎年実施する。

2 平等マーク

男女職業平等を実現する仕組みとして，前述の企業協定と車の両輪となるのが，「平等マーク Label Egalité」である。これは，一定の条件を満たした企業に対して「平等マーク」をつけることを国が許可することによって，男女職業平等の推進をはかるものである。その手続きは，以下のような3段階になっている[11]。

・第1段階：企業による応募

応募する企業は，社会的団結・パリテ省又は認証機関 AFAQ AFNOR に応募書類を提出する。応募書類には，3つの分野に関連する約20の指標が含まれている。第1の分野は，職業平等のために企業が取り組んでいる活動に関するもの（職業平等の領域における企業協定の署名など），第2の分野は，人的資源の管理及び経営に関するもの（継続的職業教育への男女のアクセスの平等を強化するための活動など），第3の分野は，職業活動において親であることへの配慮に関するもの（出産休業や父親休暇の開始や職場復帰の方法など）である。「職業平等の領域における企業協定の署名」が，指標となっていることが注目される。前述の全国協定に基づく企

業協定の締結が，平等マークの取得の要件となっている。そして，企業が，平等マークを取得して男女職業平等を実施していく具体的な内容は，企業協定が定めるのである。応募書類作成の際に，企業内の職業平等委員会の意見，職業平等委員会が設置されていない時は選ばれた従業員代表の意見を付さなければならない。

・第2段階：応募企業の書類審査

　まず，認証機関によって形式的な書類審査が行われる。書類不備の場合には，企業に，3カ月以内の補正が求められる。次に，応募企業の書類の内容の分析が行われ，審査員は，報告書を作成し，マーク付与審査委員会に提出する。

・第3段階：マーク付与の決定

　マーク付与審査委員会は，国，労働組合代表，経営者代表の各5名から構成される。委員構成において，男女の比率への配慮が必要である。審査報告書を基に，過半数の意見でマーク付与を決定する。マーク付与された企業は，一定の条件の下で3年間平等マークを利用することができる。

　初めて，平等マークを取得したのは，2005年3月10日のプジョー・シトロエンである。現在26社が平等マークを取得している。

VI　混在と平等

　フランスの男女職業平等法は，IIの2で述べたように，男女職業平等を実現する法的仕組みについて大きな改正があったが，性差別禁止に関しては，2006年男女賃金平等法によって，差別禁止理由に「妊娠」が加わったことのほかは，大きな改正はなされていない。これは，1983年男女職業平等法の制定当初から，雇用の入り口から出口までの全般にわたる，罰則付きの厳格な性差別禁止規定になっており，また挙証責任の転換がなされ，性差別を禁止する法規範としてほぼ完璧であるからである。

　一方，日本の均等法は，漸進主義及び任意主義から出発して，1997年の改正を経て，2006年に大きな改正がなされた。女性に対する差別禁止法から，男女

双方に対する性差別禁止法になった。また，性差別を禁止する雇用ステージを，募集・採用，配置・昇進・教育訓練，福利厚生，定年・解雇に加えて，降格，職種・雇用形態の変更，退職勧奨，雇止めに拡大した。配置についても，権限の付与及び業務の配分も含まれることが明確化された。そして，今回の改正で初めて間接差別が規定されたが，禁止される間接差別は省令で定める3つの場合に限定された。

　日本の均等法は，国が事業主に性差別を禁止し，その違反に対して行政指導をする根拠規定である。事業主は，国に対して均等法が禁止する性差別をしないようにする公法上の義務を負っており，企業の均等法違反に対しては，行政指導によって差別是正していく法的仕組みである[12]。均等法には，強行的な私法上の効力があるのかは明確に示されていない。多くの判例では，均等法違反から公序良俗違反を導き出し，違法・無効を判断している。

　フランスの性差別禁止規定は，労働法典の労働契約の編に置かれ，これらの規定は，私法上の効力を持ち，裁判規範としての意義を有している。さらに，挙証責任の転換によって，労働者の負担を軽減している。紛争は，裁判により解決する仕組みをとっている。

　フランスの男女職業平等を貫く法理念は，「混在」と「平等」である。混在 mixité という観念は，学校における男女共学についての「同一社会空間での両性の共存化」の研究から始まったが，男女職業平等においても重要な観念となっている。男女の分離が存在する時，支配者と被支配者の対立は，男性専用の領域から女性たちを排除するという形で，あるいは被支配者である女性たちを低資格の仕事につかせるという形で現れてくる[13]。混在は，性別による分割と分離を問題とし，男性職域等への女性の進出を推進する。

　平等には，形式的意味の平等の要請，すなわち権利の平等の要請と待遇の平等の原則がある。前者によって，全ての労働者は，同一の権利と特典を享受し，同一の義務に服する。形式的平等は，それがどのような性質のものであれ区別を禁止する。

　後者の待遇の平等原則の目的は，労働者間の区別を禁止することではない。

待遇の平等は，同一の権利，特典，義務，拘束をもたらすものではなく，差異と区別を排除しない。すなわち，待遇の平等原則の本質は，「適性を持っている同じ状況に置かれている労働者たちは，適性のみによって，同じ特典を享受する」ことにある。特別の特典を受けるために必要な条件を満たす労働者のみが，他を排してその特典を享受するのである。ここでは，区別は不正ではなく，この区別は，使用者によって決定され，正当化される基準の結果である。しかし，比較しうるあらゆる点で1つの状況にあるのに，特別の特典がある労働者には与えられ，その同僚には与えられない場合，待遇の平等の原則に反すると考えられる。この場合，区別は客観的理由によるものではない。待遇の平等原則は，比較することと正当化の必要性の2つの要件を必要とする[14]。

　フランスは，法における性差別禁止だけでは，男女職業平等は実現できないことを学び，存在する男女格差を是正していくための法的仕組みとして，団体交渉を位置付けた。もともと労働協約に関する1950年2月11日法（以下，1950年労働協約法とする）においても，男女同一賃金原則を全国的労働協約に規定することを義務づけており，このような手法は目新しいものではない。

　労使自治に男女職業平等の実現を委ねる法的仕組みは，社会的対話によって，物事を決めていくフランス社会のあり方を反映しているものといえる。他方，日本は，行政指導によって，男女雇用平等を実現していく法的仕組みであり，行政優位の日本の現状を反映している。

　フランスの有償労働における男女職業平等の法的取り組みには，日本は，学ぶべき点が多いが，無償労働における「混在」と「平等」に関するフランスの取り組みには疑問がある。確かに，フランスは，様々な保育サービスなどがあり，保育問題は「何とかなる」問題となっているし[15]，子育て費用も手厚い家族給付によって所得保障されている[16]。それでは，育児などの無償労働における「混在」と「平等」は達成されているのだろうか。

　実際の家事時間には男女差があり，フルタイムの場合，女性は235分であるが，男性は134分にすぎない（1999年，Insee）。カップルの場合，女性は4時間38分であるのに対して，男性は2時間20分となっている。子どもの世話は，

女性が主に担っている。したがって，雇用されている男女で，子どもが産まれたことによって，女性の39％が職業上の影響を受けているが，男性では6％にすぎない[17]。

このような無償労働における性別による分割と分離に対して，フランスは特に政策的な働きかけを行ってこなかった。父親休暇は，やっと，社会保障財源に関する2001年12月21日法によって，導入された。フランスの家族政策の基本的な方針は，働く女性への支援であり，働く上で出産や育児が障害とならないようにすることにある。出生率向上のために，働く女性が安心して出産し子育てできるようにということに配慮した政策は取ってきたが，男女間の不平等な家事労働の分配については，特に政策を取ってこなかったのである。

フランスは，確かに女性は日本より働き続けやすいといえるが，働く女性が，仕事と家庭の二重の負担を負っている現実に変わりはない。

注

1) 松田保彦「男女雇用均等法の成立と今後の課題」ジュリスト841号，1985年，44-46頁。
2) 日本の女性労働の統計で，特にことわりのない限り，2005年の数字である。
3) 林瑞枝「第6章 フランスの女性労働—職業人として生きるとき」（柴山恵美子・藤井治枝・守屋貴司編著『世界の女性労働』ミネルヴァ書房，2005年所収）163頁。
4) フランスでは，団体交渉を通した男女雇用平等の実現という手法は，過去においてすでに取られていた。すなわち，1950年労働協約法において，全国的な部門協約で必ず含まなければならない条項として，「女性に対する同一賃金原則の適用形式」を定めていた。
5) 女性の深夜業禁止に関する議論は，神尾真知子「フランスの男女職業平等—法制度を中心に」女性空間10（1993年），142-143頁参照。
6) 神尾真知子「CFDT訪問」（『専業主婦に対する保護政策の批判的検討—日仏比較を通して』中央大学日本比較法研究所女性の権利グループ刊所収）1995年，35頁。植野妙実子編『21世紀の女性政策』中央大学出版部，2001年，295頁も参照。

7) 混在・男女職業平等全国協定の全訳は，神尾真知子「フランスの男女職業平等関連資料」尚美学園大学総合政策論集2号，2005年，97-105頁参照。
8) 神尾，前掲論文2005年，109頁の使用者団体フランス企業運動：MEDEFへのインタビュー。
9) 各企業の協定は，企業の社会的責任監視官：ORSE の Egalité Professinnelle のホームページに収録されている。
10) 本協定は，署名から3年間有効である。
11) 社会統合・パリテ省発行のパンフレット"Label Egalitée"による。
12) 2006年の均等法改正に関する批判的検討として，神尾真知子「均等法改正における『性差別禁止』の広がりと深化」季刊労働法214号（2006年），100-112頁。
13) ヘレナ・ヒラータ他著『読む事典女性学』藤原書店，2002年，258-264頁。
14) Gilles AUZERO,《L'application du principe d'égalité de traitement dans l'entreprise》, DROIT SOCIAL, n.9/10, 2006, pp.822-823.
15) 舩橋惠子「現代フランスの産育」女性空間10（1993年），116頁。
16) フランスの家族給付については，神尾真知子「第5章フランスの家族政策」（内閣府経済社会総合研究所・財団法人家計経済研究所『フランス・ドイツの家族生活』国立印刷局，2006年所収）85-124頁参照。
17) Ariane Pailhé et Anne Solaz,《Vie professionnelle et naissance : la charge de la conciliation repose essentiellement sur les femmes》, POPULATION & SOCIÉTÉS, n.426, 2006, p.2.

（神尾真知子）

第3章　社会保障制度の進展

は じ め に

　社会保障は，病気，出産，失業，子育て，老齢などの生活上の不安をもたらすさまざまな要保障事故に対処し，人々の生活を守るための制度であり，女性にとっても男性にとっても必要不可欠な制度である。しかしながら，一般に，女性の平均余命は男性よりも長く，老後の生活は長期にわたる。女性の所得は男性に比べ少なく，経済的な基盤は脆弱である。また，子育てや高齢者介護の負担は女性に重くのしかかっている。さらに，女性のみが妊娠・出産を経験する。したがって，女性は，男性に比べ，要保障事故に遭遇しやすく，社会保障制度とのかかわりは深い。

　従来の社会保障制度は，弱者である女性を支えることに重点をおいてきた。女性のみを対象とする給付や女性を優遇する制度，配偶者（多くの場合は夫）の固有の権利 droit propre に付随して被扶養配偶者（妻）に認められる派生的権利 droit dérivé などに，その傾向をみることができる。女性が置かれてきた現実が，このような制度を必要としてきたのである。

　近年，女性の方が要保障状態に陥りやすいとする前提に立つ制度は，ジェンダー平等をめざす際，マイナスの影響をもたらすと指摘されるようになってきた。このような制度には，不平等な現実を温存し，性別役割分担を固定化する危険性が潜んでいるからである[1]。そして，性別役割分担を固定化する制度，女性のライフスタイルの選択に中立的ではない制度については，見直しの対象とされるようになってきた。従来の女性に対する優遇制度をそのまま維持するのではなく，不平等な現実を変革し，真のジェンダー平等を確立するための制度のあり方が求められるようになってきたのである。

本章では，高福祉高負担政策の下で，手厚い女性（母親）優遇策をとってきたフランスにおいて，社会保障制度が，上述した近年の動きの中で，ジェンダー平等をめざし，どのような展開をはかろうとしているのかというところに注目し，社会保障とジェンダーについて考えてみたい。以下，まず，フランスの社会保障制度の変遷を，女性と社会保障という視点から概観し[2]，これを踏まえ，残された課題とされている，派生的権利をめぐる問題，年金における母親優遇措置をめぐる問題，さらに家族給付と女性のライフスタイルの選択をめぐる問題について若干の考察を行うものとする。

I フランスの社会保障制度における女性の位置づけ

フランスにおいて社会保障 securité sociale という場合，年金，医療保険，家族給付および労働者災害補償のことをさす。原初的には，社会保険方式を採用し，職域による制度として発達してきた。多種多様な制度が分立しているが，大きくは次の4つの制度に分けることができる。民間の商工業被用者を対象とする一般制度，公務員・国鉄職員などを対象とする特別制度，農業経営者および農業被用者を対象とする農業制度，農業以外の自営業者を対象とする自治制度である。このうち総人口の約7割を対象とする一般制度が，代表的な制度である。一般制度は，老齢年金，医療保険，家族給付および労災補償の4部門からなり，主たる財源は，近年税金の占める割合が高くなってきているとはいえ，被保険者の所得を基礎とする保険料である。なお，日本の社会保障という概念に近い言葉として，フランスでは，社会的保護 protection sociale という言葉が使われている。これは，社会扶助，社会福祉サービスおよび失業給付を狭義の社会保障に加えた概念である。近年，フランスでも，この社会的保護という言葉を使う傾向がみられるが，本章では，主に一般制度に焦点をあてることとし，従来どおり，狭義の意味での社会保障を考察の対象としたい。

そもそも，男性に比べ，政治的・構造的に差別され，不利益を被ってきた女性の地位向上をはかり，ジェンダー平等を達成するためには，高水準の社会保障制度が不可欠であると指摘されている[3]。その点，北欧諸国につぐ高い社会

保障水準を維持してきたフランスは，女性にとっては，理想に近い社会保障制度を整備しているといえよう[4]。フランスの社会保障制度においては，特に社会的弱者とされる女性（母親）を名宛人とする施策が多数存在していた。病気，出産，老齢，あるいは子育てといったそれぞれの状況に応じて，女性に対する優遇措置がとられてきたのである。とはいえ，後述するように，ジェンダー平等の観点からみると，改善すべき点も多々残されている。

1　女性と老齢年金

　フランスでは，子育てをした親（父親が対象となる場合もある。）を対象とする優遇措置が種々存在する。この種の優遇措置には，出産（養子の場合も含む。）や子育てにより被る職業上の不利益を補填するという意義がある。将来受け取る年金額は，保険料を拠出する保険期間と，保険料の算定基礎となる報酬額により決定されるため，出産や子育てにより職業活動を制限したり，中断したりすると，大きな影響を受けるからである。

　たとえば，1人親，あるいは「家族補足手当 complément familial」や「乳幼児受入手当 prestation d'acceil du jeune enfant」などを受給する夫婦の一方で，デクレで定められた額以下の所得しか得られないという場合，家族手当金庫が保険料を負担することにより，最低賃金を基礎とする年金権が保障される。1972年の制度発足当初は，専業主婦を対象とするものであったが，1978年には，父親も対象とするかたちに改められた。また，母親に対しては，育てた子ども1人につき2年間の保険期間が加算される。公務員の退職年金に関する特別制度では，このような加算措置が1924年に導入された。1971年，2人以上を育てる母親を対象とする措置として一般制度にも導入され，1975年以降は第1子にも適用されるようになった。一方，父親に対しては，育児休業期間を保険期間とみなすという措置がとられている。母親に対しても，2年間の保険期間の加算よりもこちらの方が有利な場合には同様とすると定められている。さらに，子どもを3人以上育てた親に対しては，年金額が10％加算される。第1次世界大戦以降，積極的な出産奨励策をとってきたフランスにおいては，この

ように，出産および子育ての実績を年金に反映するためのさまざまな優遇措置が採用されてきたのである。

　また，遺族年金は，これまで多くの女性が配偶者である夫に経済的に従属してきた現実を踏まえ，女性のための制度，すなわち寡婦年金 pension veuve と理解されてきた。したがって，1975年まで，老齢年金受給資格を有する妻が，その夫に対して遺族年金を遺すことはできなかった。さらに，併給調整規定があったため，老齢年金受給資格を有する妻は，夫の死亡後，自身の固有の老齢年金と夫の遺した遺族年金のうち，有利な一方の受給しか認められなかった。このような不公平に対する批判を受け，1975年以降は，遺族年金上の性差別は撤廃され，妻も夫に対して遺族年金を遺すことが可能となった。また，併給調整規定の見直しが行なわれ，一定限度額までは年金の併給が認められることとなった。ただし，大多数の男性は，併給調整の上限を越える固有の老齢年金を取得しうるため，依然として，妻が夫に遺族年金を遺すことは困難な状況にある。

　さらに，離婚した配偶者は，すべての遺族給付請求権を否定されてきた。しかしながら，1975年には，一方的に破綻離婚を求められた配偶者には，遺族年金受給権が認められることとなった。相手配偶者が再婚していた場合には，現配偶者とそれぞれの婚姻期間に応じて分割されるものとされた。また，1978年には，離婚原因を問わない制度への改正が行なわれ，離婚配偶者すべてに，再婚をしていないことを条件として，遺族年金の受給権が認められることとなった。なお，1982年には，再婚をしても，その婚姻からは新たに何らの権利も得られないという場合には，遺族年金の受給が認められるようになった。遺族年金の受給権を失うことを恐れ，離婚や再婚をためらうという弊害は取り除かれたのである。

　老齢年金部門では，女性の平均余命が長いこと，男性と比べ女性の経済的な基盤が脆弱であることから，とくに高齢女性の年金の充実が課題とされてきた。結婚後は，職業活動から遠ざかり，夫に経済的に支えられながら子育てをする女性にとって，十分な年金権を獲得することは難しいと考えられてきたの

である。そのような状況の中で，出産および子育てによる不利益解消のための優遇措置の導入や，配偶者との死別あるいは離別の際の遺族年金制度の改善が行なわれてきた。しかしながら，女性の社会進出が進み働く女性が増加したこと，あるいは家庭における男女平等が進み育児にかかわる男性が増えたことから，徐々に，性別を問わない制度への転換が図られてきたのである。

2 女性と医療保険

　医療保険部門では，女性の産む権利・産まない権利が承認される過程で，その権利の実質化，すなわち，当該権利の行使を容易にする手立てを提供することが課題とされてきた。フランスでは，19世紀以来人口減少への対応が求められてきたため，産む権利の実質化については，手厚い対応が図られてきた[5]。被保険者本人および被扶養者（子どもも含む）は，各種検査や検診，分娩，入院および乳幼児検診さらに出産後の美容体操など，妊娠・出産に関する諸費用については，保険で100％カバーされる。経済的な不安を感じることなく，出産をすることができるよう配慮されているのである。

　一方，産まない権利の実質化への道のりは，カトリックの影響が強いこともあり，避妊する権利，人工妊娠中絶手術を受ける権利の獲得をめざしてきた女性たちにとって，険しかったといわれている。1974年，医師による処方を前提とし，避妊薬や避妊具の諸費用を，医師の診察や検査の費用とともに，医療保険の対象とすることが認められた。避妊する権利に対する経済的な裏づけがはかられたのである。さらに，1982年，人工妊娠中絶手術の費用も，医療保険の対象とされた。産む権利については，その費用が100％カバーされているのに対して，避妊の権利や人工妊娠中絶手術を受ける権利については，その費用のすべてがカバーされるわけではないが，経済的不安を抱えながら産まない権利を行使してきた女性たちの状況と比較すれば，大きな前進があったといえよう。

　医療保険部門では，また，被扶養配偶者の権利拡大が課題とされてきた。従来の制度は，法律婚配偶者にのみ，被保険者の固有の権利に付随する派生的権

利を認めるものとしてきた。しかしながら，法律婚の枠にとらわれないユニオン・リーブル union libre の増加という現実を前に，1978年，被保険者と同居していること，被保険者から扶養されていることを条件に，ユニオン・リーブルの配偶者にも被扶養者としての権利を認め，保険が適用されることとなった。さらに，被保険者との死別や離別により被扶養者としての権利が消滅することは，経済的に従属してきた被扶養配偶者にとって，重大な問題と考えられてきた。死別の場合は，1969年以降，遺族年金の受給資格を有する生存配偶者については，権利の継続が認められるようになり，遺族年金の受給資格がない場合でも，配偶者の死亡から1年間は，本人および子どものために保険の適用が継続されることとなった。これに対して，離婚の場合には，1カ月の猶予しか認められていなかったが，1975年，離婚の場合も死別の場合と同様，離婚後1年間は本人および子どものために保険の継続が認められた。なお，死別や離別の時点で子どもが小さい場合には，その子どもが3歳になるまで引き続き保険が適用されることとなった。

　1993年には，少なくとも3人以上の子どもを育てるあるいは育てた人を対象に，家族手当金庫の負担により，医療保険の受給権が認められた。つづいて，1999年には，配偶者との死別・離別の場合の受給権の継続期間が4年間に拡張された。このようにして，配偶者との死別や離別により経済的困難に陥るおそれのある被扶養配偶者を保護するため，権利が継続される範囲は徐々に拡大されてきたのである。

3　女性と家族給付[6]

　フランスの社会保障制度の特色は，水準の高い家族給付にあるといわれている。その歴史は古く，1932年に遡り，その後の展開により，多様で充実した制度となっている[7]。使用者が被用者に対し賃金に上乗せして支給するようになった扶養手当から発展し，一般化された家族給付は，職業活動に従事していることを条件として支給されてきた。しかしながら，1978年以降は，子どもを育てていることおよびフランス国内に居住していることを条件に，フランス国民

および一定の要件を充たす外国人に対して支給されるようになり，受給要件上，職業活動との関係は問わないものとなっている。また，家族給付の給付額は，所得比例制ではなく，家族給付算定基礎月額の一定比率で定められていることも，当該部門の特色である。

　もともとは，子育てのために女性が職業活動を中断することから生じる収入の不足を補うという機能が期待されていたため，子育てをする無業の妻優遇策となっていた面がみられる。過去にあった被用者対象の「単一賃金手当 allocation de salaire unique」および非被用者対象の「主婦手当 allocation de mère au foyer」は，母親が無業の妻である世帯に限って支給される手当で，女性を職業活動から遠ざけ家庭内に引き止める機能を果たしていると批判された。フランスでは，家族給付の額が相対的に高いことから，手当の支給が女性の就業意欲を殺ぐとして，手当のあり方と女性の就労継続との関係が常に問題とされてきたのである。1972年には，「保育費手当 allocation pour frais de garde」のように共働き世帯をも対象とする手当が創設されるなどの改善がはかられた。さらに，1977年には，「単一賃金手当」および「主婦手当」は，対象者を女性のみに限定しない所得制限つきで支給される「家族補足手当」に代えられた。明らかに無業の妻がいる世帯のみを優遇する手当は廃止されたのである。

　女性の労働力率が高くなるにつれ，職業活動と子育てとの両立が課題とされるようになり，1985年には，「育児親手当 allocation parentale d'éducation」が創設された。3人以上の子どもをもつ人が，出産や養子縁組などにより職業活動を短縮あるいは中断した場合に，末子が3歳に達するまで支給される手当である。育児休業中の所得保障という意義を有しているが，この手当については，疑問の声も寄せられた[8]。受給者の性別は問わないものの，子育てのために職業活動を制限するのは，圧倒的に女性が多い現状では，「単一賃金手当」や「主婦手当」と同様，女性を家庭に引き戻す働きをすると考えられたのである。

　さらに，1994年，「育児親手当」を，2人目の子どもから支給することとなり，女性の就労継続に及ぼす影響はますます大きくなったと指摘された[9]。こ

のような批判に対し，2001年には，子どもの生後18週から30週の間の2カ月間は，この手当と賃金の併給が認められ，「女性のための再就職手当 aide à reprise d'activité des femmes」が創設されることとなった。この手当は，6歳未満の子どもの育児に自ら携わった女性が，再就職，職業教育の受講あるいは起業をするという場合に，保育サービスを受けるために支給されるもので，育児休業から職業活動再開への足掛かりを女性に提供することとなった[10]。この手当は，女性（母親）のみを対象としており，後述する積極的是正措置 discrimination positive の具体例であると解されている[11]。

女性と社会保障という観点からフランスの制度を概観すると，徐々に女性の地位向上を図り，ジェンダー平等を達成するため，度重なる制度見直しがはかられてきたことが理解される。しかしながら，以下にみるように，依然として課題も多いと指摘されている。

II 派生的権利をめぐる問題

社会保障制度は，大きくみると，2つの型に分けることができる。一方は，すべての住民を対象に受給の権利を認めるベヴァリッジ（イギリス）型の制度であり，他方は，職業活動を基礎として権利を認めるビスマルク（ドイツ）型の制度である。

フランスの社会保障制度は，ビスマルク型の社会保険を基本とし，労働者である男性が遭遇する要保障事故から，まず男性自身を保護し，つぎに，その男性の家族負担を軽減するために被扶養者である妻と子どもを保護するという方向で発展してきた。夫である男性が主たる生計維持者であり，妻である女性は家庭にあって職業活動に就くことなく夫に扶養されるという家族をモデルとして，社会保障制度は設計されたのであった。

ベヴァリッジ型の普遍的な制度においては，職業活動の有無にかかわらず一住民として固有の権利が認められるので，無業の妻にも権利が認められる。これに対して，ビスマルク型の制度の場合には，職業活動による収入から保険料

を負担することを条件として労働者に固有の権利を認めるので，無業の妻には，社会保障の固有の権利は認められない。しかしながら，無業の妻であっても様々な生活上の不安に直面することから，妻自身のためのみならず，その妻を扶養する労働者の経済的安定のためにも，妻の保護が必要とされる。そこで，一般にビスマルク型の制度の場合には，被扶養者である妻については，その配偶者である夫の固有の権利から枝分かれする派生的権利として，受給権を認めるという技術が取り入れられている。なお，1999年に創設された連帯民事契約 pacte civil de solidarité のパートナーにも，この派生的権利は認められる[12]。

　この技術により，社会保障の権利を享受しうる人々の範囲を拡大することが可能となり，その意味では，派生的権利にも一定の評価がなされてきた。しかしながら，今日，この派生的権利には，3つの問題点があると指摘されている[13]。第1に，派生的権利は不安定である。権利の基礎とされる婚姻関係が，配偶者の死亡や離婚等により失われると，派生的権利も消滅するからである。第2に，派生的権利が認められるがゆえに，女性が労働市場に出ることに消極的になり，あるいは，固有の権利が認められない非正規雇用に甘んじる傾向がみられる。女性のライフスタイルの選択に対して中立的ではないと指摘されているのである。そして，第3に，年金制度における負担と給付の不均衡について，社会的正義の観点から疑問が投げかけられている。たとえば，無業の妻の場合，保険料を負担することなく，死亡した配偶者の拠出した保険料を基礎にして計算される遺族年金を受給することができる。他方，自らの職業生活に基づき保険料を拠出してきた女性が受け取る年金額は，一般的に女性の収入が少ないがゆえに，低いことが多い。派生的権利により高額な遺族年金を受給する女性と，固有の権利に基づき低額な年金を受給する女性との間に，不公平な状況がみられるのである。

　女性のライフスタイル選択に対する制度の中立性をめぐる第2の問題点については，家族給付のところで検討することとし，ここでは以下，主として第1の問題点について考えることとしたい。

派生的権利の不安定性という問題を克服するため，フランスには原則として65歳以上の人を対象とする税を財源とする無拠出の老齢最低保障制度がある[14]。これは，無年金者あるいは不十分な年金しか受け取れない人に対する救済措置となっている。なお，多岐にわたっていた従来の諸給付は，2004年6月24日オルドナンスにより，「高齢者連帯手当 allocation de solidarité aux personnes âgées」としてまとめられた。また，子育てや障害者の介護により被る職業活動上の不利益を考慮し，家族手当金庫の負担により固有の年金権を付与するという措置もとられている。医療保険制度においても，被保険者との死別や離別の場合に，一定の条件の下で権利の継続が認められてきた。さらに，医療保険制度においては，職業活動とは切り離された住所に基づく普遍的医療保障制度 couverture maladie universelle が創設されたことにより，ある程度の解決ははかられた[15]。

　これらの措置により，派生的権利に特有の不安定性という欠点は，相当程度補われているとみることは可能である。しかしながら，派生的権利に伴う不安定性を根本的に克服するためには，権利の個人単位化をはかり，固有の権利を認めることが望ましいと解されている。また，負担の公平性という第3の問題点についても，やはり，権利の個人単位化をはかる中で，解決すべきだと考えられている。

　ただし，権利の個人単位化をはかり，すべての人に固有の権利を付与するという解決策は，女性の年金権を必ずしも充実させるものではないとする見解もある[16]。ドイツのように，夫婦間で年金を分割するという方式を採用した場合には，女性の夫に対する経済的従属状態を固定化するという問題を伴う。また，すべての人に基礎的な年金権を付与するという方式を導入した場合，財源の制約等から十分な額の年金を提供することはできず，現行制度上様々な優遇措置の対象となっている女性にとっては，不利益を被る可能性もある。

　さらに，労働市場における女性の地位向上により，老齢年金の男女間格差は徐々に解消すると予測されるので，当面は子育てに関する優遇措置を残しつつ，現行制度を維持するという途もあると指摘されている[17]。

なお，欧州連合では，近年，社会保障の権利については，個人単位化をめざす方向が打ち出されている[18]。もっとも，欧州連合では，社会保障政策は，加盟各国の権限として留保されており，欧州連合が社会保障において果たす役割は，以下にみるように限られている。欧州連合は，加盟各国の多様な社会保障制度の整合化 coordination と調和化 harmonisation をはかるべく，地道な努力を重ねてきた。整合化とは，域内の労働者の自由移動を確保するため，加盟各国の社会保障制度における国籍差別を禁止し，年金加入期間の通算や給付の国外支給などを行なうことをいう。また，調和化とは，各国の制度に直接的な修正を求める共通の社会政策を構築するものであるが，各国の制度間の相違が大きく実現は困難であると指摘されている。したがって，欧州連合は，加盟各国の社会保障制度に関する調査および情報交換をはかり，政策の方向性を示し，各国間の制度の相違が縮小することを背後から支援するという収斂化 convergence 政策への転換を図っている[19]。このような状況の中で，年金の個人単位化に関しては，欧州委員会から理事会への意見というかたちで，すべての人々に対して固有の年金権を保障するという改革の方向性が示されている[20]。今後，フランスが，このような欧州連合の要請に対して，どのように応えていくのか注目されるところである。

III 老齢年金における母親優遇措置をめぐる問題

母親のみを名宛人とする子育てに関する優遇措置については，1970年代以降，父親も対象に含める方向での改革がなされてきた。しかしながら現在でも，母親のみを対象とする優遇措置が残されており，子育て負担は母親が担うものとする意識を固定化する，あるいは，子育て負担を引き受ける父親を差別するものであるとの批判が寄せられている。

実際，母親のみを対象とする2年間の保険期間の加算措置については，退職年金改革に関する2003年7月24日法[21]制定の際に，憲法違反ではないかとして憲法院で審議されることとなった。同法32条は，「被保険者である女性は，デクレにより定められた条件の下で，4半期8期を限度として，子ども1人を育

てた期間について毎年，4半期1期の保険期間が加算される。」と規定していた。これに対して，この加算は，同様に子育てをした父親を対象から除外しており，男女平等原則に反し，このように父親を除外することについては，いかなる客観的合理的理由も存在しないとして，法案成立に反対する下院議員および上院議員により，憲法院に付託されたのであった。

2003年8月14日の憲法院判決[22]において，憲法院は，つぎのように述べ，32条を憲法違反ではないとした。平等原則は，立法者に対して異なる状況にある者を異なる方法で取扱うことを禁止するものではなく，別異に取扱うことが一般利益による場合には，平等に反するものではない。原則として，子育てをしたことを理由に社会的優遇措置を付与することについて，親の性別により区別することはできないと考えられる。しかしながら，立法者には，事実上の不平等を考慮することが許されている。女性は男性と比べると，より多く子育てをするために職業活動を中断してきた。2001年現在，女性の平均保険期間は，男性のそれよりも11年も短く，女性の平均年金額は，男性のそれと比べ3分の2以下である。このような状況を考慮し，そして，（女性の優遇措置が定められている）当該規定が削除されることにより，来るべき将来に被保険者である女性に支給される年金水準に対して生じる重大な影響を避けるという一般利益を考慮すれば，立法者には，解消しなければならない不平等を補正するための規定を維持することが許される。なお，付託者達は，憲法院に対して，32条に規定されている措置と同様の措置を男性にも導入することを立法者に命じる判決を期待しているが，憲法が憲法院に認めている権限を越えて，立法者にこのような命令を下すことはできない。

フランスでは，この判決は，積極的是正措置あるいはポジティヴ・アクション action positive の合憲性を，憲法院が初めて正面から認めたものとして理解されている[23]。積極的是正措置あるいはポジティヴ・アクション（以下，積極的是正措置とする）は，一般的には，過去の政治的・構造的な差別により現在不利益を被っている集団に対して，実質的な機会の均等を実現するために特別の機会を提供する措置と解されており[24]，つぎの3つの目的を追求する[25]。第

1に，集団間の不平等の埋め合わせという目的をもつ。第2に，差別に対する闘いという目的をもつ。第3に，多様性の促進という目的をもつ。この積極的是正措置をめぐって，フランスでは，以前から論争が繰り広げられてきた。積極的是正措置は，差別に対する措置として有効か否か。積極的是正措置は，普遍性や公共サービス享受の平等という共和国原理に反しないか[26]。立法者は，男女間の事実上の不平等を解消するため，両性の平等原則に反する選好あるいは優遇を行なうことができるか[27]。

　このような議論が展開されてきた中で，憲法院が，母親のみを対象とする優遇措置の合憲性を認めたことの意味は大きいといえよう。子どもに関する保険期間の加算は，女性のみに対し，さらに，女性一般ではなく子育てをした女性のみに対し認められるもので，実際に子育てのために職業活動を中断したか否かを問うものではない。したがって，たとえ，父親が子育てのために職業活動を中断したとしても，優遇措置の対象とはならず，子育てをした父親にとっては，不公平な措置といわざるをえない。しかしながら，この優遇措置を父親に拡大することが自らに認められた権限を越えるという前提に立つ憲法院は，この措置を平等原則違反として排除することにより母親の年金水準が下がることを避け，現実の年金額における男女間の大きな格差を前に，不平等を是正するためにこの措置を残す道を選択したのである。

　ただし，この憲法院の判決が確認したのは，当該優遇措置の憲法適合性であって，欧州連合の法規範との整合性については課題が残されている[28]。欧州司法裁判所は，2001年11月29日の判決[29]において，フランス公務員の退職年金特別制度で採用されていた母親のみを対象とする保険期間の加算措置，子ども1人につき1年間の保険期間を加算する措置について，つぎのような見解を示していたからである。子育て負担を引き受けることを（女性公務員と）同様に証明することができる男性公務員を，退職年金計算に関する加算措置の対象から除外している，文民および軍人の退職年金法典L.12条(b)は，報酬に関する平等原則の理解を誤っている。欧州司法裁判所は，公務員の退職年金制度は，理事会指令79-7号[30]が適用になる法定制度ではなく，理事会指令86-378

号[31]が適用になる職域制度であると判断した。そして，前者の指令が，一般の法定社会保障制度については男女平等原則を漸次適用していくとしているのに対して，後者の指令は，職域制度における年金を，男女同一報酬原則を定めたローマ条約119条（現141条）に規定される報酬と解し，平等待遇原則を即時に適用することを求めるので，公務員の退職年金には，男女平等原則を即時に適用しなければならないと判断したのである[32]。

なお，1993年の社会政策に関する協定 L'accord sur la politique sociale 6条3項を取り入れたローマ条約119条は，「職業生活における男女間の完全な平等を具体的に確保するため，平等待遇原則は，加盟国が，過小代表となっている一方の性が職業活動を継続することを容易にし，または職業経歴における不利益を予防しもしくは補償するために向けられた優遇措置を伴う施策を採用することを妨げない。」と規定しているが，この判決からは，欧州司法裁判所が，当該加算措置をここで許容されている優遇措置とは認めないと判断したことが理解されよう。

この判決を受け，退職年金改革に関する2003年8月21日法[33]は，2004年1月1日より前に生まれあるいは養子縁組された子どもについては，職業活動を中断した父親に対しても子ども1人について1年間の保険期間の加算を行なうものとし，2004年1月1日以降に生まれあるいは養子縁組された子どもについては，これまでの加算措置に代え，父親や母親の職業活動の中断期間について3年を限度に保険期間として算定するという措置を導入することとした。

父親も対象とすべきであるとしてきた従来の批判，欧州司法裁判所の判決，そしてこれを受けるかたちで行なわれた公務員年金制度の改正を考慮すると，老齢年金制度における母親のみを対象とする優遇措置については，見直しが急務と考えられる。

IV 家族手当と女性のライフスタイル選択をめぐる問題

2003年の家族会議 conference de la famille[34]（政府，議会，企業，労働組合，家族団体等の代表者が出席し，重要な家族政策についてその方向性を決定

するため，年1回政府主催で開催される会議）において，多岐にわたり制度が複雑になっていた既存の家族給付諸手当の簡素化，職業生活と家庭生活のより良い調和，働くか否かあるいは子どもを誰に預けるかということに関する親の選択の自由の尊重などが課題とされ，家族給付制度が再編されることとなった。2004年社会保障財政に関する2003年12月18日法[35]により，従来の「乳幼児手当 allocation pour jeune enfant」，「養子手当 allocation d'adoption」，「認可保育ママ雇用援助手当 aide à la famille pour l'emploi d'une assistante maternelle agréée」，「自宅保育手当 allocation de garde d'enfant à domicile」，「育児親手当」の5つの手当を統合し，「乳幼児受入手当」が創設された[36]。

この手当は，「出産・養子手当 prime à la naissance ou à l'adoption」，「基本手当 allocation de base」，「就業自由選択手当 complément de libre choix d'activité」および「保育方法自由選択手当 complément de libre choix du mode de garde」からなる。前2者は，従来の「乳幼児手当」および「養子手当」を受け継ぐ手当である。一定の所得要件の下で，「出産・養子手当」は，出産や養子縁組に際して支給され，「基本手当」は，子どもが3歳になるまで支給される。「就業自由選択手当」は，従来の「育児親手当」に代わる手当として創設されたもので，子育てのために職業活動を短縮したり中断したりした場合に支給される。パート労働を選択する場合には，労働時間の短縮に応じて支給額は決定される。第1子から支給されるところが，「育児親手当」とは異なるところである。また，「保育方法自由選択手当」は，「認可保育ママ雇用援助手当」と「自宅保育手当」を統合したもので，親が職業活動を行う際，子どもを認可保育ママに預けるか，自宅でベビーシッターを雇い預けるかを選択できるものとし，保育ママやベビーシッターの報酬の一部や雇い主として親が負担する社会保険料の全部あるいは一部を補う手当である。

「就業自由選択手当」については，従前の「育児親手当」に対するものと同様の批判が寄せられている[37]。第1に，子育てのために職業活動を制限したり中断したりした人に手当を支給することにより，施設保育の財源等が削減されることも予想され，親による家庭内保育が望ましい形であると考えられるよう

になる。第2に，主婦賃金 salaire maternel を制度化することになり，妻は家庭，夫は仕事という性別役割分担意識を固定化する。第3に，本来無償である家庭内の労働は，個人の意思により支えられるべきものである。手当が支給されることにより，親による子育てが国により半ば強制され，逆に家族関係が崩壊するおそれも生じる。この手当は，自由選択という言葉とは裏腹に，親に対して，特に母親に対して，仕事か家庭かという選択を迫るものと受け止められているのである。真のジェンダー平等は，女性も男性も経済的な自立を果たしたうえで，国から強制されることなく，女性と男性が無償労働の負担と有償労働の負担を分け合うところ，つまり，家庭と仕事の両立を果たすところで達成されると指摘されている。ここでは，子育てのための仕事の中断を家族手当の受給要件として認めること自体に対する根本的な疑問が投げかけられている。また，家族給付を女性のライフスタイルの選択に中立的な制度とするには，家族給付制度の見直しだけでは不十分であり，労働の場における男女平等の確立，あるいは，子育て負担における男女平等の確立の必要性が説かれている。その点では，2002年社会保障財政に関する2001年12月21日法[38]により創設された，男性も子育てに積極的に関わり，育児休業を取得するよう促す父親休暇 congé de paternité en cas de naissance は重要な意義を有しているといえよう。

なお，2006年社会保障財政に関する2005年12月19日法[39]は，「就業自由選択付加手当 complément optionnel de libre choix d'activité」を創設し，第3子以降，職業活動の中断期間を1年に短縮した場合，3年間支給される「就業自由選択手当」に比べ給付額を約50％増しとするという措置をとることとした。子どもを3人出産し，就業自由選択手当を受給している女性の40％以上が働いていない現状を受け，新設の手当には，育児休業中の所得保障を充実させることと引き換えに，育児休業期間の短縮をはかり，女性の速やかな職場復帰を促す効果が期待されている[40]。

職業生活と家庭生活のより良い調和に向け，女性のライフスタイルの選択に及ぼす影響に配慮しながら，家族給付のあり方を考えていくことが求められている。

おわりに

　フランスでは，以上概観してきたように，専ら母親が家庭にあって子育ての負担を担うとする前提に立つ社会保障制度は廃止される方向にあり，女性の労働市場への進出をより促進し，家族的責任を男女で担うことができるよう，社会保障制度の見直しが進められてきた。そして，本章で取り上げた派生的権利，老齢年金における母親優遇措置，あるいは社会保障給付が女性のライフスタイルの選択に及ぼす影響をめぐって，活発な議論が展開されてきた。しかしながら，現段階では，必ずしも答えが1つにまとまっているわけではない。

　夫に扶養される妻や子どもの利益を守るための技術であった派生的権利は，今後も女性の経済的自立にとって有意義な制度であり続けるか。現実の社会における男女間の格差を前提とし，この格差解消のための措置とされる老齢年金部門における母親優遇措置は，積極的是正措置として認められるか。当該措置が現時点では積極的是正措置として認められるとした場合，どの段階でこの優遇措置は廃止しなければならないか。社会保障給付を女性のライフスタイルの選択に中立的なものとするには，どのような配慮が必要とされるか。これらの問いに答えながら，今後，フランスの社会保障制度はどのような発展を遂げるのであろうか。ジェンダー平等の確立に向けたフランス社会の選択に，関心をもち続けていく必要があろう。

注

1) Rolande RUELLAN, 《La femme et la sécurité sociale》, *DROIT SOCIAL*, n.1, 1977, pp.55 et s., Rolande CUVILLIER, 《L'épouse au foyer : une charge injustifiée pour la collectivité》, *DROIT SOCIAL*, n.12, 1977, pp.427 et s., Jacques BICHOT, 《Retraite et famille : des injustices à la pelle》, *DROIT SOCIAL*, n.1, 1999, pp.33 et s.

2) 詳しくは，藤野美都子「フランスの社会保障法と男女平等」林瑞枝編『いま女の権利は　女権先進国フランスとの比較から』学陽書房，1989年，178頁以下を参照。

3）伊藤周平「少子化・ジェンダー・福祉国家」高藤昭編『少子化と社会法の課題』法政大学出版局，1999年，67頁および杉本貴代栄『女性化する福祉社会』勁草書房，1997年，199頁以下を参照。

4）藤野美都子「欧州連合とフランスにおける社会連帯」憲法問題16号（2005年），81頁以下を参照。

5）舩橋恵子「現代フランスの産育―仕事と育児の両立―」女性空間10（1993年），107頁以下を参照。

6）神尾真知子「フランスの家族給付制度」日本社会保障法学会誌11号（1996年），185頁以下を参照。

7）都村敦子「家族給付」（社会保障研究所編『フランスの社会保障』東京大学出版会，1989年所収），167頁以下および上村政彦「家族給付制度」（藤井良治・塩野谷祐一編『先進国の社会保障6 フランス』東京大学出版会，1999年所収），161頁以下を参照。

8）Jeanne FAGNANI,《L'allocation parentale d'éducation : effets pervers et ambiguïtés d'une prestation》, *DROIT SOCIAL*, n. 3, 1995, pp.288 et s., および神尾前掲注6），191頁。

9）Laurence ALLAIN et Béatrice SÉDILLOT,《L'effet de l'allocation parentale d'éducation sur l'activité des femmes》, (CONSEIL D'ANALYSE ÉCONOMIQUE, *Égalité entre femmes et hommes : aspects économiques*, La documentation française, Paris, 1999) pp.177 et s. および井上たか子「職業と家庭の両立：日仏比較」女性空間20（2003年），135頁。

10）林雅彦「フランスの家族政策，両立支援政策及び出生率上昇の背景と要因」日本労働研究機構欧州事務所，特別レポート Vol.5(2003年)，74頁。http : //www/jil.go.jp/mm/kaigai/pdf/20030305a.pdf

11）Hélène PÉRIVIER,《Emploi des meres et garde des jeunes enfants : l'impossible réforme?》, *DROIT SOCIAL*, n.9/10, 2003, p.799.

12）Jean-Jacques DUPEYROUX, *Droit de la sécurité sociale*, 15e éd., Paris, Dalloz, 2005, p.493 et p.717, ロランス・ド・ベルサン＝斉藤笑美子訳『パックス―新しいパートナーシップの形―』緑風出版，2004年，69頁以下を参照。

13）Nicole KERSCHEN,《Vers une individualisation des droits sociaux : approche européenne et modèles nationaux》*DROIT SOCIAL*, n.2, 2003, pp.218 et s.

14）Jean-Jacques DUPEYROUX, op. cit., pp.614 et s.

15）Loi n°99-641 du 27 Juillet 1999 portant creation d'une couverture maladie universelle.

16）Catherine ZAIDMAN,《L'individualisation des droits réduirait-elle les inégalités hommes/femmes?》, *DROIT SOCIAL* n.6, 1998, pp.590 et s.

17) Carole BONNET et Christel COLIN,《Les disparité de retraites entre hommes et femmes : ver une réduction?》(CONSEIL D'ANALYSE ÉCONOMIQUE, op. cit,) pp.169 et s.

18) Nicole KERSCHEN, op. cit., pp.217 et s.

19) 岡伸一『欧州統合と社会保障』ミネルヴァ書房，1999年，濱口桂一郎『EU労働法の形成』日本労働研究機構，1998年および前田充康『EU拡大と労働問題』日本労働研究機構，1998年を参照。

20) COMMUNICATION DE LA COMMISSION AU CONSEIL, AU PARLEMENT EUROPÉEN ET COMITÉ ÉCONOMIQUE ET SOCIAL《Une approche intégrée au service des stratégies nationales visant à garantir des pensions sûres et viables》http://eur-lex.europa.eu/smartapi/cgi/sga_doc?smartapi!celexplus!prod!DocNumber&lg=fr&type_doc=COMfinal&an_doc=2001&nu_doc=362

21) Loi n° 2003-375 du 24 Juillet 2003 portant réforme des retraites.

22) Décision n° 2003-483 DC du 14 Août 2003.

23) Gwénaële CALVÉS,《Le Conseil constitutionnel français et la réforme des retraites : Une occasion manquée pour le développement du contentieux de l'égalité entre les sexes (À propos de la decision 2003-483 DC du 14 Août 2003)》, Miyoko TSUJIMURA et Danièle LOCHAK, *Égalité des sexes : La discrimination positive en question*, Paris, Sosiété de législation comparée, 2006, pp.106 et s., Marie-Thérèse LANQUETIN,《Les retraites des femmes : quelle égalité?》, *DROIT SOCIAL*, n. 11, 2003, pp.960 et s., オリヴィエ・ジュアンジャン=山元一訳「フランス法における男女平等（COE研究会報告）」辻村みよ子編『ジェンダー法・政策研究叢書　第1巻　世界のポジティヴ・アクションと男女共同参画』東北大学出版会，2004年，150頁以下。

24) フランスにおける「積極的是正措置」の概念については，糠塚康江『パリテの論理―男女共同参画の技法―』信山社，2005年，174頁以下を参照。

25) Gwénaële CALVÉS, op. cit., p.105.

26) 糠塚前掲注24），176頁以下を参照。

27) Gwénaële CALVÉS, op. cit., p.106.

28) Marie-Thérèse LANQUETIN, op. cit., pp.960 et s.

29) CJCE 29 novembre 2001, C-366/99 Griesmar c/ministre de l'Économie, ministre de la Fonction publique. Marie-Thérèse LANQUETIN,《L'égalité entre hommes et femmes dans le régime spécial de retraite des fonctionnaires》, *DROIT SOCIAL*, n.2, 2002, pp.178 et s. なお，当該判決については，大藤紀子

「欧州連合（EU）における男女共同参画政策とポジティヴ・アクション」辻村みよ子編前掲注23)，66頁以下も参照。

30) Directive 79/7/CEE du Conseil du 19 décembre 1978 relative à la mise en œuvre progressive du principe d'égalité de traitement entre hommes et femmes en matière de sécurité sociale.

31) Directive 86/378/CEE du Conseil du 24 juillet 1986 relative à la mise en œuvre du principe d'égalité de traitement entre hommes et femmes dans les régimes professionnels de sécurité sociale.

32) 社会保障制度と男女平等原則をめぐる欧州連合の対応については，藤野美都子「EC/EUの社会保障と男女平等」時の法令1546号（1997年），45頁以下を参照。

33) Loi n° 2003-775 du 21 Août 2003 portant réforme des retraites.

34) Philippe STECK, 《Les conferences de la famille et l'évolution de la politique familiale》, DROIT SOCIAL, n.6, 2002, pp.582 et s.

35) Loi n° 2003-1199 du 18 décembre 2003 de financement de la sécurité sociale pour 2004.

36) 神尾真知子「新しい家族手当『乳幼児受け入れ手当』」ジュリスト1266号，(2004年)，5頁を参照。

37) François de SINGLY, 《Le trompe-l'œil de l'allocation de libre-chois》, DROIT SOCIAL, n.1, 2003, pp.128 et s.

38) Loi n° 2001-1246 du 21 décembre 2001 de financement de la sécurité sociale pour 2002.

39) Loi n° 2005-1579 du 19 décembre 2005 de financement de la sécurité sociale pour 2006.

40) Conférence nationale de la Famille, Hôtel de Matignon, Jeudi 22 septembre 2005. http://www.famille.gouv.fr/doss_pr/conf_famille2005/dossier_press_220905.pdf, p.4 et p.10.

（藤野美都子）

第4章　変わりゆくフランスの家族法

はじめに

　第2次世界大戦後のフランスでは，そのときどきの私生活のありかたを映しだしながらほぼとぎれることなく家族法の改正が試みられてきた。なかでも，戦後に行われた家族法のもっとも大きな改革は，後見及び未成年解放に関する民法典の規定の改正に関する1964年12月14日法に始まり，離婚制度の改正に関する1975年7月11日法によって一応の区切りをみた一連のものである。この時期の家族法改正は，戦後家族法大改革の第1期をなすものとみることができるが，その多くがジャン・カルボニエという碩学の個性とその協力者による小さな知的サークルによって進められたことに特徴がある[1]。カルボニエは，改正の背景には産業化による女性の社会進出，核家族化による夫婦中心主義のもたらした情愛家族が構成員の結合と自律化の双方のモメントを持つように至ったという家族の変化があると述べている[2]。

　この時期の改革は，夫婦財産制，親子法，離婚法の改正を通して家族の「平等化」，「自由化」を推し進めるだけでなく，家族の「非制度化」への道を切り開いていったところにもう1つの特質があるとみることができる。

　カルボニエは「家族は制度というより，個人の自由を発展させるための道具である」との家族観を示し，家族法についてもある特定の家族をモデル化してそれ自体の法を追求するというものではなく，家族法は家族における人権に関する法になると語っていて，家族法の性格それ自体が変化することを意識している。

　しかしながら，この時期の家族法は，自由化，平等化，非制度化へ歩を進めてはいるが，夫婦関係においてはなお家父長制的家族観を色濃く残し，親子関

係においても子どもの平等化は，婚姻家族の保護に対して完全に優越しているわけではない。つまり，第1期の家族法は，家族の個人化，自由化という変化に対応しながら，なお婚姻家族を中心とする家族観にたって，伝統的な家父長制的性格も払拭しきれない，過渡的な色合いを強く残していたとみることができる。このことは，家族法改革が保守と革新とのイデオロギー対立の渦中に置かれ常にカルボニエのいう「妥協的性格」を持ってきたというばかりではなく，姦生子[3]の相続分の平等化への反対に見られるように，国民の意識も婚姻家族をモデル家族とする意識から脱却しているというわけではなかったことに根ざしている。

　第1期の家族法改革に引き続いて，夫婦財産制及び未成年者の財産管理に関する夫婦ならびに両親の平等に関する1985年12月23日法による夫婦財産管理権の平等化，離婚後の親権の共同行使について選択の余地を認めた親権の行使に関する1987年7月22日法，離婚後の共同親権を原則とし家事事件裁判官を創設した身分，家族及び子どもの権利，家事事件裁判官に関する1993年1月8日法，生命倫理に関する1994年7月29日法（生命倫理関連法）によって，人工生殖の準拠規範を定め，科学技術の進歩を親子関係に反映させる準則が定められた。科学の進歩に対応する生命倫理法をのぞいて，これらの家族法改革は，第1期の家族法改革の理念を実質化していくものであり，この時期を中間期と理解することができよう。

　中間期に引き続いて1990年代の後半から現在に至るまで継続的に続けられている改正は，戦後第2期の家族法大改革の時代にあたるといってよい。

I　家族法改革の現在

　第1期の改革が始まってからすでに30年を経たときに，フランス政府は，この間の家族の変化をどう受け止め，その変化は家族法にどのように反映され，家族法の役割はどこにあり，親子関係，親権，婚姻，離婚，相続に関して家族の変化を反映させるにはどのような法技術が必要であるかの検討を求めた。これを受けて，1998年にはイレーヌ・テリーによる報告書[4]，ついで1999年にド

ゥクベル・デフォッセによる報告書が相次いで出された[5]。デフォッセによれば，この間の家族の変化は，脱婚姻（離婚，ユニオン・リーブル，再編家族）の深化による私生活の選択による多様化，生物学と医学の発展による長寿化のもたらしたカップルの長期化と数世代の同時存在，生物学による親子鑑定の精密化と人工生殖，さらに欧州人権条約や子どもの権利条約における個人の平等化と差別禁止へ向けられた法原則の劇的な変化によってもたらされているという。

　デフォッセ報告書の序文によれば，改正の試みは家族環境の変化に対応するとともに，第1期から継続的に行われた法改正が法を複雑化しわかりにくくしたことを整序する意味もあるとしている。さらに，報告書の明らかにする改正の基本姿勢にはつぎのような3つの際だった特徴を見ることができる。

　1つは，家族と法の関係について，第1期の家族法改正のテーマは，法を慣習に適合させるということであり，法は家族に適合すべきであり家族を導くことはできないとの謙抑主義にたって行われた。これに対して，デフォッセは，法は象徴的な役割を人々の行為に対して持っていることを強調し，法は紛争状態の家族だけを対象とするのではなく常態にある家族を規範化する必要があり，社会を動員してそのことに広く理解を求め，人々の行為がそれを指導標にするようにしなければならないとする。法の人々の慣習に対する役割は過剰に見積もってもいけないが，また過小評価してもいけないとして，法の教育的役割が再び強調されるのである。

　2つは，家族とは親族関係であることの強調である。個人は，個人史においてそれぞれの家族体験を持つとしても，家族が性と世代の交錯する親族構造の中に位置し，家族形態がどのようなものであれ親族関係に基礎づけられているという普遍性を見失ってはならないとされている点である。その意味における家族は，社会の基礎として不変であるというのである。

　3つは，報告書を作成するにあたり，さまざまな家族観をくみ取り社会的合意を形成するために，専門家，民間団体，家族に関わる職業団体の意見を聴取するという方法をとって，合意形成をはかったという点である。実際には，家

族観についての合意は得られなかったものの，困難な状態にある家族を救済し，そのために民法と民事訴訟法における措置が探求されるべきであるということの方向性では一致したという点である。作業グループには，弁護士，公証人，学者，心理専門家，各省庁の担当者・大臣が動員され広く国民的合意をはかったことは，第1期のカルボニエに依存したやり方とは全く異なっている。他方で，多方面の意見を集約した結果，この報告書がなおいっそう妥協的な性格を持っていることは否めない。

　このような指針をもとに作成された報告書では，家族法改正は大きく分けて2つの軸を中心に進められなければならないとされた。

　それは，親子関係は親族に基礎をおいていることと，カップルが個人の意思に基礎をおいていることを尊重すべきだということである。具体的には，前者は，子どもには，かならず2人の親がいるということを念頭に置くということあり，離婚後の父母の責任，ひとり親，再編家族はこの視点を基準に考察され，家族関係の現在のあり方を問わない親責任のあり方が問われなければならないとするのである。したがって，ここでは子どもが家族を創るのではなくカップル＝2人の親の存在がまずあって家族が創られるということが強調される。

　個人意思の尊重は，個人がどのような私生活の形をとっていたとしてもそれを尊重しなければならないということを意味する。そのことから婚姻と非婚の関係の平等化がはかられる。しかし，報告書はその一方で婚姻を社会の基礎であるとみなし，その法的安定性を確保するために，離婚の手続保障を効果的に組み立て，行政離婚（裁判所の関与しない日本の協議離婚）を否定し，配偶者相続権の拡大をはかるとしている。

　この報告書が出されたのち，立て続けに法改正が行われていくことになる。主なものでは，1999年11月15日連帯民事契約法（Pacte　civil de solidarité（以下，PACSとする）PACS[6]），離婚事件における補償給付に関する2000年6月30日法，生存配偶者ならびに姦生子の諸権利および相続法諸規定の現代化に関する2001年12月3日法，養子および被国家後見人の出自へのアクセスに関する

2002年1月22日法，氏に関する2002年3月4日法，親権に関する2002年3月4日法，氏の帰属に関する2003年6月18日法，離婚に関する2004年3月24日法，養子法改正に関する2005年7月4日法，親子関係の改正に関する2005年7月4日法があげられる。これらの改正の多くは，議員立法の形をとっているが，先の2つの報告書がたたき台となっていることはいうまでもない。

これら一連の改正を子細に検討することはできないが，PACS，相続法改正，氏の帰属に関する改正，親子関係に関する改正を紹介し，現在のフランス家族法改正の特徴と性格を具体的にみることにしよう。

II PACS

第1期の家族法改革によって示された自由化の方向については，社会的合意が成立し，中間期の改正は既定の方向性を実体化していくだけの技術的な立法が中心となった。しかし，PACS法が提案されるや，立法の議論はにわかにイデオロギー対立の様相を帯びてきたのである。

PACS法は，カップル形態の選択の自由と平等の問題として提案されたのであり，はじめは異性間の事実婚状態を念頭に置いていたものであった。しかし，保護の平等の観点から同性愛者をカップルに含めるかどうかが最大の焦点となることによって，国民的な議論を巻き起こし，左派，右派，同性愛者の団体，婚姻と家族の保護団体が入り乱れる政治的対立となって，大きな社会運動が展開された[7]。

1 PACSの民事上の効果

PACSは，「異性あるいは同性の自然人たる2人の成人による共同生活を組織するために行われる契約である」（民法典515−1条）。当事者が契約を結び，彼らの住居のある小審裁判所の文書課にその契約内容を登録することによって成立する。PACSを結ぶことによって，租税法，労働法，社会保障法，外国人の入国滞在に関する法による利益を得ることができるようになると同時に，当事者は，契約によって定めた相互の権利義務を負うことになる。第3者

に対しては，婚姻と同じように，生活の共同性を考慮して日常家事債務に関する連帯責任を負うものとされ，その責任は共同財産だけでなく個人財産にも及び，また成立後に有償で取得した財産について，取り決めのないときは持分が2分の1の共有にするとの推定がなされる。

PACSは契約であるから，当事者の合意で解消され，加えて一方当事者が解消したければ，その旨を相手方に通知した書面のコピーを添えて小審判所に提出すればよいとされている。この点こそ，婚姻とのもっとも大きな違いであり，PACSを選択したものは存続について制度的な保護を受けることはできないということなのである。しかし，一方的な不当破棄に対する損害賠償についても，親子に関する規定もなく，不当破棄の責任や子どもの問題を法の外におくという問題をはらんでいる。もっとも不当破棄に関して，最後にPACSの成立が争われた憲法院では過失 faute のある当事者は，損害賠償の責めを負うとの解釈が示されている。

2　PACSの制度性

PACSが契約に過ぎないのか，あるいは婚姻に準じる制度的性格を持っているのかという議論は，同性愛者に家族的権利を認めることにつらなる重大な意義を持っている。財産関係における当事者主義，一方的な解消を認める拘束性の弱さ，親子関係においても嫡出推定に準じる扱いは認められていないので，PACSは婚姻に準じる制度的な関係を創り上げたものだとはいえないように見える。子どもについていえば，異性間のカップルに生まれた子どもは自然子であるし，同性愛者はカップルで養子をすることも人工生殖をすることも認められていない。このように家族的権利は否定され，PACSは制度性を持たないと見ることができる。しかし，「制度」というものが，権利義務の集合が形作る定型性であるとするならば，この契約を結ぶことによって集合的に法的効果を得られることから見ると，PACSが全くの契約であるということもできない。むしろ制度としての婚姻それ自体が定型的な規制に当事者意思による規制を取り込むようになっていることから見れば，制度性を弱める婚姻に続く第2の制

度的なカップルの関係を PACS は創り上げたと見ることもできよう。

3　PACS のその後

　PACS は，フランス社会では予想した以上に受け入れられた。法律制定後45日で，6,211件もの登録がなされ，2003年には31600の登録あり，2004年の終わりまでには合計131,600件の登録がなされたといわれている[8]。INED（国立人口動態研究所）は，PACS は事実上のカップルが年間450,000件生まれることからすると，その1割が PACS を締結すると予測していた。実際はこの予測より少ないものの，ほぼそれに近い数といえる。PACS の解消も2004年末までに15,641件あり，全体の11％が解消されている。この中で，同性愛者の PACS の割合は，1978年1月6日に制定された個人情報保護の法律が明らかにすることを難しくしているが[9]，制定直後の新聞社の調べでは，パリでは同性間の PACS が多数派であり，地方では異性間の PACS が多数派であると報じている[10]。

　しかし，イデオロギー論争に終始し右派と左派との対立の中で成立を急いだために，技術的な議論をおろそかにした結果，PACS の内容は不明確であると批判する法学者は少なくない。財産関係に関して不分割を推定し，当事者の反対合意のないときには2分の1の共有であると推定する点がもっとも強い批判の対象となっている。この推定を覆すために当時者は，共同生活のために購入する物品に関していちいち取り決めをしておかなくてはならないというのである。PACS が死亡解消した場合には，その相続人と生存当事者との間に持分をめぐっての争いが引き起こされることにもなる。このような，法の不備を補完するために契約モデルが法専門家によって提示されている[11]。これらの批判を受けて，相続と恵与の改革に関する2006年6月23日法は，財産の管理について PACS の当事者は別産制か，不分割を選択できるものとし，意思表示のない場合は別産制を原則とした。

　さらに，公務員の「近接配属の権利」を認める労働法の規定に関しては，PACS の解消の自由を逆手にとって，望まない赴任地への配属を回避するために「仮装の PACS」が頻繁に行われているという[12]。

PACSは，同性愛者のカップルを法的に承認したという意味において，私生活の自由を1歩進めたが，その規制の技術においては不十分であり，またその性格もあいまいである。同性愛者の団体は，家族的権利を求めてPACSの制度的性格を強めていこうとしているし，保守派は依然としてこれに反対している。PACSの未来は，不透明であるが，欧州連合域内には，同性愛者の婚姻を認める国もあり，また比較法的に見てもパートナー法としては欧州連合内でもっとも保守的な段階にとどまっている。欧州連合の圧力がどのように影響していくのかという点も，PACSの命運を握る見逃せない要因である[13]。

III 相続法改正

生存配偶者ならびに姦生子の諸権利および相続法諸規定の現代化に関する2001年12月3日法では，表題からも見て取れるように，生存配偶者の相続権の保護を拡大し，自然子の中でも唯一残っていた姦生子の差別を廃止した。

1 姦生子の保護

親子関係に関する1972年1月3日法は，自然子のうち単純自然子，乱倫子[14]には嫡出子との差別をもうけないことを定めたけれども，姦生子の差別は依然として残されていた。姦生子の場合は，被相続人となる一方の親が婚姻中なので婚姻家族の保護の名目で，その配偶者と子どもは優遇されたのである。

その1つは，姦生子は嫡出子と，生存配偶者とともに競合する相続人になれるが，その相続分は制限されていた。子どものいない生存配偶者と競合するときの取得分は本来の2分の1とされ，嫡出子と競合するときは，姦生子の相続分は全員が嫡出子である場合の相続分の2分の1であった[15]。また遺留分についても姦生子は嫡出子の半分とされていた（民法典旧915条）。さらに姦生子は，その父または母からその相続分を超えて恵与を受けることができないとされていた（旧908条）。

もう1つは，子どもが姦生子だけであるときには，被相続人は生存配偶者のために所有権の4分の3もしくは所有権の2分の1と残りの2分の1の用益権

を無償贈与することができるとされているので（旧1097条），この任意処分によって姦生子の遺留分が消滅し，この場合に終身定期金への転換を求めることもできない（旧1097－1条）。同様に，夫婦財産制において，全ての財産を共通にするとの約束＝包括共通制の契約をした場合に，生存配偶者が全ての財産を獲得し，前婚の子どもは相続から排除されることになるが，それを保護するために1098条に定める割合を超える部分については効果を持たないとされていた。しかし前婚の子どもと同様に姦生子も含まれるか争いがあった。

さらに，姦生子に対してその相続分に相当する資産を充分に与えることによって，遺産分割から姦生子を排除できるとされていた（旧762条～764条）し，遺産分割において，生存配偶者や嫡出子が遺産分割に対して財産の優先分与請求をした場合には，姦生子は故障の申し立てが禁じられていた（旧761条）。

このような規定を通して，婚姻家族＝嫡出家族は姦生子に優先され，その家族的利益は保護されていた。しかし，事実婚や婚外子の増加あるいは離婚再婚による家族の複合化を通して，排他的な婚姻家族の地位が相対化していき，平等思想に後押しされて姦生子差別の問題は顕在化してくるようになった。その撤廃運動は，家族主義と平等主義との軋轢の中で紆余曲折をたどり，さまざまな提案がなされてきたものの，差別をフランス自らの意思では廃止するまでには至らなかった。姦生子の差別は，2001年法によって全廃されたが，それをもたらす直接の引き金となったのは，欧州人権裁判所が姦生子の差別は財産権の保護に反し，違法であるとしたことによってである[16]。

2　生存配偶者の相続権

生存配偶者の相続権の役割は，夫婦財産制，無償処分の優遇措置，居住権の保護など生存配偶者に対するその他の保護の制度との関係で考えていく必要がある。今回の相続法改正は，これまで相対的に低い位置づけしかなかった配偶者相続権を拡大し，生存配偶者の地位をいっそう強化し，また家族の多様化によって生じる紛争を回避しようとする配慮によってもたらされたものである[17]。

(1) 夫婦財産制

フランス法の夫婦財産制では、当事者は自由な合意をすることができ、夫婦財産制の改革を定める1965年7月13日法が夫婦財産契約の伝統的な不可変更性の原則を改めて以来、契約後の夫婦関係の変化に応じて変更できることになり夫婦財産契約が利用しやすくなった。もっともよく利用されているのは、生存配偶者への全部分与特約のついた包括共通制といわれるものである。この契約をしておけば、無償贈与として相続持戻の対象にもならないし、遺留分の制限にも服することなく、また課税されることもなく生存配偶者は夫婦間の全ての財産を取得することができる。契約をしなかった場合には、法定夫婦財産制は夫婦が婚姻によって形成した財産の2分の1は生存配偶者のものとなる後得財産共通制を採用しているので、その部分については権利が確保されている。このようにして、相続は被相続人の財産から夫婦財産制によって生存配偶者のものとされる財産を控除した残りの部分についてフランスでは行われる。

(2) 夫婦間無償贈与

夫婦財産制によって生存配偶者に与えられた財産以外の残余がある場合でも、その部分についての夫婦間贈与には優遇措置が与えられる。この無償処分は、本来禁止されている将来の相続契約には当たらないとされ、また遺留分に関しても夫婦間には特別の自由分が与えられ4分の1の所有権と4分の3の用益権かまたは全体についての用益権を生存配偶者は確保できていた。この贈与は、税制面でも優遇される。

(3) 居住権の保護

住居が賃貸借によるときには、夫婦は共同名義の借り主とされ、一方の死亡によって賃貸借契約の解消は生じないとされている（1751条1項）。また、遺産分割に際して、賃借権のみならず住居の所有権を生存配偶者は優先分与の請求ができる（旧832条6項1号、1961年12月19日法）。加えて、後得財産共通制のもとで、生存配偶者は相続財産となる部分について、9カ月間食費や住居を共通財産の負担として支給することができる権利（寡婦の権利）を持っていた（旧1481条）。

今回の改正で，住居を生存配偶者に確保するための手段が強化された。相続分の変更による一般的な帰結については後述するとして，それ以外の補完的措置といわれるものには次のようなものがある。

(a)「1年間の住宅への権利」──生存配偶者は，相続開始後1年間は法律上当然に，住居とそれに備え付けられた動産を無償で享有することができるとされた（763条1項）。住居が賃借によるときには，賃料は1年間相続財産から支払われる（763条2項）。この規定は，婚姻の効果として認められたものであり，相続法によるものではなく，また公序に属する（763条3項）とされるので，他のものの意思で否定することはできない。

(b)「終身の居住権と住宅に備えられた動産の使用権」──生存配偶者は，終身の居住権と動産の使用権を認められているが，この権利は(a)と異なり，相続上の権利の一部とみなされ，配偶者の相続する価額から控除される（765条1項），しかし相続する価額よりも居住権の価額の方が大きい場合には，償還する必要はないとされる（765条3項）。もっとも，この権利は公序とはみなされていないので，被相続人の公正証書遺言によって反対の意思が示されていないことが条件となる（764条1項）。生存配偶者に認められた権利は，居住を強制するものではなく，別の居所に移り賃貸に出してその賃料を新たな居所の住居費に充当することができるとしている（764条5項）。これは，高齢の生存配偶者が老人ホームに入りその費用を捻出できるようにしたものである。

(c) すでに遺産分割に際して生存配偶者には住居の優先分与請求権があったが，それを拡充し，動産にも及ぶとし（832条6項），優先分与を受けたことの対価＝清算金の支払い方法を容易にした（832条8項）。これによって，生存配偶者は住居と動産の所有権を受け取ることができ，その際先に述べた終身の居住権と動産の利用権を行使する意思を表明しておれば，その価額だけ所有権から差し引かれるので，優先分与の評価額がその分だけ減額されることになる（832条10項）。このように生存配偶者は，夫婦財産契約や法定夫婦財産制によって，通常は夫婦財産の半分以上を獲得したうえで，なお1年間は被相続人との共同生活をしていた住環境を強行的に維持することができ，被相続人が反対

しない限り，終生の住環境の保持を求めることができるような配慮がなされている。

(4) 配偶者相続権の拡大

1972年法の下において，生存配偶者は子どもとともに相続する場合には4分の1の用益権を得るだけであり，兄弟姉妹または両系の尊属と共同相続する場合には2分の1の用益権を取得するものとされていた。これは，相続に関して配偶者は夫の家系から所有権を獲得することはないことを意味し，遺産を単系的に維持しようとする家産的発想が背後に潜んでいるものと見ることができる。今回の改正では，これを大幅に改めた。

夫婦の共通の子どもと共同相続する場合には，生存配偶者には法定相続分についての選択が認められ，所有権の4分の1か，現存財産についての全部の用益権を分割までに選ぶことができる（757条前段，758条の2）。他の相続人は生存配偶者に選択権の行使を請求することができるが，選択しない場合には用益権を選択したものとみなされる（758条の3）。用益権を選択した場合には，子どもは用益権のない所有権を取得することになり，その権利は虚有権（nu-proprietaire）と呼ばれているように，財産の維持管理に利害はあっても生存配偶者が生きている間は実態のないものとなる。

それゆえ生存配偶者が用益権を持つと，その財産の流動性がそこなわれ資産運用を妨げることになるし，用益権と虚有権が併存することによって財産の管理をめぐっての軋轢が生まれてくる可能性が大きい。また，生存配偶者が再婚者である場合には，前婚の子どもとの間ではとくに人間関係の問題が生じやすいし，また生存配偶者が前婚の子より若いときには，その子どもは相続権を享受することなく生涯を終えることも出てくる。

このような問題に備え，改正法は生存配偶者の用益権を終身的定期金に転換する請求権を子どもに与えると同時に配偶者自らも転換を求めることができるとした（759条）。この請求権が行使されると，その内容は当事者の話し合いによって決められるが，それが成立しない場合には分割が終局的に行われる前までに，裁判所が判断することができる（760条）。しかし，裁判所は住居と動産

に関しては生存配偶者の意思に反して，定期金に転換することはできない。

また，生存配偶者との間に生まれたのではない子どもや卑属がいるときには，紛争を避けるために，改正法は両者の権利関係を分離させ生存配偶者は4分の1の所有権を取得するものとした（757条後段）。

また，生存配偶者は子どもや卑属または尊属がいない場合には，相続財産をすべて取得することとなり，被相続人の兄弟姉妹は競合することはない（757－2条）。

3　相続法改正の特質

今回のフランス相続法の改正の特質は，次の3点に集約できる。

（1）家族観の転換，婚姻家族の保護と多様化する家族の調整

姦生子の相続分の平等化に見られるように婚姻家族の保護よりも子どもの保護を優先し，子ども間においては家族形態による差別を完全に否定し，嫡出家族の優位は失われた。しかし，生存配偶者に関しては，子どもや夫の親族よりも優先することになり，夫婦家族としての婚姻家族の特質は強化され，家産的観念よりも夫婦形成財産が相続の中心であることが明らかになった。反面，離婚の拡大によって再編家族が増えることから，時系列的に生じた複数の家族の調整をはかり，家族の多様化に対応している。したがって，改正相続法は夫婦家族を原則的な形態としながらも，現実に生まれてくる家族のさまざまな形に配慮する複合的な性格を持つものとなっている

（2）相続における選択的・意思的要素の拡大

相続の現実的処理のための調整機能を果たすものとして，「意思」の役割を強化し当事者主義的な相続的処理を期待し，家族の多様な現実に対応させようとしている。

（3）補充的権利による配偶者の生活環境の保護

夫婦家族を中心において，生存配偶者の生活環境の維持がもとめられ，住居と動産に関する補充的な規定をおき，これが夫婦財産制と無償贈与の保護とあいまって実現されていることである。

Ⅳ 子どもの氏

　子どもの氏に関して，家族の氏に関する2002年3月4日法，その修正案である家族の氏の帰属に関する2003年6月18日法，そして親子法の改正に関連して行われた親子関係の改革に関する2005年7月4日オルドナンスの3回の改正が行われている[18]。これらの改正は，両性の平等と，嫡出子と自然子の平等の観点から行われ，最後のものは親子関係において自然子の概念を廃止したことからの修正であり，2003年法を実質的に改訂するものではない。

　嫡出子の氏に関して民法上の規定は存在しなかった。嫡出子は，家父長制的家族観念にもとづく血統主義によって，当然に父の氏を名乗るものと考えられていた。それゆえ，母の氏が子どもの氏として用いられることは想定外のことであり，母の出生氏を子に承継させることはできなかった。

　自然子については，これまで認知や判決によって親子関係が先に成立した親の氏を称するとされ，同時に成立した場合には父の氏を名乗るとされていた。最初に成立した親子関係によって称することになった氏の変更は認められるが，原則的に自然子においても父母双方の氏を名乗ることはできなかった[19]。

　これに対して，夫婦財産制における配偶者間ならびに未成年者の財産管理における両親の平等に関する1985年12月23日法は43条によって，人はすべて使用の名目ではあるけれども両親の結合姓を名乗ることができることを認められた[20]。

　このような氏の規制に対しては，親権法の改定により父と母の平等がはかられ，共同親権を事実婚にも拡大したことによって自然子と嫡出子との区別が希薄になったこと，欧州人権条約8条（私生活並びに家族生活の尊重）および14条（平等原則）を遵守する形で他の欧州諸国で母の氏を称することや結合姓を使用権としてではなく法的に承認していったことなどの影響などから[21]，改正の必要性が説かれていた。また他方では，嫡出家族の正当意識も払拭されず，自然子は母の氏を称することがほとんどであったことから，母の氏を称するもの＝自然子であるとの差別意識が残存し，この点を解消することも急務である

と考えられた[22]。

　2000年11月に社会党議員ジェラール・グーズらによって氏に関する議員立法案が国民議会に提出されるが，保守派が多数を占める元老院の修正を受け，それが2002年2月21日に国民議会で可決され2002年3月4日の法律となって成立する。2002年法は，大統領の署名後18カ月で発効するとされていたが，地方自治体の身分登録事務の対応が技術的に不可能であるとされ，また立法上の不備あるいは解釈上の疑義が指摘されたために基本的な枠組みを変えることなくいくつかの修正を加え，2003年6月18日の法律が成立し，2005年1月1日に発効するものとされた[23]。

　改正の特色は，311－21条にもっともよく示され，そこで定められる氏の準則はつぎのようなものとされている。

① 子どもの親子関係が両親に対して同時に成立しているときには，両親は子どもの名前を選択し，父の氏か母の氏かあるいは双方の氏を結合した氏をつけることができる。結合の順序は選択できるが，親が結合姓であるときにはその1つだけを選択する。出生の申述の際に選択がされていない場合は，最初に親子関係の成立した親の氏をつけ，同時に成立した場合には父の氏をつける。

② 第1子につけられた氏は，両親の間に生まれた他の子どもとの間の共通の氏となる。

③ 両親もしくはその一方が結合姓であるときには，子どもに対してはその1つだけを与えることができる。

　この規定は，「嫡出子と自然子に共通する規定」の題のもとに定められているように，自然子にも適用される原則となった。自然子については，選択のない場合は最初に親子関係が成立した親の氏を付ける（334－1条）とされるが，その氏は両親の申し立てにより，未成年の間に後に親子関係が成立した他方の親の氏に変更するか，両親の氏を結合することができる。この場合には，親が結合氏である場合にはその1つだけを選択することができ，また結合の順序は選択によるとされ，子どもが13歳以上であればその同意が必要となる（334

条－2条)。

　養子についても，改正の趣旨を及ぼし，養親が夫婦の場合の完全養子は，養父の氏を名乗るとされていたものを，選択によって父または母，あるいは結合姓を称することができるようになった（357条1項)。夫婦で単純養子をした場合も，これまでの養親の氏に養子の氏を付加するという原則を維持しつつ(363条1項)，養父の氏または養母の氏の1つを養親の選択によって付加することとした。

　このようにフランスの氏は，夫婦の氏に関して多様な選択を認めていることから，子どもの氏に関しても選択することが原則となり，氏の規制は呼称秩序の観点からの統合ではなく，一定の枠組みの中での処分を許す私的領域の事柄になったということができる。このことによって，系譜の意義は薄れ，男女の平等化を実現し，子どもについても氏を通しての嫡出子と自然子との区別は解消されることになった。子どもの氏を共通とすることによって家族の氏という性格は残されているものの，氏は極めて個人的な事柄に属することになって，家族秩序の個人化，多様化がこの点においても反映されていると見ることができる。

V　親子関係－嫡出子・自然子概念の廃止

　氏の改正と並行して，親権法の改正も行われたが，そこでも両親の実践する家族形態に関係なく親子の紐帯の維持がはかられ，嫡出子と自然子との区別をすることなく親権行使においては，親が共同して子どもの養育に当たるものであることが原理的に承認された[24]。テリーは，家族が個人化して多様な形態をとるに至ったとしても親子関係については最後まで制度的性格が残されるとしているが[25]，デフォッセのいう子どもに先立って父母はいるとの趣旨が確認されたものということができる。

　家族のあり方を問わず，子どもの平等化をはかるという目的が相続，氏，親権について実現された後には，そもそも嫡出子と非嫡出子との区別，すなわち嫡出家族の意義それ自体を問題視するのは当然の成り行きである。

2004年12月9日の法律第4条は政府に親子関係法の改正を委ね，政府は2005年7月4日のオルドナンスで，つぎのような法律の委任の趣旨を受けて親子関係法を改正した[26]。
　— 出生の状況がいかなるものであれ子ども間の平等をはかること
　— 母子関係の成立の要件を統一すること
　— 身分占有の成立条件を明確化すること
　— 親子関係の法的成立のための手続的枠組みを整序すること
　— 親子関係の安定をはかること
　— 親子関係の紛争からあらかじめ子どもを守ること
　— 親子関係を争う訴訟制度を単純化し，整序すること，とりわけ提起権者と期間を修正すること

　これを受けて，民法典第Ⅰ巻第Ⅶ編をⅣ章からなるものとし，第Ⅰ章　総則，第Ⅱ章　非係争的親子関係の成立，第Ⅲ章　親子関係訴訟，第Ⅳ章　扶養目的訴訟の編成をとることになった。

　第Ⅰ章では，親子関係の成立方法を，嫡出子，自然子の区別を前提としないで，法定効果（推定，分娩の事実），認知，身分占有，判決の4類型に分類し，親子関係の証明方法について出生証書，認知，身分占有を確証する公正証書に整理したうえで，親子関係訴訟における証明方法の自由の原則を明らかにしている。加えて，子どもの氏については，親子関係の成立方法にかかわらず，親を同じくする兄弟は氏が統一されることを定める。

　第Ⅱ章は，争いのない場合の親子関係の成立について定めるが，母子関係についてこれまでは母が婚姻中であれば出生証書への記載で成立が認められ，非婚の母の場合には認知を要するとされていた。そのために後者の場合には，認知の必要性についての法の不知から母子関係が存在しないということが相当にあった。今回の改正では，婚姻の有無によって異なる成立方法を廃止し，いずれも出生証書への記載によって母子関係は成立することになった。

　父子関係では，父が婚姻中かそうでないかによる成立方法の違いを残し，婚姻中の父に関しては父性推定が適用される。ただし，婚姻中の夫の氏が出生証

書に記載されない場合には推定が排除される。この場合に，第三者との間に父子関係が成立しているときに夫の父性を成立させるためには，訴訟によって第三者の親子関係をあらかじめ否定しておかなくてはならない。このように母子関係については，婚姻の有無に関わりのない成立方法が認められ，父子関係においても，婚姻中の夫に父性推定は残されたがそれは嫡出子，自然子の区別を廃止した上での親子関係成立方式の中の特別な一形態として位置づけられ，出生証書への不記載によってそれは排除され，婚姻が親子関係を決定する中心的な基準ではなくなっている。これはもちろん，親が婚姻していないカップルに生まれる子どもが40％を超えるという現実を反映したものであり，その意味で婚姻のモデル機能は明らかに後退していると見ることができる。

　出生証書もしくは推定によって親子関係が認定されない場合の，非係争的な親子関係の成立方法には任意認知と身分占有による成立がある。

　任意認知については，出生前の任意認知を明確に規定した（316条）。非婚の父に対して父性推定の規定を拡張適用していたのを止め，任意認知によることを明確にした。出生前の任意認知は，子どもは最初に認知をしたものの氏を称するとされることから，氏の帰属に関して利用される。この場合，出生前の任意認知をした母は，母子関係を成立させるための出生証書への記載は不要となる。

　身分占有は，親子としての生活関係を法的な関係として採用しようとするもので，認知のない子どもの親子関係に対する証明方法として用いられる。今回の改正では身分占有を証明する公正証書発行の要件や態様を明確にし，とくに身分占有が消滅してから5年以内に限定されるということを明らかにして，遺産分割があった後何年も経って相続人が現れることを回避し，相続的清算の法的安全性がより保障されることを目指した。

　第Ⅲ章は，親子関係訴訟に関するものであり，親子関係の安定と，親子関係を構成する血縁や生活事実の諸要素についてバランスをどうはかるかが模索されている。

　親子関係の安定をはかるために，「時系列原則」を一般化した。これは，法

的に成立した第1の関係に対立する親子関係の成立を争うことを禁止することをいい，これまでは認知にのみ認められていたものをすべての親子関係成立方式に拡大された（320条）[27]。加えて，親子関係訴訟の時効期間を30年から10年に短縮して親子関係の早期の安定をはかった（321条）。子どもは，未成年の間は親子関係訴訟が提起できるし，成年に達して後10年間にも提起できるとされた。また，従来嫡出親子関係についてだけ一般的に相続人による訴訟が認められ，その他の場合には子どもが未成年であるか成年に達して5年以内である場合だけに認められていたものを，提訴の時効が完成していない場合には一般的に認めることになった（322条）。

　親子関係を争う訴訟に関する規定は，これまで提起権者と出訴期間の異なる9の訴訟類型があり17条もの規定が存在し，極めて複雑な規定となっていた。これは親子関係訴訟の方式が，斬新的な発展と異なる改正が部分的に積み重ねられてきたことによる。今回の改正ではこれを簡素化し3条に再編し，親子関係の成立を目的とする訴訟を3の訴訟類型に整理した。

　1つは，母子関係の創設に関する訴訟で，匿名出産[28]で国家後見に付された子の出生を知る権利との調整を図るために例外的に母子関係の成立を認める訴訟であり，2つは，婚姻外の父性の成立に関する訴訟で，3つは，夫の父性推定を確定する訴訟である。父子関係確定訴訟と母子関係確定訴訟とでは，出訴期間の違いや証拠方法の違いがあったがこれを証拠自由の原則の下に統一して，両者を同じ手続的枠組みにおき手続を簡素化した。

　具体的には，母子関係を争う規定（332条）と父子関係を争う2つの規定（333条，334条）である。母子関係は分娩の事実はほぼ明らかであるので，出産偽証か子どもの取り替えの場合に問題となり，分娩をしていないという証拠をもとに争われる（332条）。父子関係を争う訴訟では，血縁と生活事実（身分占有）との調和がはかられ，5年間の身分占有がある場合には父子関係を争う訴えの提起権者は子ども，父母もしくは親であると主張するものだけに制限され，身分占有がない父子関係は出生時もしくは認知の時，あるいは子どもが成人に達してから10年間争うことができるとしている（334条）。身分占有が公証

されている場合にそれを争うには，公正証書の発行から5年以内に訴訟をしなければならない（335条）。

このように，親子法の改正は，歴史的堆積の中で複雑化した親子関係法を簡素化し，わかりやすくし，利用しやすくするという法技術的な要請に応えるという目的が一方であると同時に，その核心は，嫡出，非嫡出の区別を完全に廃止し，親子関係成立方法を4の類型に整理し，その中で父性推定を相対的な1つの親子関係認定要素に過ぎないものとしたことにある。このことによって，婚姻家族の核心であった嫡出推定の機能を相対化し，婚姻家族をさまざまな家族の1つの形態であるみなし，そのモデル機能を喪失させることになった。

おわりに

家族の変容に対応していくための家族法改正の努力は，フランスでは今なお続けられている。もっとも最近のものは，相続ならびに恵与の改正に関する2006年6月23日法であり，相続に関する1804年のナポレオン民法典成立以来の大改正を行った[29]。それを詳細に検討する時間的余裕はないが，改正の趣旨は，高齢化の到来と再編家族ならびに子どものない家族の増大に対応し，また家族財産の内容が変化したことを受け，家族構成員や企業の経済社会的現実に合わせようとする点におかれている。

前者を実現するために，贈与分割の対象者の範囲を広げ，企業財産を保護するためには，相続承認前の企業財産の管理を相続人に認め，さらに遺産管理に委任を活用し，遺留分権を現物請求権から価値権化し，また経営承継者の選任を認めるといった改正を行っている。手続的には，相続処理の期間を10年に限定し，手続を簡素化するとともに，友好的分割（合意分割）を推奨する規定が設けられ，相続財産，生活実態に応じた遺産処理が期待されている。

相続法改正もまた，高齢化，少子化，離婚再婚に伴う再編家族の拡大という家族の変化を承認し，その現実が生み出す問題に法が現実的な有効性を持つための改正を試みたものと見ることができる。

フランスでは多様化した家族の現実を受け止め，それらに調和的な規制と手

続が模索され，その結果婚姻家族をモデルとする1元的な法規制によってはそれに対処することができないことが明らかとなった。人々の家族生活の選択の自由と平等の観念は，家族生活のあり方に中心と周縁という分節化による規制を否定していくことになった。カルボニエは「それぞれの家族にそれぞれの法」といったのであるが，フランスでは個人の営む私生活のあり方を尊重し，その結果生まれてくる葛藤状況に対して，さまざまな多元的な法的アプローチの仕方を援用しながら調整をはかろうとしているように見える。選択的・合意的処理の多用，家族の現在のあり方を問わない親責任の強制，前婚家族と後婚家族の紛争回避のための調整的措置など，当事者性の尊重，制度的強制，調整的処理を微妙に組み合わせながら人々の営みを調整していこうとしている。それは，人々の自由と平等の実現と家族関係の保護と安定の矛盾した要請に応えるための精密な仕組みということができる。しかし，その運用においては，さまざまに対立する要請を微細に調整していく果てしない営為を当事者のみならず法の担い手に対しても求めているものだと見ることもできよう。

注

1) この時期のフランス家族法改正については稲本洋之助『フランスの家族法』東京大学出版会，1985年。植野妙実子・奈良節子「平等な家族を目指して」林瑞枝編著『いま女の権利は』学陽書房，1989年，93頁。なお，ナポレオン法典の200年を振り返る北村一郎編『フランス民法典の200年』有斐閣，2006年所収の大村敦志「人」同書140頁，水野紀子「婚姻」同書159頁，原田純孝「相続・贈与遺贈および夫婦財産制─家族財産法」同書232頁も参照。

2) Jean CARBONNIER, A chacun sa famille A chacun son droit, *Essais sur les lois*, Defrénois, 1995, p.189.

3) フランスでは伝統的に子どもを嫡出子と自然子（日本でいう非嫡出子）とにわけ，自然子をさらに単純自然子（一般の自然子），一方が婚姻中の親に生まれた姦生子，婚姻制限のあるものの間に生まれた乱倫子（近親子）とに分類し，親族関係と相続権とを制限して，扱いに差別を設けてきた。

4) Iréne THÉRY, *Couple, filiation, et parenté aujourd'hui*, Éd. Odile Jacob, 1998.

5) Françoise DEKEUWER-DÉFOSSEZ, *Rénover le droit de la famille*, La

Documantation Française, 1999.
6) PACSについては，次注にあげるもののほか邦文文献として，林瑞枝「レポート'99フランスのカップル法制の行方―「連帯の民事契約（パックス）」法案の波紋―」時の法令1595号，1999年。松川正毅「PACSについて（1）～（7）」国際商事法務3～9号，2000年。
7) その経緯に関して大村敦志「パクスの教訓―フランスの同性カップル保護立法をめぐって」岩村雅彦・大村敦志編『個を支えるもの』東京大学出版会，2005年，241頁。丸山茂「PACS―同性愛の制度的承認か？」同『家族のメタファー』早稲田大学出版部，2005年所収。
8) Sylvie DIBOS-LACROUX, *PACS Le guide pratique 2006*, Éd. PRAT, 2005, p.7.
9) Ibid., p.7では，2004年8月6日の法律によって異性間，女性間，男性間の数を知ることができるようになったとしている。
10) Liberation, du 14 avril 2000.
11) ツールーズ大学法学部教授のベルナール・ベネの提案について，丸山茂「PACS―その実践と問題」前掲『家族のメタファー』83頁。
12) 丸山茂前掲書79頁以下。
13) フランス家族法改正とヨーロッパ法との関係について，サビーヌ・マゾー＝ルヴヌール＝大村敦志訳「ヨーロッパと統合とフランス民法典―フランス家族法におけるグローバリゼーションの現れ」ジュリスト No. 1303，106頁。カトリーヌ・フィリップ＝宮本誠子訳「欧州人権条約がフランス家族法に与えた影響」阪人法学56巻6号，2007年，56頁。
14) 乱倫子は，近親婚禁止の範囲内にあるものの間で生まれた子どもで，親の一方との間で親子関係が成立すると他方との親子関係は認められない結果，乱倫子は親の1人からしか相続できないという結論が必然的にもたらされる（フ民334－10条，旧756条）。
15) 被相続人に兄弟姉妹とその子ども以外の傍系血族しかいない場合に，生存配偶者は相続財産の全ての所有権を得る（旧765条），また父または一方の系に兄弟姉妹もしくはその子どもがいる場合には2分の1の所有権を取得する（旧766条）とされていた。生存配偶者に子どもがいない場合，姦生子は傍系血族に優先して相続人となるが，相続分は自然子がいなければ配偶者に帰属したであろう財産の2分の1を受け取る（759条2項）。
16) 幡野弘樹「フランス相続法改正紹介（1）」民商法雑誌129巻，141頁以下では，この経緯が詳細に検討されている。2000年2月1日の欧州人権裁判所によるマズレク判決は，姦生子と自然子として生まれたが父母の婚姻によって

嫡出子となった異父兄とが，母の共同相続人となった事例である。欧州人権裁判所は，正当な理由のない差別を禁止する欧州人権条約14条と財産権の保障を規定する同第1議定書1条をもとに，姦生子は自身が原因を与えない事実を持って非難されることはないとして差別を違反であると判断したのである。

17) フランスにおける配偶者相続権を夫婦財産関係の全体像の中で考察するのは，改正途上のミシェル・グリマルディ，フィリップ・デルマス＝サンティレール＝原田純孝「フランスにおける家族財産法―生存配偶者，生存同姓者および家族企業をめぐって―」日仏法学会編『日本とフランスの家族観』有斐閣，2003年，114頁，改正後の原田純孝「フランス相続法の改正と生存配偶者の法的地位―2001年12月3日の法律をめぐって（1），（2），（3）」判例タイムズ1116号，69頁，1117号，62頁，1120号，35頁。前掲幡野弘樹，290頁。以下の記述はこれらの論考によっている。

18) この間に，décret n° 2004-1159 du 29 octobre 2004, circulaire interministérielle du décembre 2004が出され複雑な法律の適用を補完している。

19) 林瑞枝「フランスの法令事情（2）妻の氏・子どもの氏」時の法令1281号，32-33頁には，父母同時に親子関係が成立した場合には，裁判所が複合氏を認める例があったとしている。

20) この立法の過程における，家族観の確執や立法技術上の問題点については林瑞枝，前掲23頁。この時点で，婚姻家族の単一モデルが問題視されるようになり，さまざまな家族＝複数形の家族が意識されていることが注目される。

21) 色川豪一「フランスにおける子の氏―氏 nom de famille に関する20002年3月4日の法律第304号，氏の付与に関する2003年6月18日の法律516号―」比較法学38巻2号，2005年，292頁。

22) 1993年1月8日の法律によって，「正当の利益」のあるものは氏の変更を請求できるという規定が設けられ（61条），母の氏を称するもの＝自然子であるというスティグマは希薄になった。この法律によって，未成年の母の氏を称する自然子が両親の共同の申述により父の氏に変更する場合の同意は15歳から13歳に引き下げられた（旧334-2条）。また，現在カップルの第1子の50%は婚外子であるので，このようなことからも自然子への差別意識は失われてきている。

23) これらの法律については，Jacques MASSIP, Le Nom de Famille, Defrénois, 2005. 法文では，色川豪一前掲書。林「氏の承継と両性の平等―フランスの2002年法」，門彬前掲書。

24) 親権法の改正については，中村紘一・色川豪一「フランス親権法の改正―

親権に関する2002年3月4日の法律第305号」比較法学37巻1号，313頁。
25) Iréne THÉRY, Le droit et les mœurs, Un enjeu politique La refonte du code civil et la situation française, L'anée sociologique, 1993. 43. p. 85.
26) Rapport au Président de la République relatif à l'ordonnance n° 2005-759 du Juillet portent reforme de la filiation, JO n° 156 du 6 juillet 2005 page 11155.
27) 子どもがある男性に認知され，つづいて母と結婚した男性が認知し子どもを嫡出化したのち離婚をした事例で，コルマール大審裁判所は第2の認知と嫡出化は無効とされると判断した。Philippe Malaurie et Hugues Fulchiron, *Droit Civil, LaFamille*, Defrénois, 2004, p.413.
28) 匿名出産は，生まれた子どもを出産後直ちに国家後見に付すことの承諾を母親に認め，母子関係を成立させない制度である。新326条，旧341-1条は，「出産の際に，母は（国家後見への）承諾とアイデンティティーの秘密を保持することを要求することができる」としている。
29) JO n° 145 du juin 2006.

（丸山　茂）

第5章　性暴力と闘う刑法

はじめに

　今なぜ「性暴力」なのか。フランスで何が起きているのだろうか。
　一昨年12月13日, 1枚の写真がリベラシオン紙の第一面を飾った。街角で, 夫から殴られた女性が泣き顔で警察官に何かを訴えている写真である。左下に小さく, マルセイユで夜中の1時に起きた事件で, 女性は家からカフェに避難してきたため, カフェの主人が警察を呼んだとのコメントが添えられている[1]。その日に国民議会でいわゆるDV防止法案が審議されることになったことを, まことに印象的に伝えたのであった。その新聞によれば, フランスでは, 女性は何と4日に1人の割合でDVにより死亡し, 2003-2004年に女性163人が夫の暴力で死亡しているのである。
　しかしながら, DVは「女性に対する暴力」のほんの一例にすぎない。これまでフランスで「女性に対する暴力」として問題にされてきたものとしては, ①上記のDVのほかに, ②移民女性に対する強制結婚 mariage force[2], ③インターネットによる児童ポルノ頒布, ④東南アジアへの買春ツアー, ⑤近親姦などがある。中でも深刻なのは肉体的暴力を伴う場合で, ⑥妻やパートナーに対するレイプ, ⑦未成年者に対する性犯罪, ⑧児童への性的虐待などがある。実にさまざまな面から検討を要する多面的な問題なのである[3]。意外にも「女性に対する暴力」は, フランスという近代国家においても, しかも21世紀を迎えた今日でも, 依然として後を絶たないのである。
　「女性に対する暴力」は, 殴る蹴るといった肉体的暴力だけでなく, 心に対する攻撃ともいうべき精神的心理的暴力も含むが, たとえば上記①-⑧を性という視点から見直してみると, その多くが性にかかわっていることがわかる。

そこで,「性暴力 violence sexuelle」[4]という語が必要となる。狭義では性犯罪的な暴力に絞られるが,広義では犯罪とはいえない比較的軽い程度の性的行為までを含む概念である。今日では,「性暴力」とは女性が望まない女性に対する性的働きかけのすべてだとされ,フランスだけでなく,日本を含む世界中で問題とされてきているのである。

　上記の DV 防止法案は,DV の被害者保護を強化する面と同時に,未成年者の保護を強化する面を合わせ持つもので,いわば両問題の集大成といった法案である。その後「カップル間及び未成年者に対する暴力の予防と刑罰を強化する2006年4月4日法」[5]（以下,2006年4月4日法とする）として成立した。

　以下では,その2006年4月4日法でも規定された,Ⅰカップル間暴力における性暴力とⅡ子どもに対する性暴力の2つの問題を取り上げ,主に刑法の視点から[6]検討することにしたい。なぜなら,Ⅰは,冒頭で触れた本法の制定過程からわかるとおりフランスでホットに論じられたテーマのひとつであり,日本でも2001年に新たに「配偶者からの暴力の防止及び被害者の保護に関する法律」（いわゆる DV 防止法）が制定（2004年に改正）され,その後もなお議論が続いている問題だからである。Ⅱは,フランスではかなり以前から対策がとられてきたにもかかわらず今なお重大事件が多発し,日本でも最近,奈良の小6女子殺害事件や広島のペルー人による少女殺害事件など頻発している問題である。

Ⅰ　カップル間暴力の防止策の強化

1　夫婦間暴力からカップル間暴力へ（刑罰の加重）

　カップル間暴力[7]には,前節の「女性に対する暴力」と同様に,心理的暴力,殴る蹴るの身体的暴力,性暴力等さまざまな形態がある。その中には刑法上の犯罪となる行為も含まれていたが,2006年4月4日法は,一定の犯罪についてより厳しく罰することにした。すなわち,その加害者が,被害者と①配偶者,②内縁配偶者,③PACS 関係に立つパートナー（以下パートナーと略称する）である者,あるいは,④かつて被害者と①〜③の関係にあった者である場

合には，次の2犯罪につき刑が加重される[8]ことになったのである[9]。

第1は殺人罪（刑法221－1条）である。殺人罪は通常30年以下の懲役刑で罰せられるが，たとえば，夫が妻を殺害した場合であれば，その夫には無期懲役まで加重できることになった（221－4条9号）わけで，かなり重い刑罰を科すことが可能となった。

第2は性犯罪で，強姦罪（222－23条），強姦以外の性的攻撃罪（強制猥褻罪）（222－27条）について，同様な加重規定が置かれた（222－24条11号，222－28条7号）。とくに注目に値するのは，いわゆる夫婦間レイプに関する規定が新設されたことであろう。もともとフランスは，2000年国連総会（いわゆる「北京＋5」会議）で夫婦間レイプの立法化を宣言していたが[10]，2006年4月4日法で実現されたことになる。

2　夫婦間レイプからカップル間性犯罪へ（処罰の明文化）

夫婦間レイプの問題は，もともとは法律上の夫婦である男女間について発せられたもので，「夫婦間では性的関係が当然の前提とされているのだから，そもそも強姦罪などという犯罪は成立しないのではないか」が問われた（狭義の夫婦間レイプ）。しかし，①同様な疑問は強姦罪以外の性犯罪についても生じうる。また，②今日では，PACSによる結合も認められているので，夫婦だけではなく，内縁関係，PACS関係にある者同士にも生じうる問題である。はたして2006年4月4日法はどう規定したのだろうか。

刑法222－22条は，性犯罪（刑法は「性的攻撃」の語を使う）の条文を集めた第3節の先頭に置かれ，性的攻撃とは何かを定義する規定であるが，2006年4月4日法はその条文に2項として次のような条項を追加することにした。

> 「強姦罪及びその他の性的攻撃罪が，被害者に対して本節に定める状況 circonstances の下で行われたときは，攻撃者と被害者との間に，婚姻による結合関係を含め，いかなる性質の関係がある場合であっても，それらの罪が成立する。この場合，反対の証明がない限り，その性的行為に対する配偶者の同意は推定されない。」（222－22条2項）

すなわち2006年4月4日法は，第3節内に定められた性犯罪は，当事者間に婚姻関係その他の関係があった場合でも成立することを明言したのである。第1に，強姦罪だけに限定せず，「その他の性的攻撃罪」についても考慮することにした。第2に，「いかなる性質の関係がある場合であっても」と定めて，法律上の婚姻関係だけに限らず，内縁関係やパックス契約関係があった場合も含むとしている。したがって，2006年4月4日法も，上記①②を意識して，広い意味で夫婦間レイプの問題（広義の夫婦間レイプ。以下，カップル間性犯罪と言い換える）を考えていることがわかる。

ところで，狭義の夫婦間レイプについては，1992年の新刑法典は沈黙していたものの，すでに判例・学説が，夫婦間においても強姦罪が成立しうることを明らかにしていた[11]。とくに破毀院の1992年6月11日判決は，たしかに婚姻は普段の婚姻生活においては性的関係について配偶者が同意していることを推定させるが，その推定は反対の立証があるまで価値をもつにすぎない，と判示していた。したがって，たとえば，妻が夫から力づくで性的関係を求められた場合，妻が自分は同意をしていなかったことを立証すれば，強姦罪が成立することになる。しかし，この立証は必ずしも簡単なことではない。

そこで，上記の新2項は，最後の文で，「反対の証明がない限り，その性的行為に対する配偶者の同意は推定されない」として，妻が同意をしていなかったことを立証する必要はないことを明らかにした。逆に夫の方が，強姦罪不成立を主張したいのなら，「反対の証明」（＝妻の同意があったことの証明）をしなければならないことになったのである。これは専門用語で「立証責任の転換」と言われるものだが，単なる技術的問題ではなく，格段に強く強姦罪を成立方向に向かわせる効果をもっている。

ナポレオンが1810年に刑法典を制定して以来，夫婦間レイプの問題は判例・学説にまかされてきたが，長い間，夫婦間にレイプは成立しないという判例が維持されてきた。20世紀後半になって，判例も成立肯定説の方向に姿勢を変えてきたが，曖昧さからなかなか脱却できなかった。そんな流れの中で，本法律は，夫婦間レイプ（より広くカップル性犯罪）が成立することを高らかに宣言

した。フランスは，判例時代という長いトンネルを抜け，2006年になってようやく立法による解決という終着駅に到着したのである。

3　その他の規定

2006年4月4日法には，そのほかにも興味深い規定がおかれている。性暴力のみに適用されるわけではないが，性暴力を念頭において刑事的規定を中心に少し紹介しておきたい。

（１）カップル間窃盗（親族相盗例の不適用）

たとえば，性暴力を受けた妻が逃亡しようとすると，それを妨害しようとして，その夫が妻の身分証明書等を取り上げる例が多い。とくに妻が外国人の場合，夫に滞在許可証を取り上げられれば，まず逃げることは難しい。そこで，身分証明書，滞在許可証，居住資格証などを剥奪する罪（拘禁刑1年，罰金15,000ユーロ）を新設する案が，元老院の第二読会で提案された。しかし，そのようなケースには盗罪（311－1条）の規定を適用できるし，その方がより重く罰しうる（拘禁刑3年，罰金45,000ユーロ）ので，国民議会は元老院案を採択しなかった。ただ，盗罪とすると不都合が生じる。どの国でも，盗罪が一定の親族間で行われた場合には，刑を免除したり親告罪にしたりして家庭内に刑法が入ることをできるだけ避けようとしているが，刑法典も，同居する配偶者が行ったときには刑事訴追されないと定めていたからである（311－12条2号）。これでは夫が妻の滞在許可証を盗んでも罰せられない。そこで2006年4月4日法は，次のような一文をおくことにした。

> 「本条〔311－12条〕の規定は，その盗罪が，たとえば身分証明書，外国人の滞在資格や居住資格に関する書類，支払方法に関する書類のように，被害者の日常生活に欠かすことのできない客体もしくは書類について行われたときは，適用できない。」

この条文で適用範囲が拡大され，第1に，夫（配偶者）の場合だけでなく尊属や卑属による場合にも特例が適用されないし，第2に，客体も，身分証明書などもっぱら配偶者の身分・資格に関する証明書だけでなく，小切手帳・クレ

ジットカード等も含むことになった。とはいえその眼目は，カップル間での日常生活に必須な書類等の窃盗には不訴追の特例が適用されないとすることにある。もはや暴力をふるう夫は妻の身分証明書等を取り上げて，妻が逃げるのを妨害することはできないのであり，違反すれば刑罰が科されることになったのである。

（2）カップル間犯罪者の接近禁止措置（刑事訴訟法の改正）

以上のように，カップル間犯罪についてはさまざまな刑罰強化がなされたが，より現実的手段として，加害者に対し接近禁止措置ができるようになった。すなわち，犯罪が配偶者，内縁配偶者，パートナーによって行われた場合[12]には，加害者に対し，カップルの法律上の住所domicile・事実上の居所residenceに住んだり，その近隣に出現することを禁止できるようになったのである。さらに必要なら，衛生的・社会的・心理学的措置をとることもできる（刑訴41－1条6号，41－2条14号，138条17号，132－45条19号）。接近禁止措置は，犯罪が自分の子若しくは配偶者，内縁配偶者，パートナーの子に対して行われた場合にも可能とされているので，子どもの保護も考慮されたといえよう。

（3）その他

なお，上記（1）（2）のほか，刑事法とは関係ないが，政府は2年毎にカップル間暴力対策について国会に報告すべき旨の規定が置かれた。具体的には，①被害者に対する相談，支援，住居の状況，その社会復帰，②加害者に対する衛生的・社会的・心理学的負担の実現方法，加害者に対する接近禁止措置の数，期間，法的根拠を報告する（2006年4月4日法13条）。こうすれば政府に間接的に対策をとることを促すことになる。国会にも，事実変化を継続的に捕捉して，必要なら立法により対策をとることが期待されている。

II 未成年者に対する保護の強化

1 女子割礼の処罰

フランスにはアフリカ系，アラブ系の移民が多いが，その中には，純潔の奨

励，婚姻外の妊娠防止，病気の防止，あるいは宗教，伝統などさまざまな理由から，女子に対して割礼（性器切除 excision）[13]を行う者が多い。しかし，フランスではこれは暴行傷害行為にほかならない。女子が死亡する例も少なくないが，その場合は暴行致死罪が適用され15年以下の懲役刑で罰せられる（222－7条）。その他，身体の一部喪失等を引き起こした場合（222－9条．拘禁刑10年），8日を超える労働不能を引き起こした場合（222－11条．拘禁刑3年）と，生じた結果に応じて刑が少しずつ軽くなっていく。さらに，これらの暴行につき一定の事由（加重事由）がある場合にはより重い刑が科せられる（222－8条，222－10条，222－12条）。たとえば，15歳未満の子に対して行われたことは加重事由の1つなので，12歳の子が暴行後に死んでしまった場合には，懲役15年以下（222－7条）が懲役20年以下に加重される（222－8条1項1号）ことになる。いずれにせよフランス国内で割礼が行われた場合にはこれらの規定を適用すればよい。

　では，まだフランス国籍もない未成年者に対し，母国（外国）で行われた場合はどうなるのだろうか。新法は，上記の加重形態の暴行に限って，それが，外国で，通常フランスに住んでいる未成年者に対して行われた場合には，フランス法が適用されるとした（222－16－2条）。狙いはもちろん移民の割礼の慣行を罰することなので，本条は外国の未成年者を保護するための規定といえる。普段フランスに住む女の子が母国に連れて帰られた後に割礼された場合，従来は，被害者であるその女子にフランス国籍がないため（113－7条参照），その行為者を罰しえなかったのであるが，それを改めようというのである。

　もっとも，このような慣行はその外国の文化にかかわることで，それをフランスの刑法で禁止することには問題があり，フランスでもおおいに議論されて裁判にもなった。

　しかし，1984年には初めて割礼が傷害罪であるとされ，1991年には15歳未満に対する傷害罪で罰せられる人も出た。1993年には，施術を依頼した母親が1年半の禁錮刑を受けた。1999年には，マリ人の両親の下でフランスで生まれ育った24歳の女性が，8歳のとき受けた割礼につき語り，施術した女性と自分の

母親を含むマリ人女性26人，父親たち3人を告訴した事件に対し，パリ重罪院は有罪判決を下していた[14]。

このような背景の中で，2006年4月4日法は，行為客体につき外国の未成年者に保護を拡大する規定を立法し，さらに軽罪について被害者の告訴または行為地国の当局による告発を要件とする条文（113－8条第2文）は適用されないとして，徹底してこの慣行と戦う姿勢を見せたのである。この姿勢は次の改正点の中にも貫かれている。(a) 医師等が司法機関等に割礼の事実を通知しても秘密漏洩罪にならないことを明確にしたこと（226－14条1項1号），(b) 未成年者に対して割礼を伴う暴行（222－10条）〔重罪〕をした場合には公訴時効を20年（通常は10年）に延ばしたこと（刑訴7条3項），(c) 軽罪である「8日を超える労働不能を引き起こす暴行の加重形態」（222－12条）の場合についてもやはり公訴時効を20年（通常は10年）に延ばし，しかも起算点を成人になったときとしたこと（刑訴8条2項第2パラグラフ）である。(a) は事実の発見を容易にしようとするもの，(b) (c) はできるだけ時効が完成しないようにするもので，割礼に厳しく対応しようしていることがよくわかる。

2 未成年者に対する性的搾取の禁止

児童の性的搾取及び児童ポルノについては，2003年12月に欧州理事会 Conseil de l'Union européenne が加盟国に対し2006年1月20日までに一定の措置をとるべきことを決定していた[15]。フランスはそれに従うべく次のような改正をした。

（1）児童の性的搾取については第1に売春に関する改正がある。まず，フランス人または通常フランスに居住している者が，外国で，外国人に対して一定の売春斡旋（225－7条）をした場合には，フランス法が適用される（113－6条2項）。この場合，被害者の告訴や行為地国の当局による告発は不要である（113－8条第2パラグラフは適用されない）（225－11－2条）。一般的な形で規定されているが，これにより未成年者がかかわる売春の斡旋行為を外国で行った者を処罰することが可能になった。

次に，未成年者等に売春させて生活している者が，故意または過失により人の生命を危険にさらし又は人に暴力を行使した場合には，通常は拘禁刑3年・罰金刑45,000ユーロの刑が，拘禁刑7年・罰金刑100,000ユーロに加重されることになった（225-12-2条1項4号）。未成年者の生命・身体の保護を考慮して刑を重くしたといえる。

売春に関する罪を行った者に対しては，10年以下の期間，未成年者と接する活動を禁止する刑を科すこともできるようになった（225-20条7号）。

性的搾取に関する改正の第2として，性犯罪を犯す目的で未成年者に対して金銭・贈り物等を提供したり，その約束をする行為を罰する規定（227-28-3条）が新設された。これは，未成年者に対する性犯罪をそそのかす行為を処罰する趣旨であり，性犯罪自体が行われたか否かは問わない。かなり早い時期から犯罪を認めることになるので，刑法的には問題もあるが，すでに類似の規定がある（221-5-1条）。

第3に，未成年者にかかわる売春の斡旋罪等についても，刑事訴訟法の性犯罪に関する手続を適用できるようになった（刑訴706-4条）。したがって性犯罪者として前科ファイルに掲載されることになる。この点で意義がある。

（2）児童ポルノについては，ポルノ作成罪の刑が，拘禁刑3年・罰金刑45,000ユーロから拘禁刑5年・罰金刑75,000ユーロに加重された（227-23条1項）。ポルノを配布する行為（同2項）も同じ刑だが，それがインターネット等の通信網にのせられるような場合はさらにワンランク上の7年・100,000ユーロに加重された（同3項）うえ，未遂も罰せられることになった（同4項）。また，組織犯罪による場合の加重は，従来は配布行為に限られていたが，新法は本条のすべての犯罪についても適用されることとした（同6項）。

3　買春ツアーに対する対策

1980年代以後，欧米，豪州，日本などから多くの人が外国（とくに東南アジア）に出かけて児童買春をしていることが明るみにでた。フランス人も含まれていた。いわゆる買春ツアー tourisme sexuel と呼ばれるものであるが，かつ

てはこれを罰することができなかった。なぜなら，外国で罪を犯したフランス国民にフランス刑法が適用される場合（いわゆる国外犯）は，一定の重大犯罪の場合（113－7条）か，あるいは犯罪地（外国）がその軽罪を罰する場合（113－6条）だけであるが，児童買春はいずれにも該当しなかったからである。しかし，1989年に国連で子どもの権利条約が採択されたこともあって，90年代に入ると児童買春を根絶しようとする国際的な動きが活発になっていく。フランスでも1994年になってようやく刑法が改正され，フランス刑法が適用されることになった。あるフランス人が外国で児童買春を行った場合，その人にフランス刑法を適用して，買春を罰することができるようになったのである[16]。

2006年4月4日法は，さらに2つの強化策を定めた。第1に，外国で未成年者に対し強姦罪等の性犯罪を犯した者に対しては，最大5年間は出国を禁止する刑を科すことができることになった（222－47条2項）。従来は麻薬犯罪の場合に認められていた刑であるが，外国で行われた未成年者に対する性犯罪にも適用が拡大されたのである。これにより一定期間は海外への買春ツアーに出かけられないことになる。第2に，フランス人又はフランスに住んでいる外国人が，外国の刑事裁判所で性犯罪[17]で有罪とされた場合，その有罪判決が国際条約によりフランス当局へ通告されるか又は被告人をフランスに移送した後にフランスで判決が執行されると，その遺伝子 empreintes génétiques 情報が国の電子ファイル fichier に登録されることになった（刑訴706－56－1条）。1998年法により性犯罪で有罪になった者の遺伝子登録制度が新設されたが，それは国内で有罪になった者が対象であった。新法は，国外で有罪となった者にも登録を拡大し，性犯罪者の身分確認や捜索が容易にできるようにしたのである。

おわりに

最後に，すこし日仏の比較をしたうえで若干の考察をしてみたい。

第1に「カップル間の性暴力」についてであるが，両国でその問題があることが認識され，防止しようと努力されている点は同じである。もっともフランスでは，①2006年4月4日法により，夫婦関係にとどまらず，PACS契約によ

る結合関係にある男女についても同じ問題があり，諸犯罪が成立することが認められた。また，②2006年4月4日法は，「元」夫婦やPACSによる結合関係にあった者に対しても刑法が適用されることを明文化した。日本でも，夫婦間に限らず恋人間にも同じ問題があることまでは認められているし，「元」夫婦，「元」恋人であっても認める傾向にあるので，パックスの問題や，移民の問題を除けば，両国はほぼ同じ状況のようにも見える。「ほぼ」というのは，①日本では行政も国会もそれほど積極的に対応していないように感じられる，②刑法の視点から見れば，日本ではフランスほどきめ細かく対応していないし，積極的に刑法で対応しようともしていないように思われる，③フランスでは公と民の連携が密で被害者支援の体制が充実している（とくに民間の支援団体が多い），などの差異があるからである。

　もっとも，国家レベルでいえば，遅かれ早かれ両国は同じようなレベルに達するであろう。先進国は，したがって日仏両国も，国連のイニシアティブの下，共通の目標に向かって対策を充実化していくことになるからである。

　しかし，残念ながら，国民レベルの意識という点ではおよそ異なるように思われる。日本においては，たとえば国会議員の意識は，ある学生団体のメンバーによる集団レイプ事件（2003年）が発覚したとき，「集団レイプは元気がいい」などと発言する議員がいたことから，その低さが推測できる。ここには被害女性の視点は全くない。では学者の意識はどうか。夫婦間レイプについて日本の刑法の教科書を調べてみた。現在ではさすがに夫婦である以上強姦罪が成立する余地はないとする本はないようであるが，コメントは消極的で，「夫による妻の強姦も原理的には肯定しうる」とか「婚姻関係にあることは，個別の性行為についての妻の同意義務（逆にいえば，夫の妻に対する性交権）を当然に基礎付けるものではないから，強姦罪は成立しうると解される」[18]と書かれている。裁判官はどうか。判例[19]は婚姻が実質的に破綻していたときは成立するとする。破綻の有無を1つの基準にするわけだが，もし破綻しているのならすでに夫婦関係が崩れているので，もはや「真の」夫婦間レイプの問題はないともいえる。いずれにせよこの場合に強姦が成立することに異論はなかろ

う。結局，判例もまだ踏み込んだ意見を表明していないといえよう。

　もっとも悲観することもない。たしかに今のところ日本では，たとえば男女共同参画，女性に対する暴力問題などについてまだまだ政府主導という感じは否めないが，性犯罪に関する相談件数の増加をみると，国民の意識が少しずつではあるが変化してきているように思われる。

　第2に，「子どもの保護」についてであるが，日本では，割礼の問題はほとんど聞かれないし，強制的婚姻の問題もまだ顕在化していない。しかし，フランスでも日本でも，子どもに対する性犯罪が多発しているという印象はぬぐえない。両国で異なるのは対策のとり方で，ここでもフランスは，カップル間性暴力の場合と同様に，刑法を前面に出した厳しい対応をしている。もともとフランスは立法による対応がすばらしく早い。たとえば，（1）フランスの隣国ベルギーで小児性愛者であるデュトルーによる女児殺害事件が起きた後，1998年6月17日法が制定され，（2）ウトロー市やアンジェ市での性的虐待事件が発覚すれば，近親姦を処罰する法の改正案が出されたり，2006年4月4日法による厳罰化が実施された。他方，日本でも，最近は事件が起きればすぐ新たな対策をとるようになった。たとえば，（1）上述したスーパーフリー事件を契機として集団強姦罪（178条の2）が新設された（2004年刑法改正）。また立法ではないが，（2）2004年11月の奈良小6少女殺害事件をきっかけにして，法務省は，性犯罪者についての刑務所内の矯正教育と出所後の更正支援を一体化するプログラムを作成することを明らかにし，翌年6月から警察庁に対し性犯罪者の出所情報の提供を開始した。

　このように両国とも対応が早いのであるが，それは両国で性暴力が頻発していることをも意味する。問題は，迅速な対応をしているのに事件が減らないことである。性暴力については，従来潜在化していたものが，社会意識の変化，ジェンダー概念の浸透などにより顕在化してきただけという見方もある。この立場からは，事件が減らないのではなく，昔から事件の数は変わらないことになる。それでも，何故減らないのかという疑問は残る。

　ひとつには，性暴力に対する対策が，後追いであり不十分だという面もあろ

う。たとえば携帯電話やインターネットなどの技術が発達し続け，それが犯罪と結びつくために，捜査体制や対策が追いつかないこともあろう。フランスでは再犯者に電子監視装置を付けるという新技術で対抗している[20]が，日本ではまだ実施されていない。検討の余地があろう。また，日本では戦後，性をタブー視する風潮が長く続いたせいか，性犯罪自体の検討も不十分である。2005年5月の報道では，受刑者処遇法が成立して性犯罪者にも矯正教育への参加を義務付けられたこと，文科省が性犯罪者の再犯防止のための医学的治療に関する研究を開始したこと，が伝えられたが，一足先に性を解放したフランスと比べるとまだまだこの種の研究が不十分である。

　性暴力に対し有効な対策をとることは急務であるが，日本がやることは山積している。最も有効な対策は，大変地味ではあるが，何よりも国民の意識を高めることであり，結局のところ，教育に行き着くように思われる。

注

1）Libération, 13 dec. 2005. 写真はリジィー・サダンが撮ったもので，アムネスティのサイト http : //www.amnesty.asso.fr/02agir/24campagnes/vcf/vcf france.htm の reportage photographique をクリックすると見ることができる。

2）パスポート取得などのために，15～18歳の若い移民女性がむりやり強制的に結婚させられるという問題である。解決のため，後注5）の法律は，民法上の婚姻年齢を15歳から18歳に引き上げるという策をとった。移民問題については本書第1部3章参照。

3）これらの問題についてはすでに検討したことがある。①については「フランスにおけるドメスティク・バイオレンスの状況と刑事規制（1）」比較法制研究26号（2003年），①⑥については「女性に対する暴力とフランス新刑法典」女性空間15（1998年），③④⑧については「フランスにおける児童ポルノ・児童買春の刑事的規制」女性空間16（1999年），「フランス注釈刑法・未成年者を危険にさらす罪（1）」湘南工科大学紀要33巻1号（1999年），「同（2・完）」35巻1号（2001年），⑤⑦については「フランスの少年に対する性犯罪」國學院大學紀要39巻（2001年），全体については「女性の身体：性暴力・家庭内暴力」女性空間21（2004年）などで検討した。そこで，本章では，その後の発展を後注5）の法律を中心に検討することになる。

4）日本の刑法典に性暴力という語はない。前注女性空間21,152頁参照。

国連や欧州連合では性暴力より「女性に対する暴力」(violence against women) という語がよく使われる。国連のクマラスワミ報告書 (E/CN. 4／2003／75) では，「女性に対する暴力」というタイトルの下，①武装紛争地域（兵士によるレイプ等），②家庭内暴力，③性的暴力 sexual violence／レイプ（強姦罪・強制猥褻罪等），④セクハラ，⑤トラフィッキング，⑥宗教的慣習（割礼等）が取り上げられている。③では性的暴力は狭い意味で使われている。このように「女性に対する暴力」は広い意味をもつが，中核はやはり「性暴力」である。したがって両者は同義語のように使われることもある。

日本の内閣府・男女共同参画会議でも「女性に対する暴力」が使われている。同会議は国連の影響で設置されたのであるから当然であろう。同会議の下の「女性に対する暴力に関する専門委員会」では，①性犯罪，②売買春・児童買春・人身取引（トラフィッキング），③セクハラ，④ストーカー行為等，が取り組むべき課題とされている。

国連の動きとフランスとの関係については上記・女性空間21，153〜159頁。

5）Loi n° 2006-399 du 4 avril 2006 renforçant la prévention et la répression des violences au sein du couple ou commises contre les mineurs. 紹介として神尾真知子「DVの防止及び処罰を強化する法改正」ジュリスト1306号（2006年），7頁がある。

6）民事法も含めた視点から，本法律案の審議段階でのフランスにおけるDVの状況を紹介するものとして，神尾真知子「フランスにおけるドメスティック・バイオレンスの現状と法的対応」日本法政学会50周年記念『現代法律学の課題』（2006年3月）がある。統計的分析が興味深い。また，同「フランスにおけるドメスティック・バイオレンス関連機関の取り組み」尚美学園大学総合政策研究紀要11号（2006年3月）も，関係者へのインタヴュー集で，フランス人の考え方の一端がわかり大変に貴重である。

7）夫婦間暴力，カップル間暴力については，前掲注3）女性空間15,12頁参照。

8）ただし重罪・軽罪のみで，刑法の条文がある場合に限られる。刑法132－80条。

9）なお，拷問・野蛮行為（222－1条）と各種暴行（222－7条，222－9条，222－11条，222－13条）については新刑法典制定のときに加重規定が置かれたが，今度の新法により，パックスによるパートナーにも適用が拡大されることになった。新刑法典については，前掲注3）女性空間15,12頁以下参照。

10) 拙稿・前掲注3) 女性空間21,157頁以下参照。
11) 詳しくは，前掲注3) 女性空間15,13頁以下参照。
12) 犯罪が被害者の「元の」配偶者，内縁配偶者，PACSによるパートナーによって行われ，その住所が当時被害者の住所だった場合も，同様である。
13) F. P. ホスケン＝鳥居千代香訳『女子割礼』（明石書店，1993年10月）
14) 1999年3月15日 OVNI n° 433による。
15) DECESION-CADRE 2004/68/JAI DU CONSEIL du 22 décembre 2003 relative à la lutte contre l'exploitation sexuelle des enfants et la pédopornographie, JO L 13/44 du 20.1.2004.
16) この辺の事情の詳細については，前掲注3) 女性空間16（1999年3月），14頁以後，同・湘南工科大学紀要33巻1号を参照。
17) 実はこの規定は性犯罪に限っていない。それ以外にも，人道犯罪，殺人罪などさまざまな犯罪（刑訴706-55条2号の罪）についても同様に扱われる。ちなみに，1998年法により遺伝子登録制度が新設されたときは，性犯罪で有罪になった者に限られていた。
18) 広島高松江支部判決昭和62年6月18日高刑集40巻1号71頁。なお，特集として，法律時報59巻12号（1987年）～60巻8号（1988年）がある。
19) 前者は西田典之『刑法各論3版』（弘文堂，2005年4月）84頁，後者は山口厚『刑法各論』（有斐閣，2003年11月）106頁からの引用。
20) フランスの電子監視に関する邦語文献として，中田静「フランス刑事司法における電子監視」近畿大学法学53巻3・4号（2006年），網野光明「フランスにおける再犯防止策」レファレンス2006年8月号23頁がある。

（上野　芳久）

第3部　フランス女性の現在と未来

終　章　多元化する価値観と女性の権利

は じ め に

　徹底した個人主義，グローバリゼーションと新自由主義，生命科学の急速な進歩，IT革命による情報の即時同時性など，個々人の選択はいま輻輳した環境におかれている。変化の激しい時代に女性は人権をどうしたら確かなものにしていけるのだろうか。

　この終章では，2007年という時点でのフランス社会と法における女性の自由と平等の状況を，本書に収められた論考の内容にそって次のような観点から整理してみたい。1. 脱構築から新たな構築へ，2. 男女平等とパリテ，3. 格差と不平等，4. 家族形成の自由，5. 性の自由と尊厳である。近年，とくに変貌が著しかった家族の問題をまず取り上げるのが自然かもしれないが，「自由」に注目して後半で検討することにした。「平等」からはじめるのはその重要性はもとより章立ての編成にも関係している。

I　脱構築から新たな構築へ

　ここ4半世紀あまりのあいだに，フランスでも人々の価値観は流動化したが，女性の人権はそれを反映しながら大きく進展した。

　1989年の革命200年の時には，すでに人権宣言の普遍的「人」が男性を意味していたことが専門的に確認され，社会的にも十分に認識されるようになっていた。人権の規範はもはや「男性モデル」ではなくなり，既成の法秩序は男女平等へと修正されていった。かといって，男女の平等が目的どおりに実現したわけではなく，女性の地位には政治，経済，社会，文化などあらゆる分野で客観的にも主観的また体験的にもまだ多くの課題が残されたままであった。

革命200周年から20年近くを経た現在では，価値観はさらに多様化して規範そのもののさらなる問いなおしを迫られる状況にある。

これからは規範からの脱制度化，脱構築をはかるだけでなく再構築への道が拓かれていかなければならないだろう。体系と秩序を彷彿させる「再構築」という言葉よりは，多元的な価値観に立脚するという意味で「新たな編成」という言葉のほうが適切かもしれない。女性の人権を考えるとき，再編成には「ジェンダー」の視点は従来にもまして重要かつ不可欠になってくる。

「ジェンダー」概念は，周知のとおりアメリカの研究者たちによって1970年代に提唱されたが，「ジェンダー」をどう捉えるかは，立場によって微妙に異なってくる。フランスは当初「ジェンダー」という用語を使うことに積極的ではなかった[1]。フランスの場合，長い思想的系譜の流れの中で，言葉というものの意味を問う真摯な検証が避けて通れなかったからである。日本が早々とジェンダーという概念・用語を女性の地位の分析，記述，あるいは説明のためにすんなり受容したのとは大きなちがいがある。

フランスの公的な報告書や専門図書・雑誌，議論，資料等にこの言葉「ジェンダー」が普通に登場するのは比較的新しいことである。国際的に認知された用語に倣うのがより自然と考えられるようになったからであろうか。それにしても，ジェンダーにかぎらないが，横文字言語直輸入の日本に先見の明があったといいきるのには，やはり抵抗が感じられる。

「ジェンダー」概念の定義は，たとえば「男女の生物学的差異に，社会的，文化的意味を与え，社会的に認知された両性の差異をつくりだし，これに基づいて社会関係を組織することである」[2]とされる。つまり「生物学的実態ではなく創造されたもの，表象」であり男女がそれぞれに構築する表象はまず文化によって，さらには表象によって維持されるという。多くの場合は，簡単に「社会的，文化的性差」と説明されている。社会的，文化的に形成されるという視座は，ジェンダーが本来歴史をもち静態的でないということに他ならない。フェミニズムは，性別に起因する女性差別が時代を超えて生き延びた根深さと，再生産によって受けつがれる性差別の現状が一向に変わっていない実態

を掘り起こした。本書の各章にも過去の歴史から説きはじめている記述が少なくない。歴史上は男性も自らを規定してきたことになる。ジェンダーによって意味づけられていることにおいては，男性も同様である。

　日本語ではジェンダーの説明に「性差」という言葉が用いられるのが一般的である。だが，性差の語ではなく，お茶の水女子大学の21世紀COEプログラム：ジェンダー研究のフロンティアでは，学術的概念としてのジェンダーに「社会的，文化的性別」と「性別」の語をあてている。「性差・性別一般についての知見」という定義もある[3]。

　本書では，ジェンダーの日本語表現の統一はしていない。ジェンダーの解釈についても執筆者それぞれの判断に委ねている。ただ，執筆に際して，ジェンダー概念が内包しうるであろう意味内容の展望については，基本的な了解をした。さしあたり次のように段階的な「定義」を試みる，というものである。ここでは「性差」を使っている。

① 文化的，社会的性差の視点。この観点から　異性愛秩序，権力関係，2項対立，序列化等の変革を目指す。

② 初期ジェンダー論では捨象されがちであった生物学的性差（解剖学的性差といってもよい）の是認。①の立場からは本質主義との批判もある。

③ 性差に関する境界領域の観点。トランスセクシュアル，セックス／ジェンダー関係，クィア理論，セクシュアリティ等，女性性と男性性の境界に注目する。

　ジェンダーの視点にたつ分析はどのように可能なのであろうか。執筆するテーマによっては，①の視点だけでは論じきれない問題が予感される。したがって，執筆にあたっては，上記①から③の視点を各自適宜選択して論述することにした。ただし，視点の重複はかまわない。③はジェンダー理論ではいまもっとも先端的な論議のある領域である。③の観点からも，「ジェンダーの地平」への将来展望が描ける可能性がある。2項対立から2項両立へ，さらにはn項並立の関係性（複数，異種混淆），あるいは項の融解に行きつくかもしれない。ジェンダー分析の可能性についてなにか示唆がえられるかもしれない。本

書は理論・思想を編集の課題とはしていないが，このような期待もこめられている。

II 男女平等とパリテ

1 男女平等

法的平等概念については，第2部第1章の植野論文で歴史的，理論的解釈が明快になされている。

現実にはフランスでも男女平等の道のりは平坦ではなかったが，第2波フェミニズムが高まる1970年代以降は，政府の政策が男女平等化への推進力の重要な鍵となっている。積極性に保革のちがいはあったものの平等化という目標は，消極的な政権下でも伏流のようにつづいて絶えることはなかった。フランスの男女平等政策は持続的に，ときに停滞を経験しながらも推進されてきたのである。昨日，今日に形成されたものではない。中でも左派政権は女性政策推進の装置をたちあげる努力を積み重ね，現在では機構と呼べるだけの組織をつくりあげた。ただその過程は，政権交代も影響して伏流の行方が見えにくい時期もあり，流れをとらえるのは迷路に迷いこむ感があった。それを思うと政策進行の過程と機構の全体像を明示した第1部第1章井上論文「女性政策推進機構」は貴重な文献である。

なお，植野論文の説明にもあるとおり，平等化推進に関しては，欧州評議会と欧州人権条約の関与，ヨーロッパ法の加盟国にたいする強制力の影響を見逃すことができない。さらに国連の人権諸条約とくに女性差別撤廃条約があることは個々の論文でも随所に記されている。

その過程で，「平等」に関しては，実質的平等原則が，ポジティヴ・アクションとともに認識され提唱されてきた。機会の平等を重視するフランスでは，政府も女性自身も当初優遇措置にはあまり乗り気ではなかった。「フランスのような国では，……事実上の平等が権利の平等にとって代るということはできない」（ジル・ルブルトン）といわれるが，1996年には「偶然によって損なわれた機会の平等を回復するという目的をもつ」というコンセイユ・デタの判断

が示めされるにいたっている（植野論文109頁）。また2003年には憲法院がはじめて積極的是正措置の合憲性を認めた（第2部第3章藤野論文160頁）。社会保障制度についての藤野論文では，1970年代から現在にいたる法的平等化過程の軌跡を逐一たどることができる。

では，労働における平等はどう実質化されているか。機会の平等はどう保障されたか。ポジティヴ・アクションはどの部分でどの程度受容されるようになったか。1983年男女職業平等法以降に労働分野で試みられてきた法改正の進行と実行上の施策については第2部第2章神尾論文で論じられている。

2 パリテ

賛否はともかく，平等原則が実質化されなければならないという要求は欧州評議会レベルで「パリテ」の発想を誕生させた。女性の進出がはかばかしくない政治という男性領域における「男女同数民主主義」の主張である。フランスでは，パリテという概念は，第1部第2章の石田論文が解説するように普遍主義・平等主義か，本質主義・差異主義かをめぐって社会的議論をまきおこした。それは同時にジェンダー概念をあらためて問う契機となった。賛否両論大論争の末，2000年には「生殖的に補完関係にある男女カップルの普遍性という概念に依拠」して，性別の見える普遍主義にたつ男女平等の政治的実質化のためのパリテ法が制定されるのである。実際の各種選挙を経た上で一定の評価がえられるにはまだ年月が必要だが，実質的平等というよりは候補者レベルにおいて均等な機会を開くという性格がつよい。いずれにしてもパリテでは上記Ⅰの②の生物学的性別が判定の起点になっている。パリテは暫定的なポジティヴ・アクションである，との意見も無視できない。ただ，平等主義を主張するフェミニストは戦略的に差異を認めない立場を堅持し，ポジティヴ・アクションを警戒する。

ところで，フランスは1995年にはパリテ監視委員会を創設しており，1998年のデクレでは，パリテが政治分野に限られるものではなく，経済的，社会的分野の不平等にもかかわる目標である，とした。この機構にとっては，セクシュ

アリティもパリテの視点から分析される。セクシュアリティに関するメディア報道や書物は無数にあるにもかかわらず，性愛の男女間不平等（愛の前提の有無，妊娠，性暴力）についてはほとんど言及していない，と調査者ジャニーヌ・モッス＝ラヴォは数値をあげ批判している[4]。2002年には委員会メンバーに各界の専門家33名を擁し，調査，報告等も活動範囲に組みこんで真の「パリテ文化」を全国に発信するとの意気ごみをみせている。21世紀のフランスはさながらパリテの実験場の観を呈することになるのかもしれない。

平等をめぐる議論はつきないが，「平等を侵害することは，民主主義を損なうことであり，自由がついえることである……平等な法律とは中立的な法律ではない。行動的で，選択的で，干渉主義的な法律である」（植野論文105頁）というジル・ルブルトンの言葉，また「平等とはいくつもの不平等でできた現実に抵抗して構築すべき理想である」[5]というクリスティヌ・デルフィのことばが意味深いように思われる。

Ⅲ　格差と不平等

平等から取り残されている社会層に多いのも女性である。不安定雇用と失業率の高さも相変らず女性労働の特徴である。識者のあいだには「平等を享受しているのは社会の上層にいる高学歴の女性だけではないか」との認識もある（第1部第6章支倉論文96頁）。もともとフランスはその平等理念とはうらはらに格差社会である。文化資本の有無がこの格差を構造的に再生産してきた。事情は今日も基本的にあまり変わっていない。女性政策によって平等化が拡充される一方で，権利から遠く，貧困から抜けだすことも難しい女性たちが存在する。

とりわけ移民女性の大半はいわば極北に位置づけられる。フランスにおける移民女性の地位には多くの場合程度の差こそあれ，社会的排除，人種差別，性差別の3重の抑圧がひそんでいる。現在，在仏移民のほとんどはイスラム系である。とくに旧植民地イスラム圏出身女性では，文化的，宗教的要因による性差別が助長されやすい。法的には民事上の身分は本国法に服する結果，フラン

ス人女性の地位とのあいだに人権上の差異が生じることとなる。移民女性の出身国でも近年家族法の改正がなされているが，ポリガミーはイスラム法の基本と目されチュニジア，トルコをのぞいて改正後も法制上存続している。

　しかし，家父長的支配や夫からの暴力という現実があっても，移民女性第1世代のあいだではそれがジェンダー秩序の問題だという意識は希薄である。だが，第2世代の女性は家庭と社会のはざまでジェンダー秩序の落差ゆえに文化的葛藤をさけられない。本来，共和国フランスは公教育による社会参入，社会的昇進の道をたてまえとしては用意し，それをいわば国是としてきた。移民の子どもでも好成績でエリートコースにのれた成功例はメディアでもしばしば話題として取りあげられる。2001年以降，エリートコースの名門パリ政治学院は，移民出身の男女学生の優先的受入れを認める異例の措置をとるようになっている。ポジティヴ・アクションである。入学を認められた学生には女性が多い。

　だが，現実には，境遇から脱出させる，あるいは自ら脱出することを可能にするはずの法的，制度的な社会統合の機能は期待されるようには働いていない。このことは，2005年初冬にパリ郊外から全国に広がったいわゆる若年移民の暴動にも如実にあらわれている。研究結果によれば，フランスにおける若年者の都市暴動は自然発生的で明確に表明された「要求」がなく，破壊行動はおこしてもはっきりした目的は示されない，という[6]。このままでいけば，グローバリゼーションの荒波の中で階層社会の底辺の拡大再生産が継続し，そこにもっとも不利な状態でかなりの部分の移民女性が組みこまれていくのは避けられないだろう。移民女性の社会進出，社会参加を考えるとき，教育と職業との関係，職業と昇進の関係をデータにもとづいて検討し解決策を探るという課題が残されている。

IV　家族形成の自由

　1960年代後半からの4半世紀ほどのあいだにフランスで最も大きな質的変化をとげたのは「家族」であろう（第1部第4章高橋論文Ⅰ）。個人主義と自

由・平等の意識が高まるにつれて、法律婚による近代家族はゆらぎ、家族観が変わり、家族形態が多様化し、それに伴って家族法も変革されるにいたった。家族法の性格は変化し、第2波フェミニズムが通時代的と指弾した家父長制、ナポレオン法典以来の家族の特質であった父権・夫権の諸規定は今日すでに過去のものである。フランスの人々はいま、親子の関係の問題などの行方はさておき、どのような家族をつくるかを自らの意思で選択する可能性を確かなものにしつつある。

家族法の改正は戦後の1960年代からはじまったが、それは3期に区分することができる（第2部第4章丸山論文はじめに169−170頁）。夫婦間の自由・平等が第1期の中心課題であり、改革理念の実質化にあたる子に対する父母の平等が第2期であった。第3期は家族法の「大改革の時代」である。この改革は20世紀末から現在なお進行中である。なぜ大改革なのか。婚姻家族がこの段階で法的にもほぼ完全に相対化されたからである。実際にはだれもが知るように、1970年代以来の自由結合ユニオン・リーブルの定着、離婚、再編家族等によって、伝統的な婚姻家族はすでに社会的には厳守すべき規範ではなくなっていた。新しい状況の中で複数形の家族をどう位置づけ保護するか。家族法の「再編成」は必至であった。2006年時点での改正事項は丸山論文で詳説されているが、いくつか問題を取り上げてみよう。

1　同性カップル

まず、制定当時に日本でも話題を呼んだ連帯民事契約法 PACS の制定が革新的であろう。この新法は、カップル形成について民法上婚姻と非婚、異性カップルと同性カップルを承認した。個人の選択によって性的指向を問うことなく共同生活が形成されるが、これらの形態が法的に平等に位置づけられたわけではない。婚姻と異なり PACS の登録は小審裁判所であり、契約は当事者一方の意思でも解消が可能である。当事者たちへの保護はない。その意味では保護を求めないという姿勢にたつ者にはきわめて自由な家族形態である。また、同性カップルの場合にはカップルとして養子縁組をすることは人工生殖をふくめ

て，PACSの埒外におかれている。世代を期待しない擬似家族ともいえるが，親子関係形成承認の要求運動が展開される所以である。しかし，2006年のDV防止法では被害者と婚姻，非婚，PACSの関係にある相手を保護対象としている。性暴力が遍在しているということであろうが，また，それだけPACSが法体系の中に着床したということでもある。

　ただ，現在も異性愛秩序が家族形成の基本とされることに変わりはない。異性愛秩序しか受容しないという考え方は，フランスでは社会的に当たり前のことではなくなりつつある。とはいえ，一部の人々に同性愛禁忌への固執がなお根強いことも事実である。ホモセクシュアルにたいする差別事件もあって，反差別の闘いおよび平等のための高等機関創設に関する2004年12月30日法は新たに表現における性的指向による差別を禁止事由に加えた。その改正に便乗するかのようにして，このとき，表現に関する性差別禁止条項がやはり出版の自由に関する1881年7月9日法に挿入されるのである。

　なお，性別にとらわれないという観点からは，破毀院の1992年12月11日判決が性同一性障害者の性転換を民事身分の変更として出生証書に記載することを認め，欧州人権裁判所が2002年11月11日に元の性の相手との結婚を認めているということが注目される[7]。

2　親子関係

　家族法改正にとって，子どもの法的地位は非常に重要な課題であった。とりわけ画期的な改革は，嫡出子・自然子の概念を廃止したことである。嫡出家族の保護のために最後まで維持されていた自然子中の乱倫子・姦生子の区別も取りはらわれた。子どもは，氏の継承，親権の行使，相続上の差別等に関して親が選択した婚姻・非婚の別なく平等の地位を与えられることになった。同時に，多様化する家族形態における子どもの保護の重要性から，親子関係成立には親子の紐帯の保証，親の責任について制度上念入りな改正がなされている。

3　妻と相続

相続法の大改革も実現した。ジェンダーの視点から見て興味深いのが生存配偶者の相続権である。生存配偶者の相続分は夫婦財産制の活用によって一定程度保障されるようになっていたとはいえ、子や親族との関係では生存配偶者の相続権の順位は低いままだった。その地位と相続分を「夫の家系から所有権を獲得することはできない」という家産観から「夫婦形成財産」観へと改正法は大幅に改善し、さらに住居、動産に関して生存配偶者の権利の保護を厚くしている。とりもなおさず生存配偶者とくに女性高齢者の経済的地位が低いということである。

V　性の自由と尊厳

第2波フェミニズムがもっとも関心をよせて追求したのはセクシュアリティの問題であった。ジェンダー分析は「家父長制社会では男性が女性の生殖力・セクシュアリティと労働力を支配・収奪する」（ゲルダ・ラーナー）といい、女性の性は「もっとも個人的なものでありながらもっとも奪取されるもの」（キャサリン・マッキノン）という[8]。「性」の問題は、公私の分野で男女平等の諸権利が着々と実定化されている現況の中でもなお最大の課題として残されている。

女性は自己の身体の自由をどこまで確保できているのだろうか。

本書には、3本の論文をおさめた。まず、性暴力の法規制についてである。性暴力は現在も戦時、平和時に関係なく、国の内外も問わない。性の支配構造はフランスでも暴力として日々顕在化しているのである（上野論文）。つぎに、「産むこと」に関する自己の身体の処分権問題がある。フランスでは人工妊娠中絶の「産まない権利」の合法化から「産む権利」が意識化され、数年後には「生まれない権利」の主張がなされるにいたった。出産は個人的選択となったが、はたしてそう断定できるのか（第1部第5章中嶋論文）。そして、性に関する自由をいうとき、旧くかつ新しい売買春の問題を考えないわけにいかない。売春の女性たちの自己決定権を問うことができるのだろうか（支倉論文）。

1　性暴力と刑法

　刑法の性暴力規定については上野論文そのものをお読みいただきたいが，レイプに関して「反対の証明がない限り，配偶者の同意は推定されない」と「同意」に立証責任の転換が定められたことは特筆すべきであろう。また，日仏の国民（議員，学者，裁判官等）の意識の差が指摘されている。

2　人工妊娠中絶と自己決定権

　人工妊娠中絶の自己決定権については，1975年の合法化（ヴェイユ法）以来，女性に最終決定権があることが確認されている。妊娠中，母親である女性には自分が困窮状態にあると判断するときまたは胎児の重篤な障害が証明されるとき（治療的中絶），一定の要件のもとに，子の命の未来を決める権限が認められているのである。なぜなら，子どもの出生状態に最初にかかわるのは女性だからであり，正確な情報提供を前提として女性の責任のある選択を尊重するからである。人工妊娠中絶は「女性の厳密に個人的な自由裁量権にもとづく譲渡できない自由を具体化する方法」（サルゴ報告書；中嶋論文74頁）なのである。ただし，この自由の行使は「生命の価値」の選択ではない，と優生主義の危惧は斥けられている。

　また，出生をめぐり母の権利と子の権利はときに衝突する。障害が医学的に予測される胚や胎児にたいして女性はどう決定を下すべきなのか。ヴェイユ法は「生命のはじまり」を教えてくれない。欧州人権裁判所の判決もいつから命がはじまるかは各国の裁量という[9]。「生まれない権利」を争う損害賠償訴訟も起きたが，判決（ペリュシュ判決）を考慮したその後の立法は，先天性障害児の「生まれない権利」を認めない規定をおいた。女性の身体に関する選択の権利は，胚・胎児という潜在的人格の保護に優越することになった[10]。生まれた障害児の生は「人間の尊厳の原則」にもとづいて国の制度が保障する。

　ところで生命科学のめざましい進展は，生殖補助医療の領域でも同様である。女性の選択権にも影響がおよばないわけはない。治療的中絶の決定には医療チームが介入する。フランスの出生前診断は受診率90％をこえているが，女

性の判断は専門化する医師の診断に依存せざるをえない。医師，病院には生殖を管理する責任が委ねられることになった。健康管理制度には国家の強制力がはたらく。生殖医療の高度化，管理の制度化は，それだけ女性の自主的判断を難しくした（「操られる自己決定」という評もある）[11]。女性の選択と医師の診断とのズレからは医事訴訟の増加が予測されている。

いうまでもなく生殖補助医療には受精卵の地位から代理母の是非まで，人間の尊厳にかかわるきわめて多様でしかも〈進歩〉して止まない局面がある。市場化と国際化の回避困難な問題もある。女性の人権と自律，子どもの人格の視座に立つ「監視」を緩めることはできない。

3 売買春

売買春の問題は難題である。売買春は必要悪か，婚姻の裏制度か，個々人の意思か，合法的労働か，法的に禁止されるべきものか，時代によってまた国によって判断はそれぞれである。人々の賛否の批判もそれぞれであった。しかし，管理や監視や禁止の制度はいつしかどこかで売り手，買い手双方の側から巧みにすり抜けられる。そんな歴史を売買春はたどってきた。1つ確かなことは通常，売り手が女性であり，買い手が男性であったという事実である。買い手は特別の人間ではない。では，売り手は常に弱者，被害者にすぎないのか。このような問にも答えなければならない。そして今日，売買春もグローバリゼーションの波に洗われているのである。そこには南北間，東西間格差が反映する。売買春は国際的人身売買組織の関与という問題もかかえこむようになった。

現在のフランスはどう対応策を講じているのか。

フランスでは個人の意思による売春は容認され，周旋業者にたいしては厳罰で臨む（廃止主義）。自由売春は性的自己決定であるとの主張もあるが，売春者の個人の意思がどこまで真の選択の自由に裏づけられているかは，女性の経済的社会的不平等の下では疑問である。「女性の権利および男女機会平等実現のための院内委員会」は関係者（民間団体，研究者）の意見を徴して2000年に

「売春は，職業でもなく必要悪でもなく人権侵害」であり「暴力」であり，ジェンダーにかかわる社会問題であるとの認識と具体策を示している（支倉論文87-88頁）。新しい法的対応は2003年に，国内治安法の中に盛りこまれた（同88-90頁）。人身取引罪の新設，客引き罪，売春周旋罪，買春客の処罰，売春者の保護等だが，これら罰則強化の取締り規定が治安法に取りこまれていることは疑問がある。担当副大臣は売買春を「搾取」と捉えこの新法を路上売春の阻止法であるとするが，他方，元売春女性団体の責任者はこれらの規定が「被害者とみなしているのは路上の売買春に迷惑を蒙っている近隣市民・一般市民」であり，売春する者は「犯罪者であり加害者」であるという。この批判には耳を傾けるべきものがあるだろう。

しかし，フランスでは規制主義には反対の声が強い。性の解放という今日の状況はこれまで以上に判断を困難にしている。支倉論文は，フェミニストの意見も分れたままのフランスの売買春について，歴史に目くばりをしながら戦後から現在までを，各種調査や市民運動にも言及しつつ論じている。

「性」の次元では，「個人の自由」と「人間の尊厳」が厳しく問われる根源的な問題として立ちあらわれることがわかる。そして，少なくとも今回の3本の論文が扱った範囲では，男性は為政者，立法者，裁判官，医師あるいは加害者として登場するのである。

おわりに

フランスでは法的な男女平等はパリテなど新たな発想を実定化しながらきわめて高い水準に達した。平等規範はまた，フランス社会の多民族の存在を掬う方向にも向けられようになった。制定される法律の中に（女性）外国人に関する規定が随所に挿入されているのはその証左である。自由の問題がなお深い淵を秘めていることは最後のVの「性」の現象に見たとおりである。

日本の場合を振りかえると，自由平等に関して政策，立法，意識すべての面で考えさせられるところがある。日本は遅れているという断定的な見方には与

しないにしても，実態の隔たり（たとえば家族），社会的・個人的意識化の質の違い（中絶，障害，売買春など），法制化の鈍さ（また家族，そして生殖技術）は挙げてもよいだろう。フランスは立法による対応がすばらしく早い，と上野論文は締めくくりの中で指摘している。同感である。

　フランスにおいても，日本においても「新たな構築」のためのジェンダー視点からの真摯な問題提起，提言はこれからもつづけられるであろう。

注

1）たとえば，フランスでは「性的社会関係」など独自の用語にこだわりをみせた。CNRS国立科学研究センター『性的社会関係について―認識論的考察』1986年は，「性的社会関係」の概念が静的なジェンダー概念より動的モメントを内包する，との認識に立っている（支倉寿子「平等か差異か―フランス・フェミニズム」『概説フェミニズム思想史』326頁）。
2）若桑みどり「ジェンダー史研究と表象研究の不可分な関係について」ジェンダー史学，創刊号（2005），43頁。
3）辻村みよ子「ジェンダーと人権―『ジェンダー人権論』の課題をめぐって―」女性空間23（2006年），10頁。
4）Janine Mossuz-Lavau《Parité et sexualité》, Observatoire de la parité entre les femmes et les hommes : Groupes de travail, Article réalisé par ses mennbres, septembre 2005. http://www.observatoire-parite.gouv.fr.
5）クリスティヌ・デルフィ＝石田久仁子訳「フェミニズムの新たな飛躍を！」日仏女性資料センター「女性情報ファイル」83号　2005年2月，11頁。
6）Jean-Claude BOYER, Les banlieues en France_Territoires et Sociétés, Paris, Armand Colin, 2000, p.114.
7）ドゥニ・マゾー＝大村敦志訳「民法典における人体の法的地位」日仏文化 No. 72（mars 2006），9頁。
8）前掲注2），46頁。
9）前掲注7），14頁。
10）前掲注7），14頁。
11）浅倉むつ子・戒能民江・若尾典子『フェミニズム法学―生活と法の新しい関係』明石書店，2004年，326頁。

（林　　瑞枝）

フランス　ジェンダー関係法令年表

年号	ジェンダー関連法令	年号	政治・経済・社会・国際関係(日本を含む)
		1789	フランス革命。「人および市民の権利宣言」
		1791	9・3　1791年憲法。男子制限選挙制　オランプ・ド・グージュ「女性および女性市民の権利宣言」
1792	9・20　離婚の承認	1792	8・10　第一共和制（～1804年）
1804	3・21　ナポレオン民法典。妻の法的無能力を規定	1804	5・18　ナポレオン皇帝即位。第1帝政（～1814年）
1810	2・12　ナポレオン刑法典。妻の姦通を理由とする妻の殺害について夫の責任を免除。家の名誉を侵害する犯罪として強姦罪を規定		
1816	5・8　離婚の禁止。法定事由による別居のみ存続		
1836	6・23　女子初等教育の組織化		
		1848	3・5　男子普通選挙制
			11・4　第二共和制（～1852年）
		1851	12・2　ナポレオン3世即位
		1852	1・14　第2帝政（～1870年）
		1870	9・4　第三共和制（～1940年）
1880	12・21　女子中等教育の制度化		
1884	7・27　有責主義裁判離婚の復活		
1890	12・1　女性の弁護士資格取得を承認		
1901	7・14　女性参政権法案提出（否決）		
1907	7・13　妻の賃金処分権を承認		
1920	7・31　中絶と避妊の宣伝禁止		
1938	2・18　妻の法的無能力の廃止	1940	7・10　ヴィシー政権（～1944年）
1944	4・21　女性の参政権承認	1944	6・3　フランス共和国臨時政府樹立
		1945	6・28　国際連合憲章50カ国により署名
			8・15　日本，敗戦
1946	4・13　売春宿の閉鎖を規定するマルト・リシャール法	1946	10・27　第四共和制憲法制定
	7・30　差別的な「女性賃金」の廃止		
	10・13　1946年第四共和制憲法前文に男女平等規定		
		1948	7・10　日本，風俗営業取締法（風営法）
		1949	5・1　シモーヌ・ド・ボーヴォワール『第2の性』刊行
			12・2　国連，人身売買禁止条約採択
		1956	5・24　日本，売春防止法
1957	3・25　119条で男女同一賃金原則を規定するローマ条約批准		

年号	ジェンダー関連法令	年号	政治・経済・社会・国際関係(日本を含む)
		1958	10・5　第五共和制憲法制定 12・18　日本、国際連合に加盟
		1959	1・8　C・ド・ゴール大統領就任
1960	7・28　人身売買禁止条約批准 11・25　売春者の保護・社会復帰に関する支援策		
1965	7・13　夫婦財産制第1次改正。妻の固有財産管理権および妻の職業活動の自由の承認など 10・3　女性労働問題研究・連絡委員会の設立（1971年、女性労働委員会に移行）		
1966	7・11　完全養子・単純養子制度を規定する養子法改正		
1967	12・28　避妊方法の宣伝を合法化するニューウィルト法。避妊薬・避妊具の製造・販売の禁止解除		
		1968	5・21　「5月革命」
		1969	6・20　G・ポンピドゥ大統領就任
1970	6・4　「家族の長」概念の民法上の排除と父母共同親権行使の原則		
1972	1・3　嫡出子・自然子（姦生子を除く）の平等化。低所得世帯の専業主婦に無拠出の老齢年金加入権を承認 12・22　男女同一賃金法		
1973	1・13　父母の平等を規定する国籍法改正		
1974	5・3　欧州人権条約批准 12・4　避妊薬・避妊具に医療保険適用	1974	5・27　V・ジスカール・デスタン大統領就任 5・28　J・シラク内閣（S・ヴェイユ厚生大臣） 7・16　F・ジルー新設された女性の地位担当副大臣に就任（1976年、「女性のための100の施策」提言）
1975	1・3　女性に遺族年金を遺す権利を承認 1・17　妊娠10週の人工妊娠中絶を合法化するヴェイユ法（時限立法） 7・4　職業活動を受給要件としない家族給付制度の確立。離婚後1年間の医療保険適用継続（1999年には4年間に延長） 7・11　合意離婚の再導入と破綻離婚の導入。夫の居所選択権の最終的廃止。離婚保障給付の制度化。姦通罪の廃止	1975	2・10　欧州共同体、男女同一報酬の原則の適用に関する構成国の法規を調整するための理事会指令（75／117／CEE） 6・15　国連、「国際婦人年世界会議」（第1回世界女性会議）をメキシコで開催。1976年から1985年を「国際婦人の10年」に

年号	ジェンダー関連法令	年号	政治・経済・社会・国際関係(日本を含む)
1976	7・11 扶養定期金の公的取立て制度 7・9 ひとり親手当の創設	1976	2・9 欧州共同体，就業，職業教育及び昇進の機会並びに労働条件に関する男女平等待遇原則の実現のための理事会指令(76／207／CEE) 8・27 第1次R・バール内閣（N・パスキエ女性の地位全国代表）
1977	7・12 育児親休暇（育児休業）創設。専業主婦を対象とする単一賃金手当・主婦手当の廃止	1977	3・29 第2次R・バール内閣（1978年1月10日からN・パスキエ女性雇用副大臣）
1978	1・2 ユニオン・リーブル配偶者に疾病・出産保険の被扶養者資格を承認 7・17 離婚した前配偶者に条件付遺族年金受給権を承認 9・11 女性のための行動担当関係省連絡委員会（首相付）の制度化（1982年，女性の権利担当関係省連絡委員会に移行）	1978	3・31 第3次R・バール内閣（9・11 M・ペルティエ家族および女性の地位担当大臣） 12・19 欧州共同体，社会保障分野における男女平等待遇原則の漸次適用に関する理事会指令（79／7／CEE）
1979	12・31 ヴェイユ法（時限立法）の恒久化	1979	12・18 国連，女性差別撤廃条約を採択（フランスは1983年，日本は1985年に批准）
1980	7・17 妊娠中の女性の解雇禁止 12・23 性犯罪に関する刑法改正。強姦罪を性的自由を侵害する犯罪として規定	1980	7・14 国連，「国際婦人の10年中間年世界会議」（第2回世界女性会議）をコペンハーゲンで開催
		1981	5・21 F・ミッテラン大統領就任。 5・22 P・モロワ内閣。女性の権利担当大臣（首相付）にY・ルーディが就任。1985年5月21日，女性の権利省創設，同大臣に（〜1986年3月20日）
1982	2・29 「家族の長」概念の租税法上の排除。夫婦を共同して課税対象者として規定 7・13 離婚した前配偶者に再婚後も条件付遺族年金受給権を承認 8・4 同性愛を非犯罪化する刑法典改正 11・18 市町村議会選挙へのクォータ制導入を違憲とする憲法院判決 12・31 人工妊娠中絶手術に医療保険適用	1982	2・24 フランスで初の体外受精児誕生
1983	7・13 男女職業平等法 8・10 割礼を傷害罪とする破毀院判決 12・14 女性差別撤廃条約批准	1983	3・23 健康と生命に関する国家倫理諮問委員会設置

年号	ジェンダー関連法令	年号	政治・経済・社会・国際関係（日本を含む）
1984	1・4　育児親手当の創設（育児親休暇が第3子から有給に） 7・17　夫婦間にも強姦が成立するとする破毀院判決 12・22　不払い扶養定期金の取立て制	1984	3・14　S・ロゼース破毀院院長 11・7　日本，風営法改正。風俗営業等の規制及び業務の適正化に関する法律」（風適法）と改題
1985	1・4　男性に無拠出の老齢年金加入権を承認 12・23　夫婦財産制第2次改正。夫婦財産管理権の平等化。父母平等の未成年の子の財産管理権。子に母の氏の複合氏としての使用を承認	1985	7・15　国連，「国際婦人の10年世界会議」（第3回世界女性会議）をナイロビで開催
		1986	3・20　J・シラク内閣 7・24　欧州共同体，社会保障の職域制度における男女平等待遇原則実施に関する理事会指令（86/378/CEE）
1987	7・22　離婚および非婚の場合にも親権の共同行使を承認		
1989	7・10　被虐待未成年者の保護に関する法。被虐待未成年者のための「緑の電話」の開設。大臣から議会に児童虐待に関する3年毎の報告	1989	11・9　ベルリンの壁崩壊 11・20　国連，子どもの権利条約を採択
1990	1・26　子どもの権利条約を批准 9・5　夫婦間の強姦罪を認めた破毀院判決	1990	11・21　女性行政の中央機構「女性の権利局」設置
1991	5・31　代理母ないし借り腹は違法とする破毀院判決	1991	5・15　E・クレッソン内閣（初の女性首相）
1992	6・11　夫婦間強姦罪の肯定が確定した破毀院判決 7・4　性犯罪規定を一新する新刑法典。セクシュアル・ハラスメントの処罰。児童ポルノの処罰 11・2　労働法典にセクシュアル・ハラスメント規定	1992	3・11　N・ルノワール憲法院判事に任命（初の女性憲法院判事） 10・19　欧州共同体，妊娠・出産・授乳中の労働者の安全と健康の改善促進を目的とする施策実施に関する理事会指令（92/85/CEE）
1993	1・8　婚姻，離婚，非婚にかかわらない共同親権の一般原則の承認 1・27　人工妊娠中絶妨害の軽犯罪化 8・24　移民の規制に関するパスクワ法。フランスにおけるポリガミーの禁止	1993	3・29　E・バラデュール内閣 6・14　国連，世界人権会議をウィーンで開催。「女性の権利は人権である」ことを確認 12・20　国連，「女性に対する暴力撤廃宣言」採択
1994	7・25　育児親手当の第2子からの支給。全ての賃金労働者に育児親休暇の権利を承認。自宅保育手当の引き上げ。養子手当の制度化など 8・6　生命倫理関連法	1994	3・4　国連，女性に対する暴力の報告者を任命する決議

年号	ジェンダー関連法令	年号	政治・経済・社会・国際関係(日本を含む)
1995	10・19　パリテ監視委員会創設	1995	5・17　J・シラク大統領就任。A・ジュペ内閣（女性閣僚12名）
			9・4　国連，第4回世界女性会議を北京で開催
		1996	6・3　欧州共同体，育児親休暇の基本協定に関する理事会指令（96／34／CE）
			8・27　国連，第1回子どもの商業的性的搾取に反対する世界会議をストックホルムで開催
			12・20　欧州連合，社会保障の職域制度における男女平等待遇原則実施に関する1986年7月24日の理事会指令を改正するための理事会指令（96／97／CE）
		1997	6・2　L・ジョスパン社会党内閣（M・オブリ雇用連帯大臣，E・ギグー法務大臣（女性初），S・ロワイヤル教育担当大臣等女性8名）
			12・15　欧州連合，性差別訴訟における挙証責任に関する理事会指令（97／80／CE）
1998	6・17　性犯罪の防止・処罰及び未成年者保護に関する法。性犯罪者の遺伝子登録制度。児童ポルノ，児童買春について処罰強化		
1999	7・8　パリテ導入のための1958年第五共和制憲法改正	1999	6・23　日本，男女共同参画社会基本法
	7・12　女性の権利・男女機会平等実現のための議員代表委員会創設法		10・6　国連，女性差別撤廃条約選択議定書を採択（2000年12月22日発効）
	11・15　連帯民事契約（PACS）法		
2000	6・6　公職への男女平等のアクセスを促進する法（パリテ法）	2000	2・1　欧州人権裁判所，フランスの嫡出・非嫡出の相続差別条約違反判決
	6・30　離婚保障給付の支払方法の見直し。8年間の分割払いも承認。債務者死亡後の相続人負担の停止も承認		6・5　国連，国連特別総会（女性2000年会議）をニューヨークで開催
	11・13　緊急避妊用ピルの未成年への匿名支給		7・21　女性の権利・平等局（1990年に設置された女性の権利局から移行）
	11・17　先天性障害をもって出生した子自身による損害賠償請求を承認する破毀院判決（ペリュシュ判決）		
	12・13　緊急避妊用ピルの処方箋なしの支給		
	12・23　女性のための再就職手当創設		

年号	ジェンダー関連法令	年号	政治・経済・社会・国際関係(日本を含む)
2001	2・6 国際養子に関する法 5・9 セクシュアル・ハラスメント規定改正。男女職業平等に関する団体交渉の義務化 5・30 人工妊娠中絶の合法的期限を12週に延長するヴェイユ法改正 12・3 生存配偶者，姦生子の諸権利の現代化および嫡出子・自然子の完全平等化をはかる相続法改正 12・21 11日間の父親休暇制度創設（配偶者出産休暇とあわせて14日間の取得可）	2001	4・13 日本，配偶者からの暴力の防止及び被害者の保護に関する法律（DV法） 11・29 フランス公務員の退職年金制度における母親優遇措置を男女平等違反と判断する欧州司法裁判所判決
2002	1・17 セクシュアル・ハラスメント規定改正 1・23 養子および国の被後見子の出自を知る権利 3・4 氏の継承の平等化をはかる氏に関する法 3・4 親権法改正。家族形態にかかわらない親権の共同行使。第3者に委任する親権の共同行使も承認。決定への子の関与を認めるなど子の利益に配慮。フランスにおける未成年の売買春，児童ポルノの所持の禁止 3・4 ペリュシュ判決を否定する反ペリュシュ法 8・14 老齢年金制度における母親優遇措置を男女平等原則に反しないとする憲法院判決	2002	5・6 J-P・ラファラン内閣 5・17 J・シラク大統領再就任 6・17 N・アムリーヌがパリテ・職業平等担当大臣に就任(2004年4月に大臣に昇格) 9・23 欧州連合，就業，職業教育及び昇進の機会並びに労働条件に関する男女平等待遇原則の実現のための1976年の理事会指令を改正するための欧州議会・理事会指令（2002/73/CE）
2003	8・21 子育てによる父母の職業活動中断を保険期間として算定する公務員の退職年金制度改革（母親のみの優遇措置の廃止） 12・18 就業自由選択手当の創設（第1子からの育児親休暇も有給に）	2003	1・6 国連，人権委員会に対するラデイカ・クマラスワミ最終報告書 3・18 国内治安法
2004	3・8 男女間の平等憲章 5・26 離婚法改正。合意離婚の裁判審理が原則1回に。破綻離婚の条件の別居6年以上を2年以上に短縮。離婚保障給付の定期金債務者が死亡の場合の相続人の債務を相続財産の範囲以内に限定 8・6 生命倫理関連法改正 12・30 差別・平等高等機関創設法。性差別表現禁止規定を追加する出版の自由法改正		

年号	ジェンダー関連法令	年号	政治・経済・社会・国際関係(日本を含む)
2005	7・4　嫡出子, 自然子の平等に基づく親子関係成立の法制化。民法典の「嫡出」「自然」の文言削除 12・19　就業自由選択付加手当の創設（第3子の育休短縮により育児親手当の支給額を5割増に）	2005	2・28　国連, 国連婦人の地位委員会「北京＋10」をニューヨークで開催 6・2　D・ドヴィルパン内閣
2006	2・24　同性パートナーに親権を委任し共同行使することを承認する破毀院判決 3・23　男女賃金平等法 4・4　DV防止法。被害者及び未成年者保護を強化。カップル間, 元カップル間暴力に加重情状を適用。性犯罪者の遺伝子登録制度を国外犯にも拡大。割礼処罰の強化	2006	7・5　MEDEF（フランス企業運動。旧フランス経営者全国評議会）会長にL・パリゾIFOP（フランス世論調査研究所）所長を選出（初の女性会長） 7・5　欧州連合, 職業・雇用問題における男女の機会均等及び平等待遇の原則を実現するための欧州議会・理事会指令（新訂）（2006／54／CE） 11・16　フランス社会党, S・ロワイヤルを社会党公認大統領候補に選出 11・28　アンスティチュ・エミリ・デュ・シャトレ開設（フランス初のジェンダー研究連盟）

（福井　千衣・藤野美都子作成）

編著者

植野 妙実子（うえの・まみこ）

中央大学理工学部・大学院公共政策研究科教授
専攻：憲法，フランス公法，法学博士（フランス　エックス・マルセイユ第3大学）
［経歴］中央大学法学部卒業／中央大学大学院法学研究科博士・後期課程満期退学
中央大学理工学部専任講師，中央大学理工学部助教授を経て，
中央大学理工学部教授（1993年～）
中央大学大学院公共政策研究科教授（2005年～）
［著書］『憲法二四条　今、家族のあり方を考える』（明石書店・2005）
『憲法の基本－人権・平和・男女共生』（学陽書房・2000）
『「共生」時代の憲法』（学陽書房・1993）
編著：『21世紀の女性政策－日仏比較をふまえて』（中央大学出版部・2001）
『フランス公法講演集』（中央大学出版部・1998）
共著：『法女性学への招待［新版］』（有斐閣・2003）
その他

林　　瑞枝（はやし・みずえ）

［経歴］早稲田大学政治経済学部卒業
元駿河台大学文化情報学部教授（1994～2003年）
元駿河台大学比較法研究所所員（　　同　　　）
［著書］『人権という権利』（大蔵省印刷局・1993）
『フランスの異邦人』（中央公論社・1984）
編著：『いま女性の権利は－女権先進国フランスとの比較から』（学陽書房・1989）
訳書：『宗教の共生』（法政大学出版局・1997）
共訳：『生殖革命－問われる生命倫理』（中央公論社・1987）
論文：「アルジェリアの独立と国籍問題」『日本の社会学18・発展途上国研究』（東京大学出版会・1997）
「移民第二世代とイスラム－フランスの社会的統合過程のなかで」『ヨーロッパとイスラム』（有信堂・1993）
その他

執筆者

石田 久仁子	（いしだ・くにこ）	翻訳家
井上 たか子	（いのうえ・たかこ）	独協大学名誉教授
上野 芳久	（うえの・よしひさ）	関東学院大学法科大学院教授
神尾 真知子	（かみお・まちこ）	日本大学法学部教授
髙橋 雅子	（たかはし・まさこ）	翻訳家
中嶋 公子	（なかじま・さとこ）	十文字学園女子大学非常勤講師／翻訳家
支倉 寿子	（はせくら・ひさこ）	青山学院大学国際政治経済学部教授
藤野 美都子	（ふじの・みつこ）	福島県立医科大学医学部人文社会科学講座教授
丸山 茂	（まるやま・しげる）	神奈川大学法科大学院教授
福井 千衣	（ふくい・ちえ）	国立国会図書館調査及び立法考査局海外立法情報課調査員

ジェンダーの地平

2007年7月19日　初版第1刷発行

編著者　　植野　妙実子
　　　　　林　　瑞枝

発行者　　中央大学出版部
　　代表者　福田　孝志

発行所　中央大学出版部
　　　　〒192-0393　東京都八王子市東中野742-1
　　　　電話 042(674)2351　FAX 042(674)2354
　　　　http://www2.chuo-u.ac.jp/up/

©2007　植野妙実子・林 瑞枝　　印刷　藤原印刷／製本　渋谷文泉閣
　　　　　　　　　　　　　　　　装幀　刀祢宣研

ISBN 978-4-8057-6167-0